Walter Benjamin e a Guerra de Imagens

CIP-Brasil. Catalogação-na-Fonte
Sindicato Nacional dos Editores de Livros, RJ

S467W
Seligmann-Silva, Márcio
Walter Benjamin e a guerra de imagens / Márcio Seligmann-Silva. - 1. ed. - São Paulo : Perspectiva, 2023.
208 p. ; 23 cm. (Estudos ; 384)

Inclui bibliografia
ISBN 978-65-5505-168-1

1. Benjamin, Walter, 1892-1940 - Crítica e interpretação. 2. Filosofia alemã. I. Título. II. Série.

CDD: 193
23-86204 CDU: 1(430)

Meri Gleice Rodrigues de Souza - Bibliotecária - CRB-7/6439
18/09/2023 22/09/2023

1ª edição

EDITORA PERSPECTIVA LTDA.

Al. Santos, 1909, cj. 22
01419-100 São Paulo SP Brasil
Tel.: (11) 3885-8388
www.editoraperspectiva.com.br
2023

Márcio Seligmann-Silva

WALTER BENJAMIN E A GUERRA DE IMAGENS

PERSPECTIVA

CIP-Brasil. Catalogação-na-Fonte
Sindicato Nacional dos Editores de Livros, RJ

1ª edição
Direitos reservados à
EDITORA PERSPECTIVA LTDA.

Al. Santos, 1909, cj. 22
01419-100 São Paulo SP Brasil
Tel.: (11) 3885-8388
www.editoraperspectiva.com.br
2023

Sumário

Apresentação IX

Para uma Nova Crítica da Razão Colonial 1

Acerca do Anarquivamento 19

As Passagens de Walter Benjamin:
Crítica Cultural Como Desmontagem de Mitos
e Construção de Novos Espaços de Imagem 43

O "Diário de Moscou":
Reflexões Sobre a Teoria do Diário
e Acerca do "Esplendor das Coisas" 57

Walter Benjamin e as Cidades/Histórias "Porosas" 77

O Eterno Retorno e o Sempre-Igual:
A Imortalidade Conforme Blanqui 99

A Fotografia em Walter Benjamin 115

"Spielraum":
A Arte Como Conquista de um Novo Campo
de Ação Lúdico em Benjamin e Flusser 131

Notas 165

Referências 183

Apresentação

A América Latina tem se mostrado, ao menos desde os anos 1990, como um local privilegiado no que toca à recepção da obra de Walter Benjamin. Na Europa, nesse período tem predominado uma leitura mais filológica, preocupada em estabelecer o texto benjaminiano e estudar quem foram seus interlocutores. Isso ocorreu sobretudo a partir da criação em 2004 do Arquivo Walter Benjamin, subordinado à Akademie der Künste de Berlim, e no contexto, desde 2008, da publicação das obras completas, *Werke und Nachlass*, sob a direção de Christoph Gödde e de Henri Lonitz. Por outro lado, predomina também nessa rica e dinâmica recepção, paradoxalmente, uma tendência ao esvaziamento do contexto político que deu origem à obra do filósofo. Na América Latina, ocorre um movimento oposto: desfrutando-se das novas fontes da obra benjaminiana abertas pela publicação do *Werke und Nachlass*, é enfatizada a relação da obra de Benjamin com a sua época, especialmente desde meados dos anos 1920 até a sua morte, em 1940. Foi nesse período que Benjamin iniciou suas leituras do materialismo histórico, e em 1926 ele empreendeu a famosa viagem a Moscou.

Neste livro, detenho-me em aspectos da obra benjaminiana tanto do ponto de vista filológico, revendo a sua relação com outros pensadores, como procurando pensar uma dupla temporalidade: a que deu nascimento à sua obra e a que nos determina. Esse método, como espero que ficará claro, procura seguir a concepção do próprio Benjamin, para quem todo trabalho de memória deve lançar raízes em nosso agora. Estabelecer um curto-circuito entre o tempo de Benjamin e o nosso tornou-se um dado imperativo: afinal, de meados dos anos 1920 até a sua morte, Benjamin acompanhou a gestação e a implantação do nazifascismo. O capitalismo naquela época percorreu o caminho fascista como uma forma de lidar com as frustrações das classes trabalhadoras diante da escala de exploração do trabalho, das crises e do desemprego. Desde o final do século XX, com o fim dos dois grandes blocos da Guerra Fria, o caminho de um capitalismo com face cada vez mais fascista foi gestado na época dos governos Reagan (1981-1989) e Thatcher (1979-1990). O desmonte do Estado de bem-estar social, que havia sido construído como uma barreira contra os críticos do sistema capitalista com sua tendência à exploração total dos corpos e do meio ambiente, produziu um efeito de abalo inclusive nos partidos social-democratas, que neste século XXI passaram a adotar políticas antes consideradas de direita. Benjamin já era um crítico da social-democracia, como veremos aqui, na medida em que ela compartilha(va) dos mesmos projetos voltados a um modelo de "progresso" que ele desprezava profundamente. No século XXI, aberto com o ataque às torres gêmeas em 11 de setembro de 2001, aliaram-se a esse processo que radicalizou a precarização do trabalho e da vida um regime mais internacionalizado do capitalismo e um processo de radicalização de políticas neocoloniais voltadas a uma suposta guerra contra o terrorismo. O encontro entre o projeto capitalista sem freios (que se mostra sem ética, guiado apenas pela lógica do lucro e reproduz a divisão colonial entre países metropolitanos e os agroextrativistas) com o projeto de anulação dos "outrificados" pela guerra "ao terrorismo", produziu um ambiente adequado à geração de governos, políticas e dirigentes neofascistas. Muros estão sendo erguidos em torno da Europa e dos Estados Unidos, campos de internação temporária para imigrantes e para aqueles deslocados pelas guerras geradas por novos conflitos imperialistas se assemelham aos modelos dos campos de concentração vistos no século XX. Os governos de

Trump e de Bolsonaro são apenas dois exemplos dentro dessa onda internacional neofascista.

O percurso da história político-econômica internacional nas últimas décadas nos jogou de volta na era dos fascismos. Quando o capitalismo não tem alternativas para realizar as demandas dos oprimidos, ele se torna fascista. Reencontramos Benjamin pela porta da frente de sua obra que, antes, encontrava-se obscurecida pelo sarçal da filologia. Essa face atual da sua luta antifascista mostra que a guerra contra essas (não tão) novas necropolíticas deve ser organizada a partir de um duplo viés: 1. deve-se desconfiar de todo político e de toda política que vise apenas a luta contra a "corrupção" e pela "moral" (esse é o ambiente que gesta os pretensos "salvadores da pátria", as figuras "éticas" que são, na verdade, os cavaleiros do grande capitalismo e de seu método de exploração); e 2. deve-se encarar a luta contra o fascismo como uma guerra de imagens. Na sua última obra, as suas *Teses Sobre o Conceito de História,* ele estabelecera de modo claro as bases para a luta antifascista. Nelas, retoma todo o seu percurso teórico desde o final dos anos 1920, recuperando ideias de *Einbahnstraße* (Rua de Mão Única, 1928), de seu ensaio sobre o surrealismo de 1929, e de seu trabalho sobre *A Obra de Arte na Era de Sua Reprodutibilidade Técnica*, entre outros; para construir um poderoso e concentrado tratado político como resposta à era fascista. Com a ascensão do novo governo neofascista no Brasil, estava clara a necessidade de retomarmos esse tratado político sob a forma de teses de história. Ao lado do meu colega Adalberto Müller, dedicamo-nos a realizar uma nova tradução e edição crítica visando apresentar essas teses em sua integralidade[1] para recuperar o projeto político que antes encontrava-se empalidecido em edições calcadas em um recorte que desvirtuava e reduzia o sentido das teses. Muitas vezes produzia-se um Benjamin melancólico e nostálgico que encobria o Benjamin pensador e teórico engajado nas lutas políticas de sua época.

O modelo de contramemória e a proposta de se escovar a história a contrapelo desenvolvidos nas teses, corresponde às necessidades de se resistir a um mundo que sofre um ataque neocolonial, com suas marcas racistas, misóginas, homofóbicas e ecocidas. Desse modo, procuro mostrar neste livro, assim como havia feito na apresentação e nas notas da tradução às teses, tanto a concepção de política de Benjamin como o seu método de ação política. Por um lado, ambos levam a uma articulação da luta pela emancipação dos trabalhadores e à defesa de outro modelo de relação com o meio ambiente; e, por outro, levam à luta pelo fim da espoliação neocolonial de grupos subalternizados e a favor de suas histórias e epistemologias, até hoje sistematicamente recalcadas. No último ano e meio acompanhamos, como resposta ao brutal assassinato de George Floyd ocorrido em 25 de maio de 2020 em Mineápolis (EUA), morto por asfixia por um policial branco, uma onda de ataques e destruições de monumentos que homenageiam a empresa colonial. Caíram, ou foram atacadas, estátuas de traficantes de escravos, monumentos a supostos descobridores de continentes e reis imperiais sanguinários que estavam sobre pedestais no centro de praças públicas foram depostos. Não se trata agora da tradicional oposição entre iconoclastas e iconolátricos, mas, antes, do confronto entre os produtores de diferentes imagens. Essa guerra de imagens é uma guerra por narrativas que estão na base da construção de visões de mundo que nos atravessam e que sustentam as nossas ações e nosso próprio estar no mundo. Com Benjamin, aprendemos a ver a história do ponto de vista dos subalternizados e a desconfiar da visão linear, homogeneizadora das narrativas, que corresponde ao cortejo triunfal dos "vencedores". A história eurologocêntrica e focada no progresso, reproduz o memoricídio e o epistemicídio, repetindo a necropolítica em termos simbólicos. A história linear com seus monumentos deve ser explodida para dar lugar às novas narrativas, sonhos e projetos. Com Benjamin aprendemos que "A tradição dos oprimidos nos ensina que o 'estado de exceção' [*Ausnahmezustand*] no qual estamos vivendo, é a regra."[2] A destruição e a violência são intrínsecas ao modo de produção capitalista e o fascismo surge como a face sem máscaras desse sistema bionecropolítico.

Diante do terrível triunfo da morte que nos cerca nos últimos anos, promovido por um sistema econômico internacionalizado que tem como resultado a propagação de zoonoses devido à destruição dos biomas, e que está na origem de crimes socioambientais como os ocorridos em Mariana (2015) e em Brumadinho (2019), que tem aprofundado o racismo estrutural e incentivado ataques às minorias e a comportamentos que não correspondam à heteronormatividade, fica claro que o conceito de história como produção da catástrofe, defendido por Benjamin em suas teses, é de uma atualidade atroz. Seu Anjo da História representa todos os que ainda apostam na possibilidade de puxar o freio dessa história, que naturaliza a destruição e a entropia, permitindo, assim, salvar aos mortos e aos vivos:

> Há um quadro de Klee denominado *Angelus Novus*. Nele se apresenta um anjo que parece estar na iminência de afastar-se de algo que ele encara fixamente. Seus olhos estão arregalados, sua boca está aberta e suas asas estão estiradas. É assim que deve parecer o Anjo da História. Sua face se volta para o passado. No passado, quando *nós* vemos surgir uma sequência de eventos, *ele* vê uma catástrofe única que incessantemente empilha escombros sobre escombros e os lança a seus pés. Ele gostaria de se demorar, de despertar os mortos e de reunir novamente o que foi esmagado. Todavia, uma tempestade sopra do paraíso, se agarra às suas asas e é tão forte que o Anjo não as consegue mais fechar. Essa tempestade o leva inexoravelmente para o futuro, para o qual ele dá as costas, enquanto diante dele a pilha de escombros cresce rumo ao céu. Aquilo que chamamos de progresso é *essa* tempestade.[3]

Proponho aproximar essa poderosa visão da história (e seu projeto correlato de suspender essa história da destruição) às epistemologias ameríndias que têm nos iluminado nestes momentos de profunda crise e desilusão. Como apresento no primeiro capítulo, podemos e devemos estabelecer uma retroalimentação entre a tradição crítica representada pela obra de Benjamin e o pensamento plural ameríndio. No segundo capítulo, desenvolvo uma teoria do "anarquivamento", inspirada na teoria do colecionismo de Benjamin. Trata-se de pensar conceitos para articular uma armação teórica robusta que nos faculte participar ativamente na guerra de imagens travada atualmente contra os neofascismos. Na quarta etapa, procuro iluminar a arquitetura teórica de Benjamin a partir da apresentação de seu projeto *Passagens* (1927-1940), que serviu de esteio e para onde direcionou seus principais esforços teóricos no final de sua vida. No capítulo seguinte, recupero um aspecto central na obra de Benjamin, a saber, a sua reflexão sobre as escritas de si. Apresento e analiso seu *Diário de Moscou* na tentativa de fazer uma teoria do diário e do seu teor testemunhal, conceitos essenciais hoje, quando vivemos a virada testemunhal do saber histórico, ou seja, o derretimento das grandes narrativas "épicas" da história, tão criticadas por Benjamin como sendo narrativas encobridoras. Em seguida, apresento um estudo de outro tema fundamental na sua escrita: as cidades. Demonstro como a teoria e a filosofia das cidades migram para sua teoria da arquitetura e, depois, para a sua teoria da história. Nesses três fenômenos, cidade, arquitetura e história, Benjamin valoriza a transparência, a porosidade e a interpenetração. Assim, seu conceito de tempo-agora (*Jetztzeit*) é apresentado do ponto de vista dessa base material dos processos urbanos. O capítulo seguinte apresenta tanto a obra *A Eternidade Conforme os Astros*, do revolucionário Louis-Auguste Blanqui (1805-1881), como a sua recepção e interpretação por Benjamin. Essa recepção foi parte da sua pesquisa sobre as passagens de Paris que ganhou, com a leitura de Blanqui, de modo inusitado, uma dimensão cosmológica. Nos dois últimos capítulos, retomo a questão da filosofia da técnica em Benjamin. É um tema fundamental para pensarmos o nosso Antropoceno e as possibilidades de nossa sobrevivência. Benjamin foi um dos primeiros filósofos no século XX a articular uma crítica radical ao modelo burguês de sociedade e de política a uma crítica ao nosso modo de relacionamento com a natureza. Nessa filosofia crítica da técnica, a fotografia e o cinema desempenham um papel central. Ao final do último capítulo, teço considerações sobre a filosofia da técnica de Vilém Flusser, um importante sucedâneo de Benjamin, enquanto teórico das imagens, da escrita e da técnica.

Gostaria de agradecer à generosidade de Gita Guinsburg, da Perspectiva, por acolher este livro em sua casa editorial. Para mim, é uma honra indescritível poder fazer parte de seu catálogo, como autor. Infelizmente, não consegui realizar esta publicação ainda com seu companheiro de vida entre nós, pois Jacó Guinsburg nos deixou em 2018. Acredito que não apenas o autor que está no foco deste livro, Walter Benjamin, mas também vários outros temas aqui tratados, desdobram em uma intertextualidade pluridirecional ideias que me foram plantadas desde minha adolescência, quando li os primeiros livros publicados pela Perspectiva que me caíram nas mãos: o *Apocalípticos e Integrados*, de Umberto Eco, leitura indicada pelo nosso professor de sociologia, e o *Barroco Mineiro*, de Lourival Gomes Machado, indicado pelo professor de história da arte, ambos como parte do programa de leitura no então denominado segundo colegial. Isso foi nos idos de 1980.

Este livro não teria sido possível existir, não fosse a generosidade, a paciência e o carinho de Ariani Sudatti. A ela todo o meu agradecimento.

Márcio Seligmann-Silva
Jaguariúna, 25 de dezembro de 2021.

Walter Benjamin em 1928.

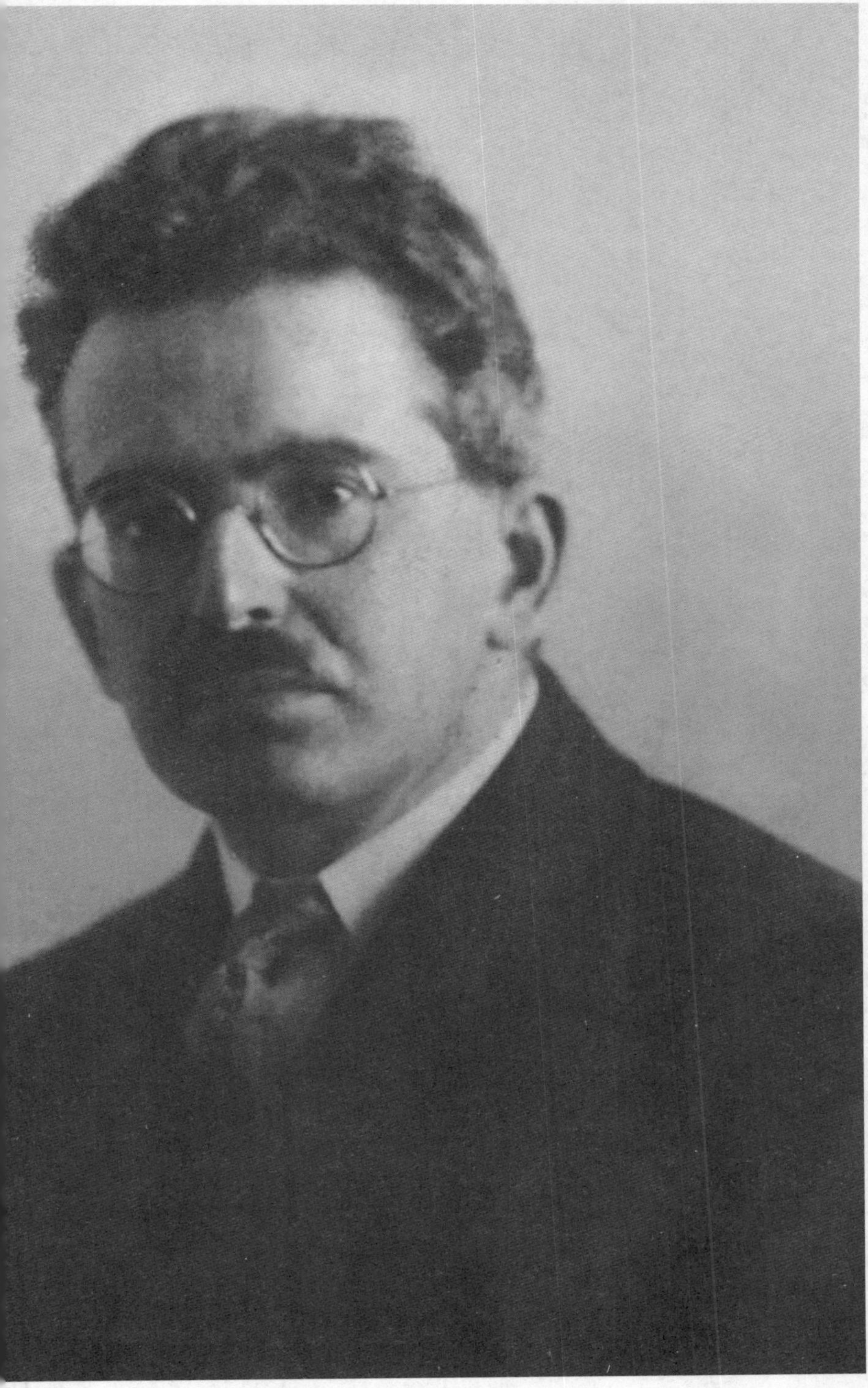

Para Uma Nova Crítica da Razão Colonial

Tudo é natureza.
AILTON KRENAK,
A Vida Não é Útil, p. 83.

Houve mais de 6.908.554 mortos pela doença do coronavírus, a covid-19, no mundo. Apenas no Brasil, foram 700.811, a segunda colocação em termos globais (dados da OMS em 24 de abril de 2023). Diferentemente das pestes da Idade Média europeia, ou das mortes produzidas por milhares de guerras na história da humanidade, desta vez as portas do inferno foram abertas pela humanidade em sua fúria de "dominar a natureza". Mas, evidentemente, não podemos projetar a culpa por esse morticínio na conta abstrata de toda a humanidade. Estamos nos referindo a um determinado modelo de "progresso", a uma modalidade da técnica e da ciência aplicada a esse progresso. Estamos nos referindo a uma relação instrumental com a "natureza", essa entidade bastante ocidental que descola do ser humano o seu próprio corpo: como se pudesse existir um *logos*, a sua querida e cultuada "razão", desprovida de uma base material de carne e osso, de líquidos e tecidos, de um corpo que precisa se alimentar não só em termos de carboidratos, fibras e legumes, mas também espiritualmente, assim como do calor produzido por outros corpos que nos aquecem para podermos (sobre)viver. Não se trata de traçar a história da construção da cisão entre humanidade e natureza no Ocidente, mas sem esse cisma, sem essa reificação originária do mundo que nos sustenta sob a forma de uma natureza que "está aí de graça" (nas palavras de um dos cultuadores desse modelo de natureza como fonte inesgotável), não estaríamos neste beco aparentemente sem saída no qual nos encontramos, apavorados a cada dia, com novas e terríveis mutações do coronavírus SARS-COV-2. O que me disponho a fazer aqui na abertura deste livro é refletir tanto sobre esse modelo de técnica (questão à qual voltarei a partir de Benjamin) como também sobre a inseparabilidade do que chamarei de empresa colonial e de colonialidade. Proponho pensarmos a inexorabilidade de uma renovada crítica da razão colonial, razão que está acelerando o processo entrópico do planeta: vivemos agora no Antropoceno, uma era determinada pela destruição produzida no planeta pelos seres humanos[1], que pode estar induzindo ao fim da vida da espécie humana sobre a Terra. Nesta reflexão inicial argumentarei a partir dos trabalhos de Walter Benjamin, de um destacado pensador crítico do colonialismo (Aimé Césaire), e de dois eminentes pensadores ameríndios: Ailton Krenak e David Kopenawa. Escrevendo essas linhas dentro da profunda crise na nossa autoimagem e do nosso modelo de sociedade, considero uma exigência o embate entre a teoria benjaminiana e o nosso mundo atual. Benjamin escreveu de modo engajado com a sociedade que lhe coube viver e lutando pela superação do nazifascismo.

O que marca a história da dupla alienação suicida entre a "razão" e o nosso corpo, e entre os humanos e Gaia, é a paulatina transformação e redução desse elemento biológico de nosso existir, a chamada "natureza", à categoria de uma *commodity*. Walter Benjamin já ensaiava uma crítica a essa invenção da natureza-commodity nas suas teses *Sobre o Conceito de História*. É importante lembrar que quando as escreveu, ele se encontrava sob a pressão da foice da morte, uma vez que estávamos em 1939-1940, e esse filósofo, sendo comunista e judeu, fugindo da Gestapo (a polícia nazista), era mais um exilado em Paris. Nessas teses, ele criticou a concepção do filósofo Joseph Dietzgen (1828-1888) da seguinte maneira: "ao conceito corrompido de trabalho corresponde, como seu complemento, *a* natureza, a qual, na expressão de Dietzgen, 'está aí de graça'"[2]. Quando Dietzgen reduziu a natureza a um mero meio de acumular riqueza, ele estava se remetendo às ideias de um formador da mentalidade econômica ocidental: Adam Smith. A passagem da qual Benjamin tirou a expressão de Dietzgen é a seguinte: "Desde Adam Smith é reconhecido pela ciência econômica nacional que, na natureza que está aí de graça, o trabalho produz todo o capital, inclusive os juros."[3]

As ideias de Adam Smith retomadas por Dietzgen recuperam outro conceito fundamental na longa construção dessa armadilha armada por nós mesmos e na qual caímos, chamada pandemia de covid-19. Não podemos pensar em um conceito alienado de natureza sem o seu correlato: um conceito de trabalho que aliena o trabalhador de seu corpo. Ou seja, a cisão entre os seres humanos e a natureza é a contraparte de outro cisma: o trabalhador é reduzido no capitalismo ao seu corpo e é extirpado de toda humanidade. O trabalhador reduzido à categoria de corpo dócil laboral, robô, é alienado de sua "espiritualidade", é circunscrito a um corpo sem identidade. A noção de um logos autônomo permite tanto dividir entre humanidade e natureza, como também, no interior da humanidade, entre trabalhadores braçais (que atuam sobre a "natureza bruta") e, por outro lado, a elite espiritualizada, que usufrui do capital produzido pelos trabalhadores. Levando essa dicotomia mais adiante, o Ocidente criou nações pensantes em oposição a países exportadores de *commodities*. O mesmo Dietzgen comemorava de modo entusiasmado os milagres produzidos pelo trabalho e apostava no aprimoramento de um dispositivo biopolítico como fonte de uma riqueza que ele (e não só ele) considerava infinita: "na melhora potencializada dos métodos e instrumentos de trabalho, é nisto que consiste a riqueza, que agora pode realizar aquilo que nenhum Redentor foi capaz"[4]. Estamos em pleno "capitalismo como religião", para utilizar uma outra expressão de Benjamin. Para Dietzgen, a redenção da humanidade estaria nas mãos dos operários, desde que eles se submetessem aos "instrumentos de trabalho" e se comportassem como servos produtores. Como comentou Benjamin, esses disparates são constitutivos do sistema de produção ocidental até nossos dias: "O trabalho, como agora compreendido, visa a uma exploração da natureza, que é associada, de maneira ingênua e complacente, à exploração do proletariado."[5]

Nessa importante passagem das suas teses, Benjamin retoma um tema caro a sua reflexão: a crítica da técnica destruidora que visa a *Naturbeherrschung* (domínio da natureza), tema ao qual voltaremos adiante. Ele também aponta uma relação entre essa técnica destruidora e uma valorização unilateral das ciências da natureza[6]. Em seu ensaio "Eduard Fuchs, o Colecionador, o Historiador" de 1937, afirmou ele: "A técnica evidentemente não é nenhum fato que pertence puramente às ciências da natureza. Ela é ao mesmo tempo um fato histórico. Como tal ela desafia a testarmos a separação não dialética, positivista que se tentou estabelecer entre ciências da natureza e humanas."[7]

Em oposição à técnica submetida a um modelo de ciência e ao tipo de trabalho capitalista, em diversas ocasiões Benjamin escreveu sobre uma outra técnica, libertadora da natureza interna e externa ao ser humano. Em seu livro de aforismos *Rua de Mão Única*, afirma ele:

> Dominação da natureza, assim ensinam os imperialistas, é o sentido de toda técnica. Quem, porém, confiaria em um mestre-escola que declarasse a dominação das crianças pelos adultos como o sentido da educação? Não é a educação, antes de tudo, a indispensável ordenação da relação entre as gerações e, portanto, se se quer falar de dominação, a dominação das relações entre gerações, e não das crianças? E assim também a técnica não é dominação da natureza: é dominação da relação entre natureza e humanidade.[8]

Ao invés de uma concepção de técnica como dominação da natureza, Benjamin propunha uma técnica que se debruçasse carinhosamente sobre a relação da natureza com a humanidade. Em seu ensaio de 1936, *A Obra de Arte na Era de Sua Reprodutibilidade Técnica*, ele pensou essa outra técnica como sendo uma segunda técnica que seria baseada na relação *lúdica* com o outro e com a natureza, sendo que ela ampliaria o nosso *Spielraum* (campo [lúdico] de ação)[9]. O cinema e a fotografia, artes/técnicas seriam seu cânone, pois não se vinculam de modo tão evidente com a produção de morte e a destruição da natureza, como naquela que denominou de primeira técnica, cujo modelo é a guerra. Sabemos que a maior parte dos avanços técnicos dos últimos duzentos anos provém de tecnologias de guerra. Hoje, com a pandemia e seu potencial de erradicação da humanidade da face da Terra, a primeira técnica estabelece um novo patamar de destruição. Afinal, foi graças à lógica da natureza como *commodity* infinitamente explorável que destruímos os biossistemas que protegiam a humanidade dos vírus que, anteriormente, conviviam com outros mamíferos nas florestas, mas que podem ser fatais aos humanos. Não podemos esquecer que essa e outras pandemias são o resultado da destruição da biodiversidade. As "zoonoses emergentes" são fruto da invasão desses *hábitats* ricos em biodiversidade. A biodiversidade é a garantia de nosso futuro, assim como a sua preservação é a caução de que essas zoonoses não se repetirão[10]. Uma vez rompido esse nicho de proteção, ficamos no desabrigo, sem-chão, corpos reduzidos a meios "perfeitos" para a multiplicação do coronavírus.

DESTRUIR A COLONIALIDADE

É sintomático que Benjamin tenha associado técnica e destruição aos "imperialistas" ("Dominação da natureza, assim ensinam os imperialistas, é o sentido de toda técnica", como acabamos de ver). Os imperialistas do século XX são os novos avatares dos colonizadores da modernidade. Estão sempre à procura de mais terras e corpos para auferir lucros com a dominação/destruição. Nesse sentido, para refletir sobre essa relação profunda entre sistema capitalista, empresa colonial e imperialismos, proponho que retomemos outro texto, não menos atual que as teses de Benjamin, que acabamos de visitar. Refiro-me ao *Discurso Sobre o Colonialismo*, do poeta e político Aimé Césaire[11], publicado originalmente em 1950, dez anos após a composição das teses de Benjamin. Além de ter influenciado profundamente a obra de Frantz Fanon[12], Césaire é um dos fundadores dos estudos pós-coloniais, atualmente representado por autores como Lélia Gonzalez[13], Paul Gilroy[14], Abdias Nascimento[15], Achille Mbembe[16] e Grada Kilomba[17]. Em seu texto de denúncia e revolta contra o sistema colonial, Césaire mostra, por exemplo, em que medida o nazismo, que acabara de ser derrotado militarmente na Europa, era apenas a face desmascarada do sistema capitalista-colonial. Com o nazismo os métodos coloniais foram aplicados à população europeia acendendo um alarme. Enquanto a violência das classes dominantes se dirigia às populações das colônias, havia uma naturalização da violência: "No fundo do capitalismo, ansioso por sobreviver, há Hitler. No fundo do humanismo formal e da renúncia filosófica, há Hitler."[18] Ao citar o pensador conservador francês Ernst Renan (1823-1892), Césaire destaca justamente a relação entre a empresa colonial e a busca por corpos que deveriam ser reduzidos a máquinas trabalhadoras: "A natureza criou uma raça de trabalhadores: é a raça chinesa, com uma destreza de mão maravilhosa, com quase nenhum sentimento de honra [...] uma raça de trabalhadores da terra é a negra; sejam bons e humanos com ela, e tudo estará em ordem; uma raça de mestres e soldados, essa é a raça europeia."[19] Césaire percebe nessas palavras de Renan elementos que se repetiram nas bocas de Hitler e do ideólogo do nazismo Alfred Rosenberg[20]. Já as palavras do primeiro-ministro francês Albert-Pierre Sarraut (1872-1962), que ele também cita, recordam as palavras do presidente do Brasil de 2019 a 2022, quando se referia à população indígena brasileira. Serraut escreveu que seria infantil opor à empresa europeia de colonização "um suposto direito de ocupação e sabe-se lá que outros direitos de feroz isolamento que perpetuariam em vão as inúteis posses de riquezas sem uso nas mãos de incapazes"[21]. O ex-mandatário principal do Brasil considerava um desperdício os minérios inexplorados em terras indígenas. Ele incentivava a mineração ilegal que destrói os rios e as matas e leva doenças e morte para as populações indígenas. Em pronunciamento em 2019, ele afirmou que os indígenas seriam "latifundiários pobres em cima de terras ricas"[22]. Todavia, as populações e as culturas indígenas são infinitamente mais ricas do que o mundo da colonialidade, assim como é pobre de espírito quem proclama tal disparate. No entanto, o ex-presidente, como Hitler, é apenas a face desmascarada, sem o falso humanismo e sem a hipocrisia que marca a empresa capitalista-colonial:

> ninguém coloniza inocentemente, que ninguém coloniza impunemente; que uma nação colonizadora, uma nação que justifica a colonização – portanto a força – já é uma civilização doente, uma civilização moralmente atingida que, irresistivelmente, de consequência em consequência, de negação em negação, chama seu Hitler, quero dizer, seu castigo[23].

Nada mais atual para se descrever o Brasil de 2018 a nossos dias[24]. Pois, como entre outros autores decoloniais, Anibal Quijano[25] destacou que a empresa colonial foi iniciada por metrópoles europeias e pelos Estados Unidos, e deixou seu legado de força e violência para as elites locais às quais se aliaram[26]. Portanto, o que existe na América Latina pós-colonial é uma continuidade da empresa colonial. Daí vivermos ainda hoje a colonialidade, e as elites desses países adotarem uma relação de violência e dominação com a população reduzida a um mínimo para a sua sobrevivência. Além disso, vemos a natureza exaurida até a destruição, como ocorreu em 2020 com incêndios criminosos destruindo a Amazônia e o Pantanal, e nos crimes ambientais de Mariana em 2015 e de Brumadinho em 2019.

Ao descrever a violência da empresa colonial, Césaire[27] vai ao encontro do conceito de coisificação:

> Entre colonizador e colonizado, só há espaço para o trabalho forçado, a intimidação, a pressão, a polícia, os impostos, o roubo, o estupro, a imposição cultural, o desprezo, a desconfiança, o necrotério, a presunção, a grosseria, as elites descerebradas, as massas aviltadas.
>
> Nenhum contato humano, porém relações de dominação e submissão que transformam o homem colonizador em peão, em capataz, em carcereiro, em açoite, e o homem nativo em instrumento de produção.
>
> É minha vez de apresentar uma equação: *colonização = coisificação*.

A coisificação é o pão nosso de cada dia no Brasil. A imposição cultural referida por Césaire também ocorre na negação do direito à existência das culturas indígenas e afrodescendentes. Não por acaso, a partir da posse do ex-presidente, aumentaram os ataques a centros de religiosidade de matriz africana[28]. Os "capatazes" de plantão se sentiram autorizados pelas falas racistas do presidente e de seu vice. Nesse tipo de ataque nega-se tanto a existência de outras culturas e modos de vida, como também de outras técnicas de viver em comum e de se relacionar com nosso mundo ao redor. A arrogância colonial que vê a razão como apanágio exclusivo do descendente europeu nega-se a reconhecer que as técnicas indígenas e quilombolas podem ser mais eficientes para a sobrevivência da espécie humana. Afinal, os indígenas povoam as Américas há milhares de anos e nunca destruíram a Terra de modo irreversível, como a técnica ocidental o faz (a primeira técnica, nos termos de Benjamin). Nesse sentido, as técnicas indígenas podem e devem ser aproximadas da noção benjaminiana de uma técnica lúdica que promove um maior campo de ação sem dominação e sem destruição de Gaia ou dos seres humanos entre si.

Césaire vai em direção semelhante ao escrever sobre outros modelos econômicos que não os da empresa colonial: "eu falo de economias naturais, economias harmoniosas e viáveis, economias na medida do homem indígena que foram desorganizadas, culturas alimentares destruídas, subnutrição instalada, desenvolvimento agrícola orientado para o benefício único das metrópoles, roubo de produtos, roubo de matérias-primas"[29].

O atual agronegócio, com sua estratégia de monocultura voltada para a exportação, é um fruto tardio dessa empresa, e descendente direto dos engenhos e do modelo da *plantation*. A monocultura na agricultura destrói a biodiversidade, assim como a "monocultura" no campo espiritual sufoca as demais etnias, línguas e epistemologias subalternizadas.

Ao lamentar a destruição das antigas técnicas de vida, Césaire novamente parece descrever o Brasil de 2019-2022: "Cada dia que passa, cada negação da justiça, cada blitz policial, cada manifestação operária afogada em sangue, cada escândalo abafado, cada expedição punitiva, cada viatura, cada policial e cada milícia nos fazem sentir o preço de nossas antigas sociedades."[30]

Ao destacar a continuidade entre a empresa colonial e nossos dias, pretendo lançar luz sobre a longa duração e o enorme espaço temporal da empresa colonial, que se estende do século XVI ao XXI. Localizar a violência estrutural no Brasil dentro desse espaço é fundamental para que possamos levar adiante uma crítica da razão colonial que ainda estrutura nosso cotidiano e nossas vidas. Romper com essa longa continuidade exige que reconheçamos a longa duração, a *long durée*, que dizia Fernand Braudel no contexto de sua tese de doutorado de 1949 intitulada *La Méditerranée et le monde méditerranéen à l'époque de Philippe II* (O Mediterrâneo e o Mundo Mediterrâneo na Época de Filipe II).

A ditadura de 1964-1985 foi um outro momento, assim como em 2019, em que a máscara da estrutura colonial cai por terra e tudo fica claro: as elites querem os lucros máximos para elas e para seus parceiros metropolitanos. Repetindo as palavras indispensáveis de Césaire: "No fundo do capitalismo, ansioso por sobreviver, há Hitler." Com Benjamin, precisamos aprender a "escovar a história a contrapelo"[31] e pôr à luz aquilo que a história das elites não quer que seja percebido. Não por acaso, os governos que deram e dão continuidade ao sistema colonial, foram e são tão humilhantemente subservientes aos interesses norte-americano. As elites sem máscaras (e aqui pensamos tanto nas máscaras da hipocrisia como nas máscaras de proteção à contaminação por covid-19 que elas se negaram a utilizar) que batem palma ante falas e atos racistas, que instigam biopolíticas genocidas, que exigem a destruição das leis trabalhistas, que transformam o país em um misto de campo de trabalho forçado e de necrópole, essas elites são as continuadoras da empresa colonial e sua exploração dos trabalhadores e da terra. Todo o discurso desenvolvimentista revela-se como cantilena encantatória. Impõe-se a narrativa segundo a qual existiriam países "em desenvolvimento". Todavia, se esse sistema neocolonial não for destruído, estaremos condenados a sermos eternos "países do futuro". Vendemos nossa liberdade e dignidade em nome de um monumental Eldorado futuro de pés de barro.

CONSTRUIR PARAQUEDAS COLORIDOS

Ailton Krenak em *Ideias Para Adiar o Fim do Mundo*, publicado em 2019, afirmou de forma quase profética: "Vamos aproveitar toda a nossa capacidade crítica e criativa para construir paraquedas coloridos. Vamos pensar no espaço não como um lugar confinado, mas como o cosmos onde a gente pode despencar em paraquedas coloridos."[32] Com essas palavras, ele propõe uma janela e desenha uma brecha no confinamento que vivenciamos entre os anos 2020 e 2021 e que se desdobra até hoje (sob a forma do trauma vivenciado e ainda não elaborado), como uma forma de superar a crise produzida pela pandemia da covid-19. Lendo a passagem podemos pensar: vamos sair do espaço confinado com a potência de nossa mente, expandindo-o para a dimensão do cosmos onde voaremos em nossos "paraquedas coloridos"! Essa formulação, que permite estabelecer uma ponte que vai do terrível ao maravilhoso, rompe com a clausura, rachando as paredes de nossas "prisões". Podemos dizer que é autoperformática, pois na medida em que elabora a sua tese, produz aberturas e expansões em nossas mentes para além de nosso confinamento.

Mas nessa passagem de Krenak não se trata apenas do confinamento produzido pela pandemia de SARS-CoV-2, mas trata-se de uma poderosa reflexão sobre os caminhos e acidentes da história da humanidade. Krenak, afinal, formulou essa ideia antes da recente crise pandêmica. O espaço confinado a que ele se refere na passagem é o confinamento dentro da razão instrumental de origem humanista e iluminista, que está na base de sustentação da empresa colonial. Essa razão que elegeu um modo de progresso que entroniza a primeira técnica destruidora, que se alimenta da Terra e das pessoas e está nos levando ao fim do mundo, como afirma o título de seu livro: *Ideias Para Adiar o Fim do Mundo*.

A razão instrumental nos lançou em uma *aporia*, em um impasse, numa incerteza profunda que nos paralisa. Ela fechou as portas e estamos sem saída. A palavra "aporia" vem do grego *áporos* e deriva, conforme o dicionário Houaiss, de *a-* "privação, negação" junta ao grego *póros*, ou "passagem". Em meio à clausura produzida pelo modelo de desenvolvimento que naqueles anos gerou uma gigantesca e avassaladora pandemia, as palavras de Krenak, um líder indígena originário de uma cultura estabelecida há milênios nas Américas sem nunca ter chegado a situação semelhante, sugerem a necessidade de uma pausa para reflexão: vamos construir saídas criativas, façamos os nossos "paraquedas coloridos".

Krenak descreve a aporia vivida pela sociedade contemporânea, e ao mesmo tempo se distancia e mostra que vem de outra tradição, de uma história multicentenária de sobrevivência e de muita luta:

> Em 2018, quando estávamos na iminência de ser assaltados por uma situação nova no Brasil, me perguntaram: "Como os índios vão fazer diante disso tudo?" Eu falei: "Tem quinhentos anos que os índios estão resistindo, eu estou preocupado é com os brancos, como que vão fazer para escapar dessa." A gente resistiu expandindo a nossa subjetividade, não aceitando essa ideia de que nós somos todos iguais. Ainda existem aproximadamente 250 etnias que querem ser diferentes umas das outras no Brasil, que falam mais de 150 línguas e dialetos.[33]

Ao invés de cair na posição melancólica e na prostração paralisante, Krenak nos fala de um registro de pensamento para além dos nossos parâmetros cartesianos que veem no raciocínio lógico o ápice do saber. E motivos para a melancolia não faltam, especialmente quando observamos a história da destruição e da violência contra os indígenas no Brasil devido à longa história da empresa colonial. Claude Lévi-Strauss, em *Saudades do Brasil*, apresentou a extensão do massacre indígena como a de um fantástico acúmulo de barbáries. Ele apontou para a grandeza das culturas indígenas que vivem em terras brasileiras, revertendo a hierarquia tradicionalmente atribuída aos povos originários nas Américas: a "Amazônia", ele escreve, "poderia ser o berço de onde saíram as civilizações andinas."[34] Lévi-Strauss se apresenta como uma testemunha de populações que sobreviveram a "um monstruoso genocídio" que se estende desde a chegada dos europeus. Ele viu "os últimos sobreviventes desse cataclismo que foi para seus antepassados [*sc.* dos indígenas] o descobrimento e as invasões que se seguiram"[35]. Aproximadamente, entre 5 a 9 milhões de indígenas foram assassinados em *Terra Brasilis* devido à empresa colonial, seja por meio de epidemias, de massacres ou da escravização. Trata-se de um dos maiores genocídios da história da humanidade.

Procedendo dessa gigantesca e pesada herança de genocídios, etnocídios e lutas pela sobrevivência, Krenak propõe a resistência pela imaginação. Ela se torna uma poderosa "esburacadora" de brechas, que permite abrir caminhos, inúmeros "poros" que facultam sairmos de nossa "aporia". Esse comutador que nos lançaria para fora do buraco onde nos encontramos tem como uma de suas faces os sonhos:

> Para algumas pessoas, a ideia de sonhar é abdicar da realidade, é renunciar ao sentido prático da vida. Porém, também podemos encontrar quem não veria sentido na vida se não fosse informado por sonhos, nos quais pode buscar os cantos, a cura, a inspiração e mesmo a resolução de questões práticas que não consegue discernir, cujas escolhas não consegue fazer fora do sonho, mas que ali estão abertas como possibilidades.[36]

Os sonhos são locais privilegiados que descortinam um novo olhar sobre nossas vidas. Além dessa abertura que permite estruturarmos uma outra leitura do real e construir outras subjetividades, os sonhos são em si mesmo locais de moradia sem paredes. Krenak nos diz: "De que lugar se projetam os paraquedas? Do lugar onde são possíveis as visões e o sonho. Um outro lugar que a gente pode habitar além dessa terra dura: o lugar do sonho."[37] Habitar os sonhos, viver para além "dessa terra dura", na plasticidade multiforme dos sonhos, abrir poros entre o mundo onírico e nossa vigília, quebrar as paredes da "instituição total" e totalitária a que o sistema da colonialidade reduz a Terra inteira. Antes que a Terra toda fique dura e seca, Krenak propõe, com toda a leveza do mundo, sem gritos revolucionários, sem clamores a derramamento de sangue, que reconheçamos nos sonhos um lugar de expansão de nossas vidas, um espaço para sairmos da aporia. Criemos, para recuperar as palavras de Benjamin irmanadas às de Krenak, novos espaços criativos de ação político-lúdica.

Com Grada Kilomba, proponho unirmos ao clamor de Krenak (e de muitos ameríndios) o sonhar empoderador, o projeto de "criar novos papéis fora dessa ordem colonial"[38]. Essa recriação assenta-se em uma reimaginação do mundo. Daí Kilomba encadear a essas palavras a frase: "Isso é o que Malcolm x chamou de 'descolonização de nossas mentes e imaginações': aprender a ver tudo com 'novos olhos', a fim de entrar na luta como *sujeitos* e não como *objetos*."[39]

Durante o mês de abril de 2020, ou seja, pouco tempo após o início do surto da pandemia de covid-19, Krenak publicou outras falas em seu pequeno opúsculo *O Amanhã Não Está à Venda*[40]. O autor volta ao tema da falta de saída, desta vez radicalizada com a covid-19, para aqueles que apostam no modelo de humanidade consagrado pela tradição humanista, iluminista e pela entronização da primeira técnica como agente de dominação e destruição da natureza. A modernidade na qual confluíram essas tendências sempre foi marcada por uma biopolítica que reduz grandes partes da humanidade à categoria de sub-humanos, pelo preconceito étnico-racial, por políticas de escravidão e de genocídio e, por fim, caracterizada por uma relação de espoliação com a natureza. Por outro lado, os povos ameríndios, como Krenak, na sua cosmovisão, não percebem "que exista algo que não seja natureza. Tudo é natureza"[41]. Eles abandonaram o binarismo que marca, ao menos desde a visão de mundo clássica nascida na Grécia, a dualidade que reproduz a relação de objetificação e coisificação da natureza dominada pela cultura. O antropocentrismo e o especismo são parte central do projeto que culminou no Antropoceno, ou seja, quando a humanidade molda o planeta e constrói as bases para a eliminação de sua possibilidade de vida. Nas Américas, as populações ameríndias são as grandes responsáveis pela conservação dos territórios da biodiversidade. As populações originárias no Brasil são guardiãs de um dos maiores patrimônios de biodiversidade do mundo e também, como lemos acima com Krenak, elas detêm um dos mais ricos patrimônios culturais e epistemológicos, com suas 250 etnias e cerca de 150 línguas e dialetos. Assim, Krenak aponta para o fato de que esse vírus coloca em xeque o modelo de relação destruidora com a natureza. Assim como Césaire, ele critica a *coisificação*, a "abstração civilizatória" que caracteriza a modernidade (neo-)colonial:

> Esse vírus está discriminando a humanidade. Basta olhar em volta. O melão-de-são-caetano continua a crescer aqui do lado de casa. A natureza segue. O vírus não mata pássaros, ursos, nenhum outro ser, apenas humanos. Quem está em pânico são os povos humanos e seu mundo artificial, seu modo de funcionamento que entrou em crise [...] Somos piores que a covid-19. Esse pacote chamado de humanidade vai sendo descolado de maneira absoluta desse organismo que é a Terra, vivendo numa abstração civilizatória que suprime a diversidade, nega a pluralidade das formas de vida, de existência e de hábitos.[42]

Em *Ideias Para Adiar o Fim do Mundo*, Krenak ironizava um certo alarmismo em relação ao fim do mundo e lembrava que os povos indígenas convivem há mais de cinco séculos com epidemias introduzidas pelos brancos. Ele apresenta um modo de vida que escapa às nossas visões de mundo judaico-cristãs (marxistas ou não) que apostam em um fim do mundo, em uma revolução, em uma redenção pontual[43]. A sabedoria cultivada nos sonhos, nas danças e no diálogo com os espíritos do passado ensina que a "revolução" está na capacidade de frearmos e sairmos do caminho aporético. Nesse sentido, lembro da frase de Walter Benjamin nos "Manuscritos: Esboços e versões" em *Sobre o Conceito de História*: "Marx afirma que as revoluções são as locomotivas da história do mundo. Mas talvez isso seja totalmente diferente. Talvez as revoluções sejam o acionar do freio de emergência pela humanidade que viaja neste trem."[44]

A partir de Krenak, devemos aprender a perfurar nossos muros, a cavar pontes e túneis, a encher de poros uma sociedade e as mentes fechadas e programadas para um projeto entrópico, posto que aposta na exploração infinita dos recursos naturais.

Aposta também no fim da pluralidade da biodiversidade e das formas de vida e cultura, as verdadeiras bases da vida na Terra[45]. Em *O Amanhã Não Está à Venda*, Krenak destaca a importância de não lutarmos, agora, por uma "volta à normalidade", ou seja, ao mesmo caminho que vínhamos trilhando e que produziu a pandemia:

> Tomara que não voltemos à normalidade, pois, se voltarmos, é porque não valeu nada a morte de milhares de pessoas no mundo inteiro. [...] Não podemos voltar àquele ritmo, ligar todos os carros, todas as máquinas ao mesmo tempo. Seria como se converter ao negacionismo, aceitar que a Terra é plana e que devemos seguir nos devorando. Aí, sim, teremos provado que a humanidade é uma mentira.[46]

Nos anos 1930, Benjamin associava a "normalidade" do sistema capitalista àquilo que denominamos comumente de "progresso", à destruição da vida: "Para que falar de progresso a um mundo que afunda na rigidez cadavérica? [...] Deve-se fundar o conceito de progresso na ideia da catástrofe. Que tudo 'continue assim', isto é a catástrofe. Ela não é o sempre iminente, mas sim o sempre dado."[47] E, nas notas das suas teses *Sobre o Conceito de História*, também lemos: "A catástrofe como o *continuum* da história."[48]

Outra voz que se origina no mundo ameríndio e que tem trazido uma série de preciosos e urgentes ensinamentos ao nosso contexto de radicalização entrópica da empresa colonial que culminou na pandemia, é Davi Kopenawa. Em *A Queda do Céu* (coescrito com o antropólogo Bruce Albert), ele descreve em centenas de páginas o martirológio dos yanomamis provocado pelos contatos com os brancos, sejam militares em missões de demarcação das fronteiras ou operários construindo estradas, mas, sobretudo por garimpeiros em busca dos minérios. Kopenawa está consciente quanto ao fato de que as explorações dos minérios produzem epidemias. Ou seja, o contato com os brancos trouxe doenças, destruição da floresta, dos rios e do solo e produz epidemias, fatos que cientistas confirmaram:

> As coisas que os brancos extraem das profundezas da terra com tanta avidez, os minérios e o petróleo, não são alimentos. São coisas maléficas e perigosas, impregnadas de tosses e febres, que só *Omama* [o deus criador] conhecia. Ele porém decidiu, no começo, escondê-los sob o chão da floresta para que não nos deixassem doentes. Quis que ninguém pudesse

tirá-las da terra, para nos proteger. Por isso devem ser mantidas onde ele as deixou enterradas desde sempre. A floresta é a carne e a pele de nossa terra, que é o dorso do antigo *Hutukara* [nome xamânico do antigo céu] caído no primeiro tempo. O metal que *Omama* ocultou nela é seu esqueleto, que ela envolve de frescor úmido. São essas as palavras dos nossos espíritos que os brancos desconhecem. Eles já possuem mercadorias mais do que suficientes. Apesar disso, continuam cavando o solo sem trégua, como tatus-canastra. Não acham que, fazendo isso, serão tão contaminados quanto nós. Estão enganados.[49]

Pagamos caro por esse engano, especialmente tendo em conta que estivemos por cerca de dois anos em prisão domiciliar. Segundo narra Davi Kopenawa, recordando o saber que lhe foi passado em conversas com os antigos xamãs, em sonhos e nos transes xamânicos, os metais foram criados não por Omama, mas sim por seu malévolo irmão Yoasi, o deus que também introduziu a morte. Omama enterrou os metais para proteger-nos, e debaixo da terra eles devem ficar. Além disso, esses metais seguram os esteios que sustentam o céu, eles mantêm "a terra no seu lugar". Ou seja, retirar os metais do solo e destruir a floresta que os isola, implica liberar epidemias fatais:

Agora sabemos de onde provém essa fumaça maléfica. É a fumaça do metal, que também chamamos de fumaça dos minérios. São todas a mesma fumaça de epidemias *xawara*[50] que é nossa verdadeira inimiga. *Omama* enterrou os minérios para que ficassem debaixo da terra e não pudessem nunca nos contaminar. Foi uma decisão sábia e nenhum de nós [yanomami] jamais teve a ideia de cavar o solo para tirá-los da escuridão! [...] O sopro vital dos habitantes da floresta é frágil diante dessas fumaças *xawara*. [...] Quando essas fumaças surgiram, não tiveram forças para se defender. Todos arderam em febre e logo ficaram como fantasmas. Faleceram rapidamente, em grande número, como peixes na pesca com timbó. Foi assim que os primeiros brancos fizeram desaparecer quase todos os nossos antigos.[51]

Kopenawa afirma que apesar de nossas cidades estarem infestadas de fumaça mortal, não desistimos, continuamos destruindo a floresta e criando cidades gigantescas. Nosso pensamento, ele afirma, "está todo fechado"; uma expressão que lembra a imagem do "lugar confinado" referida por Krenak. Kopenawa estabelece uma relação entre essas epidemias e as mercadorias trazidas pelos brancos: "a doença e a morte golpeiam os habitantes da floresta assim que estes começaram a desejar as mercadorias. [...] De modo que, para nós, as mercadorias têm valor de epidemia *xawara*"[52]. Esse raciocínio é fundamental para a contra-antropologia de Kopenawa: os brancos, que ele denomina de "povo da mercadoria", são também o povo que traz e produz as epidemias, com a sanha de arrancar os metais que dão esteio ao céu sobre nossas cabeças, e caracterizado pela gana de produzir mercadorias que esgotam os metais da Terra. "Hoje, os seres maléficos *xawarari* não param de aumentar", escreve ele de modo quase profético. Na verdade, ele com essas palavras está apenas explicitando a percepção dos povos que vivem nas florestas, que são as vítimas das epidemias há séculos. Afinal, racismo ambiental é isso: os mais vulneráveis socialmente são as primeiras vítimas do céu desabando. E ele continua: "Mas as orelhas dos brancos não escutam as palavras dos espíritos! Eles só prestam atenção no seu próprio discurso e nunca se dão conta de que é a mesma fumaça de epidemia que envenena e devora suas próprias crianças."[53] Esse raciocínio não deixa de lembrar as palavras de Césaire, que vimos anteriormente, quando afirmava que os empreendedores da empresa colonial não deveriam se sentir seguros e a salvo da violência que ela emprega, pois, aos poucos, a mesma violência os destrói. Assim como Krenak adverte sobre a necessidade de despertarmos para o que está acontecendo com a Terra antes que seja tarde demais[54], Davi Kopenawa afirma a necessidade de ouvirmos os clamores da Terra. Temos que sair de nossa "zona de conforto", que se tornou uma "zona de desconforto", pois estamos cavando o chão sob os nossos próprios pés. As práticas de testemunho nascidas do acúmulo de destruição, como no caso dos territórios ameríndios (e também dos crimes ambientais resultados de megaprojetos que destroem a natureza e a população que aí vivem; como a hidrelétrica de Belo Monte, a catástrofe de Mariana ocorrida em 05 de novembro de 2015, e de Brumadinho em 25 de janeiro de 2019) nos levam a formular novos modelos para pensar as relações inter-humanas e entre humanos e não humanos. Mais do que nunca, é a escuta do sofrimento dos esmagados pela engrenagem de nossos modelos de progresso e de técnica, e a escuta do lamento da natureza que poderão servir de armas contra nossa auto-aniquilação.

Para concluir, voltemos às palavras do *Discurso Sobre o Colonialismo*, de Aimé Césaire. Ao desenvolver a ideia de uma autodestruição programada no código genético da violência colonial (e da primeira técnica que vimos com Benjamin), ele acreditava, em 1950, que uma reviravolta estava por vir e que retiraria a elite colonialista do poder. Muitos países africanos se descolonizaram desde então. Mas a empresa colonial e a colonialidade com seus longos tentáculos ainda estão aqui. Assim, é importante retomar a contemporaneidade corrosiva de Césaire:

> Pois, enfim, precisamos nos decidir e dizer, de uma vez por todas, que a burguesia está condenada a ser cada dia mais hostil, mais abertamente feroz, mais desprovida de vergonha, mais sumariamente bárbara; que é uma lei implacável que toda classe decadente se transforme em um receptáculo para o qual fluem todas as águas sujas da história; que é uma lei universal que toda classe, antes de desaparecer, deva primeiro desonrar-se de forma completa, omnilateral, e que, com as cabeças enterradas sob o estrume, as sociedades moribundas emitem seu canto de cisne.[55]

Que assim seja.

Acerca do Anarquivamento

Arquivo: do gr. arkheîon *"residência dos principais magistrados, onde se guardavam os arquivos de Atenas".* (HOUAISS)

O verdadeiro feito, normalmente desprezado, do colecionador é sempre anarquista, destrutivo. Pois esta é a sua dialética: ele conecta à fidelidade para com as coisas, para com o único, por ele assegurado, o protesto teimoso e subversivo contra o típico e classificável. (WALTER BENJAMIN)

A arquivonomia, a doutrina que trata da organização e administração de arquivos, é um saber que remonta às origens do que poderíamos chamar de nosso processo de humanização. Nosso *nómos* é a lei do arquivamento. Nosso "grito originário de nascimento", talvez um grito de horror (diante de nosso desamparo e medo em face do outro), ou ainda uma interjeição de maravilhamento (diante da potência da vida) que nos separou do mundo, estabeleceu a primeira linha organizatória. Desde então, apenas nos enredamos cada vez mais em arquivos e em códigos. Ao menos é assim que, hoje, na era do "mal de arquivo"[1], passamos a ver e a ler a nossa história. Desse ponto de vista, as primeiras inscrições rupestres e traçamentos sobre o corpo, sobre flechas e tabletes de argila já seriam protoescrituras que tentavam organizar o mundo em "pastas" – *files*, arquivos. Dos tabletes aos *tablets*, como na cena de abertura de *2001: Uma Odisseia no Espaço*, de Stanley Kubrick, foi só um pulo. Traçar significa tanto estabelecer o comum, a *comunitas*, como também estabelecer fronteiras, criar limites, construir identidades, reivindicar a posse e o poder. Os atos sacrificiais, como Marcel Mauss[2] apontou, são rituais de comunicação com o mundo dos deuses, ritos de passagem e de demarcação das fronteiras entre o nosso mundo e o além.

Qualquer erro nessa comunicação, qualquer poluição do nosso mundo com as forças divinas pode provocar as mais terríveis catástrofes. Os mitos, os deuses no panteão clássico, os santos católicos em seus nichos nas igrejas, as representações da paixão de Cristo: tudo isso aprendemos a ler como uma longa história da construção e transmissão de arquivos. Para escrever este artigo eu tive que consultar livros, meus arquivos fotográficos, arquivos de textos e diversos arquivos *on-line*. Este texto faz parte de um novo arquivo que, por sua vez, poderá se desdobrar em forma de reprodução ou de citações em outros arquivos analógicos ou digitais.

PEQUENA ARQUEOLOGIA DO ARQUIVO

Ao longo do século XX, a humanidade foi submetida a uma espécie de desdobramento paroxístico da *Aufklärung* (Esclarecimento) e de sua terrível dialética: ao invés do prometido triunfo de uma vida civilizada, racional e livre das peias da "barbárie", o processo civilizatório se mostrou violento, genocida, amigo da guerra e da destruição. Nunca um número tão grande de seres humanos foi executado em guerras ou por meios tão terríveis e vis como nos campos de concentração e de extermínio, como ocorreu no século XX, iniciando com o genocídio da população Nama e Herero, nos territórios coloniais alemães na África (1904-1908), e se estendendo até os dias de hoje com a necropolítica associada à pandemia de covid-19 entre 2020 e 2021. A razão ocidental, esse constructo que levava em si um arquivo que era constantemente redesenhado e cujas origens também foram projetadas desde o Renascimento na Grécia antiga, foi derretida sob o calor das catástrofes. O abalo no arquivo central do Esclarecimento levou a uma disseminação dos saberes. Trata-se do conhecido "fim das grandes narrativas", não só no sentido benjaminiano, da morte do narrador, mas também da morte dos grandes discursos que procuravam dar sentido (um sentido nomológico) à humanidade e à sua história e ao seu devir. Ao invés da fé cega na razão e sua capacidade de revelar a verdade, afirmam-se cada vez mais ao longo da modernidade outros modos de pensar e de agir que desconfiam dos arquivos.

Esse contramovimento pode ser entendido como o pensamento que denominamos de romantismo, ou seja, ele já estava sendo gestado desde o início do século XIX como resposta aos arquivos e excessos da razão esclarecida (colonialista, exploradora da mão de obra escrava ou operária, homofóbica, feminicida e com sede de sangue). No bojo do romantismo, artistas levantaram-se em revolta contra a ação da norma e de sua tendência a reduzir tudo ao(s) arquivo(s) do poder. Artistas se tornam cada vez mais *anarquivadores*, anarquizadores do arquivo. Assim, por exemplo, Goya, com seus *Los Desastres de la Guerra*, de 1810-1815, faz uma inscrição a contrapelo do que foi a Guerra de Independência Espanhola, revelando sua violência crua. Baudelaire e outros escritores pensam a nova subjetividade moderna, as paixões, a sexualidade, as novas experiências táteis e os medos de um novo ser citadino que surge marcado pela necessidade de se vender ao mercado para sobreviver.

As vanguardas artísticas do início do século XX desarquivam toda a história da arte. Elas procuraram abrir o arquivo das artes para novas formas de percepção e configuração. Paulatinamente o arquivo ocidental abre-se a um diálogo (às vezes neocolonialista, mas nem sempre) com outras tradições, da África e do Oriente. Novos traços são elaborados, apagam-se fronteiras e outras são estabelecidas. O abalo da Segunda Guerra Mundial pulveriza as próprias vanguardas. Microarquivos e micro arquivonomias serão ensaiadas. Em 1953, a descoberta da estrutura do DNA foi revelada, e a descrição dessas peças primárias, primeiros componentes da escrita do ser e de sua história, serviu também para generalizar a consciência de que a vida, como a cultura, é uma história de arquivos, de suas reescrituras e de suas metamorfoses.

ARTE E ANARQUIVAMENTO

A partir desse período, as artes adotarão cada vez mais a figura do arquivo para si. Entretanto, seguindo a tendência romântica de anarquivamento, os artistas embaralham os arquivos, põem em questionamento suas fronteiras, tentam abalar poderes, revelar segredos, reverter dicotomias, para as explodir. A palavra de ordem é anarquivar, *recolecionar* as ruínas dos arquivos e reconstruí-las de forma crítica. O artista se assume como demiurgo, no entanto, e não como participante submisso, como queriam os fascismos e totalitarismos do século XX, que tentaram submeter as artes a projetos megalomaníacos de arquivamento da sociedade e de seus indivíduos. Esses movimentos falharam porque fechavam de modo ditatorial os arquivos e a arquivonomia. Eles culminaram em arquivos mortos, como em Auschwitz, no *gulag*, no Camboja sob o Khmer Vermelho etc.

O artista quer destruir os arquivos que funcionam como máquinas identitárias de destruição, pois eliminam os que são diferentes do "tipo". Lembremos, nesse sentido, do reconhecimento da obra de Bispo do Rosário, um potente representante da arte contemporânea. No Brasil, Bispo do Rosário desloca os arquivos como alguém que provém de uma tripla exclusão – negro, pobre e "louco" (além de ser do "terceiro-mundo") –, e representa de modo radical a figura do artista como anarquivador. Ele pode ser entendido na tradição daquele trapeiro, descrito por Baudelaire. A descrição que ele fez do trapeiro deve ser posta lado a lado da figura urbana moderna do trabalho do próprio poeta e do artista:

> Aqui temos um homem – ele tem de recolher na capital o lixo do dia que passou. Tudo o que a cidade grande jogou fora, tudo o que ela perdeu, tudo o que desprezou, tudo o que destruiu, é reunido e registrado por ele. Compila os anais da devassidão, o cafarnaum da escória; separa as coisas, faz uma seleção inteligente; procede como um avarento com seu tesouro e se detém no entulho que, entre as maxilas da deusa indústria, vai adotar a forma de objetos úteis ou agradáveis.[3]

O próprio Benjamin, que cita essas palavras de Baudelaire, não apenas foi um teórico da coleção e do colecionismo (lembremos de seu conhecido ensaio sobre Eduard Fuchs, um dos maiores colecionadores de ilustrações eróticas e de caricaturas da modernidade), mas também colecionou livros infantis e de "doentes mentais" bem como brinquedos, como lemos em seu *Diário de Moscou*. Seu texto de 1931, "Ich packe meine Bibliothek aus: Eine Rede über das Sammeln" (Desempacotando Minha Biblioteca: Um Discurso Sobre o Colecionar), reúne muitas de suas reflexões sobre essa prática. Ele vê no ato de colecionar livros antigos – marcado pela pulsão "infantil" do colecionar que renova o mundo via uma pequena intervenção nos objetos – uma espécie de *renascimento* das obras[4]. Essas ideias podem nos ajudar a pensar o universo de Bispo do Rosário como uma coleção em que o mundo se renova, renasce, sob a batuta do colecionismo, e de sua visão de mundo profundamente marcada pela religiosidade afro-brasileira, ela mesma um poderoso catalisador do encontro colecionista de imagens que une as margens do Atlântico.

Uma das ideias seminais de Benjamin sobre a coleção pode ser lida no seu texto "Lob der Puppe" (Elogio da Boneca), que aborda de um ponto vital o gesto do colecionador: a relação entre o indivíduo (que seleciona, arranca do contexto e coleciona) e o mundo objetivo das coisas: "O verdadeiro feito, normalmente desprezado, do colecionador é sempre anarquista, destrutivo. Pois esta é a sua dialética: ele conecta à *fidelidade para com as coisas, para com o único*, por ele assegurado, o protesto teimoso e subversivo contra o típico e classificável."[5] Bispo do Rosário, o "louco", classificado com etiquetas psiquiátricas que o desclassificaram da vida extramuros, reconstrói seu mundo com o seu colecionismo, organiza o seu universo sob o signo de uma tipologia de estranhamento do mundo que o trata como um estranho. Ele salva o momento individual de cada coisa, rompendo com os falsos contextos e subsunções aos conceitos abstratos. Sua atração pelo universo dos concursos de miss (que classifica a beleza segundo potentes *tipos*, opostos aos biotipos dos companheiros de internato de Bispo do Rosário e dele próprio), pode ser lida como um desejo de se confrontar com a terrível ontotipologia que o excluía do glamour de uma sociedade "higienizada", sem negros ou "loucos". A vontade de anarquivar e recolecionar objetos pode ser interpretada como fruto de sua fidelidade visceral aos cacos do mundo, que se apresentavam como sua única realidade, única possibilidade de construção de uma "casa" em que morar. Sua arqueologia é decorrente de sua anarquivação do mundo. Ele *deslouca* os arquivos e os recria na sua arte. Ele anarquiva para salvar o mundo e a si mesmo.

A NOVA ARTE DA MEMÓRIA: A CONQUISTA DE UM NOVO "SPIELRAUM"

Uma artista que também explora de modo crítico e criativo a figura do arquivo é Rosângela Rennó. Ela se diz especialista em esquecimento, não em memória. E, de fato, suas imagens são imagens do esquecimento: ela coleciona o que estava no arquivo morto de uma sociedade que prefere, como a sociedade brasileira, esconder sua história de violência e de opressão. Em *Imemorial* Rennó realizou, em 1994, um impactante trabalho de memória e de tentativa de escovar a história a contrapelo. Ela reuniu cinquenta fotografias a partir de um enorme arquivo abandonado que encontrou no Arquivo Público do Distrito Federal, referente à construção de Brasília. Sabe-se que inúmeros trabalhadores, os chamados "candangos", morreram de modo trágico durante a construção de Brasília: uma cidade construída em menos de quatro anos, com exploração abusiva dos trabalhadores (com jornadas de quatorze a dezoito horas) e repressão à bala nas tentativas de organização e expressões de revolta. O trabalho de Rennó é uma homenagem aos mortos. São ampliações de fotos 3x4 deterioradas que foram encontradas no arquivo abandonado e esquecido. Elas apresentam uma forte ambiguidade, oscilando entre as imagens de cerimônias oficiais de recordação e o esquecimento das vítimas anônimas do "progresso" e da "civilização". O título *Imemorial* nos recorda o conceito de *counter monument*, que passou a ser empregado nessa mesma época por teóricos da memória da Shoah, como James Young. São expressões que remetem à aporia contida em todo ato de recordação de eventos traumáticos, e que é agravada conforme a dimensão e intensidade da catástrofe que originou o trauma. No caso de *Imemorial*, trata-se de iluminar o outro lado da ideologia desenvolvimentista, do culto cego ao progresso, de mostrar a falsidade da utopia-Brasília, que resultou na morte de "candangos", bem como a expulsão dos pobres para as cidades satélites. Rennó nos faz ver o lado distópico daquela capital, ironizando, ao mesmo tempo, de modo crítico, os rituais e memoriais oficiais (arquivos, estes sim, mortos). Como nos trabalhos de artistas vinculados ao antimonumento, como Jochen Gertz e Horst Hoheisel, Rennó, por meio de inversões nos revela o esquecido, o socialmente recalcado: os trabalhadores mortos que ficaram enterrados nos alicerces da capital, macabras pedras fundamentais sem nome, em cujos protocolos consta apenas a frase cínica: "dispensado por motivo de morte". Seu contra-arquivo serve de antídoto ao esquecimento e revela em que medida não podemos separar mais arte, política e ética da memória.

A memória só existe no presente, entretanto, o artista trabalha com a multiplicidade de tempos e gerações envolvidos no seu trabalho de arqueólogo. Outro exemplo da América Latina ligado ao drama de suas ditaduras é o trabalho do fotógrafo e artista argentino Marcelo Brodsky. Na exposição e no catálogo *Nexo*[6] vemos uma obra que consiste nas fotos de livros que haviam sido enterrados durante a ditadura Argentina na casa de Nélida Valdez e Oscar Elissamburu, em Mar Del Plata. Essas obras desenterradas e desgastadas pela umidade aparecem sobre a terra como um arquivo que teve que ser escondido e que, após o fim da ditadura, puderam ser reveladas à luz do dia. Entre os livros se encontra o volume *Los Condenados de la Tierra*, de Frantz Fanon, que nos remete a outros lugares de memória, às lutas anticolonialistas, mas também, por conta de seu título, nos leva a pensar nos livros que foram condenados a ficar sob a terra, em um esquecimento imposto. Os livros ficaram em uma tumba, entretanto, o sepultamento foi negado aos mais de trinta mil desaparecidos durante o regime militar argentino. Marcelo Brodsky em suas obras desconstrói as criptas do terror na ditadura argentina[7].

Desde 2014, Brodsky desenvolve o projeto "1968: El Fuego de las Ideas". Trata-se um enorme *work in progress* no qual o artista fotógrafo se apropria de imagens fotográficas do ano de 1968, imagens realizadas em distintas partes do mundo, como Córdoba, São Paulo, Cidade do México, Paris, Bogotá, Washington, Kingston, Montevidéu, Bratislava, Dakar, Tokyo, Rio de Janeiro, Toronto, Londres, Madri, Santiago do Chile, Amsterdam, Munique, Praga, Berlim, entre outras tantas cidades. Sua proposta é apresentar a inervação, a corrente política que abalou o mundo naquele ano, com suas utopias e imagens de desejo em punho. Com esse trabalho Brodsky pretende revelar um *Jetztzeit*, o tempo-agora de que Benjamin nos fala, entre 1968 e nossa era. Ele quer detonar com imagens novas ondas de inervação crítica. Ele *re-revela* as imagens ao introduzir coloridos, ao escrever palavras de ordem, e sobretudo as legendar. Para Benjamin a tarefa do crítico materialista não é só a de fotografar o choque e de interromper o fluxo da narrativa (como o faz Brodsky), mas também, como anotou : "Aqui deve intervir a legenda, introduzida pela fotografia para favorecer a liberalização de todas as relações da vida e sem a qual qualquer construção fotográfica corre o risco de permanecer vaga e aproximativa."[8] No ensaio sobre a obra de arte, ao tratar das consagradas fotos de Paris, de Atget, Benjamin retoma essa tese[9].

O procedimento de colorir imagens colecionadas e legendá--las vemos na série mais recente de Brodsky, *Traces of Violence*, de 2021. Nesse trabalho, Brodsky ressignifica fotografias que registraram o violento domínio colonial do Império Alemão sobre a Namíbia. Como mencionamos anteriormente, o genocídio perpetrado contra os Herero e os Nama abriu a série de genocídios que marcariam o século XX. Hoje, tanto o governo alemão como o da Namíbia resistem a reconhecer esse crime. As imagens de Marcelo nos ajudam a conhecer esse passado recalcado.

Com Hannah Arendt sabemos que "[a]s possessões coloniais africanas tornaram-se o solo mais fértil para que florescesse o grupo que viria a ser mais tarde a elite nazista."[10] Em *Traces of Violence*, Brodsky realizou uma série de apropriações e de inserções em fotografias da era colonial alemã na África. As trinta obras reproduzidas no catálogo possuem títulos eloquentes e produzem uma poderosa narrativa dos gestos colonizadores, com ironias que apenas pode-se perceber ao ver as imagens:

> Feliz natal; Nós internamos vocês em campos de concentração; Nós invadimos vocês; Nós escravizamos vocês em nossas minas; Nós punimos vocês; Nós fizemos suas mulheres trabalharem para nós; Nós mentimos para vocês; Nós desprezamos vocês; Nós destruímos as suas vilas; Nós empurramos vocês para o deserto; Nós dominamos vocês; Nós fuzilamos vocês; Nós levamos vocês acorrentados; Nós acorrentamos vocês; Nós testamos os chuveiros; Nós testamos o transporte de trem; Nós forçamos vocês a trabalhar por nós; Nós emprisionamos vocês; Nós queimamos as suas casas; Nós ocupamos a sua terra; Nós examinamos seus crânios; Nós tomamos as terras de vocês; Nós abusamos de vocês; Nós penduramos vocês; Nós odiamos vocês; Nós matamos vocês; Nós testamos ferro; Nós fizemos vocês construírem nossas ferrovias; Nós escravizamos vocês; Nós escravizamos seus filhos.

A obra de Brodsky deve ser lida como um gesto, uma reação à brutal continuidade das violências da colonialidade em nossa era. Apenas recentemente o Governo da Alemanha reconheceu esse genocídio africano e estabeleceu medidas de reparação que estão sendo contestadas como insuficientes pelos descendentes das vítimas. Com *Traces of Violence*, Brodsky se junta a outros artistas e defensores dos direitos humanos que têm procurado unir a criatividade artística às atuais pautas de luta pela liberdade e igualdade. Eles se apropriam de fotografias coloniais para, por meio de intervenções e da legendagem, transformar as imagens fotográficas em um dispositivo mnemônico decolonial crítico.

Essa obra dialoga diretamente com *From Here I Saw What Happened and I Cried* (1995-1996), da fotógrafa e artista norte-americana, Carrie Mae Weems. Seu trabalho é construído a partir da apropriação de fotografias de corpos afrodescendentes do século XIX que foram submetidos a dispositivos científicos, fotográficos, sexistas, ao exército, ou de mulheres reduzidas ao papel de ama de leite. Nas fotografias, lemos um conjunto de legendas que potencializam a leitura crítica das imagens: "Você se tornou um perfil científico"; "Um tipo negro"; "Um debate antropológico"; "O objeto fotográfico"; "Um brinquedo para o patriarca" etc. Weems inscreve seus textos nas fotografias do ponto de vista de uma negra. A primeira fotografia é uma mulher no Congo, em 1920, de perfil e olhando para a direita, e sobre essa fotografia lemos: "From Here I Saw What Happened" (Daqui Eu Vi o Que Aconteceu). A última imagem é a mesma fotografia, mas com a face voltada para a esquerda, como se estivesse observando as fotografias anteriores, com o letreiro: "And I Cried" (E Eu Chorei).

Brodsky assume nas legendas a persona dos alemães protagonistas das fotografias coloniais que ele colecionou e sobre as quais desenhou e escreveu títulos em alemão e em inglês. Ambos artistas fotógrafos reencenam criticamente a violência colonial que ecoa de um passado que não termina, porque não foi devidamente inscrito, ensinado e incorporado. Pelo contrário, o passado racista colonial está em parte recalcado e produz uma repetição do gesto colonial-racista nas políticas internacionais e domésticas, bem como em nossas relações interpessoais e intergrupais. O passado colonial exige elaboração para efetivamente se torne um "passado". O encontro entre as obras de Weems e de Brodsky mostra como as histórias afro-atlânticas se repetem para além das fronteiras nacionais. O sistema colonial era e é global. Temos que aprender a reescrever a história a partir de campos de força transnacionais, como a história da diáspora afro-atlântica que vemos em autores como Paul Gilroy, bell hooks e Lélia

Gonzalez. Também a artista brasileira Rosana Paulino lança mão das fotografias coloniais para ressignificá-las, descolonizá-las, apropriando-se e reconquistando um passado-presente, antes sequestrado por versões colonialistas da história. Esse processo podemos ver em Paulino, tanto em *Assentamento* (2013), como em *Atlântico Vermelho* (2017), em *As Gentes* (2016), como em outras de suas obras.

Com Benjamin podemos lembrar que a fotografia é uma eminente representante daquilo que ele denominou de segunda técnica (conceito que exploraremos mais adiante neste livro). Em oposição à primeira técnica, associada à guerra, ao modelo capitalista de instrumentalização da ciência e da técnica voltadas para explorar, exaurir e extrair lucros da natureza e dos corpos dos trabalhadores, a segunda técnica está associada ao jogo e voltada para uma autêntica libertação. Ela produz um novo *Spielraum*, campo de ação lúdico, a partir de uma guerra de imagens que promovem um novo *Bildraum*, espaço de imagem[11]. Como lemos no ensaio sobre *A Obra de Arte na Era de Sua Reprodutibilidade Técnica*:

> Revoluções são inervações do coletivo, mais precisamente: tentativas de inervação do coletivo novo, historicamente sem precedentes, o qual tem seus órgãos na segunda técnica. Esta segunda técnica é um sistema em que a dominação das forças sociais elementares aparece como precondição para o jogo com as forças elementares naturais. Assim como uma criança, aprendendo a agarrar, estica o braço em direção à lua como se fosse em direção a uma bola, a humanidade em suas tentativas de inervação ambiciona, juntamente com o agarrável, objetivos que ainda permanecem utópicos. Pois não é apenas a segunda técnica que anuncia suas reivindicações à sociedade nas revoluções. Justamente porque essa segunda técnica pretende liberar progressivamente o ser humano do trabalho forçado, o indivíduo vê, de outro lado, seu campo de ação [*Spielraum*] aumentar de uma vez para além de todas as proporções.[12]

Brodsky, junto a novos artistas da memória, procura promover essa inervação. Eles o fazem a partir do gesto de catadores, de colecionadores e ressignificadores de imagens. Eles fazem curadorias das ruínas da modernidade para revelar suas entranhas e utopias.

ANTIMONUMENTOS

A estética do acúmulo, da metonímia e não da metáfora, é típica da arte da rememoração do terror. Ela nos remete à ideia de (an) arquivo. Anos antes de Brodsky, entre 1956 e 1964, Joseph Beuys idealizou uma obra denominada "Auschwitz Vitrine", que consistia em uma caixa de vidro contendo uma série de materiais acumulados e colecionados como se fossem restos do local de memória contido no título da obra: arame farpado, eletrodos, sebo, mapas de campos de concentração, vidros cilíndricos, massa em forma de salame. A estética dessa obra tornou-se característica da arte das últimas décadas do século XX e ainda marca as atuais exposições de arte contemporânea. Na vitrine, um arquivo aberto e público, o artista (re)coleciona fragmentos do (seu) mundo, numa verdadeira reinvenção da "écriture du soi" (escrita de si), no sentido que Foucault[13] deu a esse termo a partir dos filósofos estoicos e cínicos. Essa escrita costura o público e o privado, quebrando barreiras e fronteiras e servindo para reconstruir nossas tênues identidades.

Em Biron, uma pequena cidade francesa marcada pelas duas guerras mundiais, o artista alemão Jochen Gerz recebeu a encomenda de fazer uma obra para substituir o antigo obelisco aos mortos da cidade, que estava quebrado. Contudo, ao invés de substituí-lo, ele realizou um questionário envolvendo praticamente toda população do vilarejo, no qual perguntava o que seria tão importante ao ponto de pôr em risco as suas próprias vidas. As respostas foram posteriormente gravadas de modo fragmentário e anônimo (num espaço equivalente a sete linhas para cada uma), em plaquetas (tabletes, novamente) que foram fixadas no obelisco e no seu pedestal. A ideia é que o "monumento" continue em perpétuo devir. Gerz não apenas reintegrou o monumento antigo à paisagem emotiva da cidade como também fez inscrever o próprio processo de recordação. "Nós apenas nos recordamos daquilo que nós nos esquecemos", afirma o artista. Gerz desarquiva a memória heroica em favor de um genuíno trabalho de rememoração no presente e de reavaliação dos valores éticos. Além disso, nas suas obras a arte da memória dá continuidade à antiga mnemotécnica clássica ao entrelaçar o culto dos mortos, as escrituras verbal e visual e o procedimento de fazer "listas" de nomes. "No final das contas, tudo que fica são listas, *listings*."[14]

Os arquivos em forma de lista podem ser lidos em inúmeros memoriais deixados no rastro do século XX, como o famoso monumento aos soldados mortos na guerra do Vietnã, projetado pela arquiteta Maya Lin, em Washington. Mais recentemente, o memorial erigido aos desaparecidos da ditadura Argentina, no Parque de la Memória, em Buenos Aires possui muros para a inscrição dos nomes dos trinta mil desaparecidos. Também em Buenos Aires, Marcelo Brodsky elaborou uma placa denominada *Lugares de Memória que no Debemos Olvidar Jamás*, em que reúne os nomes dos campos argentinos onde prisioneiros políticos foram presos, torturados e desaparecidos. Esse trabalho, por sua vez, foi inspirado em uma placa idêntica, em Berlim, com o dizer "Orte des Schreckens, die wir niemals vergessen dürfen" (Locais do Terror dos Quais Nós Nunca Devemos nos Esquecer), seguido da lista de campos de extermínio e de concentração nazistas. A memória é considerada como uma lei: "não esquecereis". Contra o esquecimento, o artista coleciona e lista os locais de terror.

Existem outros artistas anarquivistas contemporâneos, tais como Naomi Tereza Salmon (autora de uma série de fotos de restos de campos de concentração nazista, reproduzida em um catálogo em formato de pasta-arquivo: *Asservate: Exhibits: Auschwitz, Buchenwald, Yad Vashem*), Christian Boltanski (colecionador/curador de fotografias), Cindy Sherman, Horst Hoheisel, Andreas Knitz, Micha Ullman, Anselm Kiefer e Daniel Libeskind. No Brasil, além de Rosana Paulino e Rosângela Rennó, Leila Danziger anarquiva imagens fotográficas, bibliotecas, jornais, livros, desmontando os arquivos do horror do século XX. Alfredo Jaar, artista chileno que vive em Nova York, é outro poderoso apropriador e ressignificador de imagens da violência da América Latina. Cada um deles desenvolveu uma poética própria, na qual a memória desempenha um papel de polo aglutinador e as artes fazem jus ao fato de serem filhas de Mnemosine. Nas obras desses autores, algumas das principais caraterísticas da arte da memória contemporânea e de seu procedimento de anarquivamento vêm à tona.

ARTES DO CORPO-ARQUIVO

Assim como essa nova arte da memória, as artes do corpo reatualizam a figura do arquivo. Os trabalhos que tratam especificamente do corpo, como os de Sherman, as fotos de Zanele Muholi (que documenta mulheres lésbicas e transgênero na África do Sul) e as de Nan Goldin embaralham diversos arquivos. Muholi e Nan Goldin expõem para a esfera pública a intimidade e aspectos da vida privada e da sexualidade. Ao publicizar o drama da AIDS, ou a relação da mulher com seu corpo, temas que antes seriam considerados menores e restritos à esfera íntima, eles ganham a dimensão de questões políticas prementes. Essa abertura do arquivo da intimidade foi encenada de modo literal por Annie Sprinkle, que no início dos anos 1990 fazia uma performance que consistia em ficar sentada de pernas abertas e permitir que o público olhasse através de um tubo que terminava em sua vagina. Novas fronteiras identitárias foram delineadas com essas quebras de tabu.

Hans Eijkelboom fotografa citadinos em grandes metrópoles e os rearquiva revelando a regularidade e a homogeneidade de suas roupas. Sucumbimos sob a ditadura da mesmice da moda, e Eijkelboom a denuncia com seus arquivos fotográficos que tendem ao infinito da mesmice. A moda parece oferecer de modo paradoxal a unicidade, a singularidade ao lado da *promesse de bonheur* do mergulho no "todo", no "absoluto" da fusão com a massa, na qual todos são idênticos.

Jake e Dinos Chapman, em obras como *Zygotic Acceleration, Biogenetic, De-sublimated, Libidinal Model* (Aceleração Zigótica, Modelo Biogenético, Dessublimado, Libidinal), fundem diversos corpos nus, cujas faces estão desfiguradas pela presença de órgãos genitais. O corpo é apresentado como arquivo que é redesenhado revelando nossas pulsões e anarquivando uma longa e opressiva história da construção do corpo clássico, sem máculas e dessexualizado. Patricia Piccinini, em obras como *The Young Family* (A Família Jovem), hibridiza o corpo humano e o animal, rompendo a barreira entre a animalidade e a humanidade e apontando desdobramentos possíveis da biogenética.

A quebra da fronteira entre o arquivo animal e o humano, por um lado, e entre o animal e o mundo das coisas, por outro, tem uma longa história, na qual consta não só a figura judaica, mítica, do Golem, como também filosofemas de Descartes; o sonho do homem-relógio por Julien Offray de la Mettrie em seu tratado *L'Homme machine* (O Homem Máquina), de 1748; Mary Shelley e seu *Frankenstein ou O Moderno Prometeu*, de 1818; H.G. Wells e *The Island of Dr. Moreau* (A Ilha do Dr. Moreau), de 1896. Este último em plena era Darwin, mas antes que se revelasse o código do DNA. Nossa "crise de identidade", do nosso arquivo-corpo, culmina na superação das polaridades natureza-cultura, animal-humano, que gera euforia e angústia. As artes são potentes meios de autorreflexão sobre a nossa deriva corpórea e, dentre elas, as ficções científicas (seja na forma de romances ou de filmes) devem ser levadas a sério como gênero que permite penetrar nos nossos sonhos e pesadelos nascidos de novas possibilidades que a técnica e a anarquivação abrem ao nosso corpo.

DOCUMENTA E BIENAIS: MEGA-ARQUIVOS AMBÍGUOS

As Documenta de Kassel e as Bienais de arte espalhadas pelo mundo tornaram-se eventos midiáticos de primeira ordem em um mundo que tende para a estetização e autoencenação espetacularizada de si. Os curadores agora são artistas de segunda ordem que fazem suas coleções e seus mega-arquivos. Existe uma tendência a incorporar nesses mega-arquivos algo do gesto do anarquivamento, embora nem sempre seja bem-sucedido, dadas as imposições comerciais e até políticas a que grandes exposições estão submetidas. Todavia, as curadorias refletem algumas grandes linhas de força em sua época, e esses temas, o arquivo, a coleção e a memória, têm ocupado boa parte das exposições.

A Documenta 12, de 2007, com curadoria de Roger Buergel, teve a coleção e o arquivo como temas centrais. A imagem que serviu de umbral e de mote da exposição foi a famosa pintura de Klee, *Angelus Novus*, que pertenceu a Walter Benjamin e inspirou a sua não menos famosa tese sobre o conceito de história, que resume, em uma imagem icônica, a concepção barroca da história reatualizada no século XX devido ao acúmulo de violência. Apesar de muito conhecida, vale a pena lembrar a tese aqui:

> Há um quadro de Klee que se chama *Angelus Novus*. Nele se apresenta um anjo que parece estar na iminência de afastar-se de algo que ele encara fixamente. Seus olhos estão arregalados, sua boca está aberta e suas asas estão estiradas. É assim que deve parecer o Anjo da História. Sua face se volta para o passado. Lá onde *nós* vemos surgir uma sequência de eventos, *ele* vê uma catástrofe única, que incessantemente empilha escombros sobre escombros e os lança a seus pés. Ele gostaria de se demorar, de despertar os mortos e reunir de novo o que foi esmagado. Mas uma tempestade sopra do paraíso, que se agarra às suas asas, e é tão forte que o Anjo já não as consegue mais fechar. Essa tempestade o leva inexoravelmente para o futuro, para o qual ele dá as costas, enquanto diante dele a pilha de escombros cresce rumo ao céu. Aquilo que chamamos de progresso é *essa* tempestade.[15]

Dessa imagem deriva a ideia da história como acúmulo de escombros e ruínas que devem ser colecionados em vista da redenção após a catástrofe. É daqui, portanto, que podemos derivar também a imagem do arquivo e do anarquivamento: o trabalho de recordação agindo como esse anarquivamento que arranca determinados momentos de seu falso contexto (a falsa totalidade) para ressignificá-los no ato de recriação.

Uma obra espantosa nessa Documenta foi o *The Zoo Story*, do austríaco Peter Friedl. A obra consiste em uma girafa empalhada; na verdade, mal empalhada, pois dava a impressão de que a pele era uma "roupa" grande demais. Essa técnica nos recorda dos museus de história natural, com sua história que remonta ao século XVII, paralela ao desenvolvimento da taxinomia e da taxidermia. Entretanto, Friedl não está ocupando-se do arquivamento biológico da girafa, mas sim com essa girafa e a sua história. Esse animal único, salvo pelo artista na forma de cadáver empalhado, representa o documento de uma barbárie, a saber, a violência do exército israelense na cidade de Qalqilyah, na Cisjordânia, que provocou a morte de vários animais do zoológico local. A girafa Brownie, ao lado outros animais, foram mortos no dia 19 de agosto de 2002, e posteriormente foram empalhados e expostos em uma ala especial do zoo de Qalqilyah. O que Friedl fez ao transladar Brownie para Kassel foi um anarquivamento que põe em destaque uma dupla violência: contra os habitantes da Cisjordânia e contra os animais, não só presos em zoológicos, mas também aí executados. Essa *story* é uma narrativa que pode ser encadeada em uma longa história da circulação de girafas e de seu significado político. A primeira girafa viva a pisar no território alemão, em 1220, foi apenas uma das antecessoras de Brownie. O colonialismo e suas mil histórias de violência podem ser desdobradas e anarquivadas a partir de uma figura zoomórfica.

Uma série de painéis fotográficos da nova-iorquina Zoe Leonard (1961), *Analogue* (1998-2007), funciona como uma espécie de mapeamento da globalização. O título indica a passagem da fotografia analógica para a digital, como se no mundo globalizado não houvesse mais as distâncias e as diferenças que marcavam o mundo pré-globalização e analógico. Ao invés de falarmos em era pós-aurática, agora o tema é o pós-analógico – contemporâneo ao fim das utopias e das grandes narrativas. Se Benjamin pôde ver nas passagens parisienses concentrados paradigmáticos do século XIX e de seu culto da mercadoria (com sua força de fetiche), agora vemos que o mundo se transformou em uma enorme galeria, uma passagem na qual vitrines sem fim reproduzem os mesmos objetos. De modo ambíguo, os objetos perdem seu valor de sedução e são investidos de um ar de decadência, de mercadoria abandonada, empoeirada e kitsch. Foi nessa época que Leonard fez *Analogue*, e os arquivos são entronizados como modelos nas artes. As fotos são como arcas, depósitos, que arquivam o estado do mundo em uma época digital, na qual tudo perde seu contorno e identidade muito mais rapidamente do que no final do século XIX, quando Atget documentava a Paris em desaparecimento sob o impacto das reformas de Haussmann. Nas imagens de Zoe Leonard vemos coleções de fachadas de casas, de vitrines, fotografias de fotografias, fotos de mercadorias etc., tudo arranjado como um catálogo do mundo, sem fronteiras e "sem chão": tudo "análogo", semelhante, e sem identidade. As semelhanças ao serem reconhecidas desaguam na mesmice. Trata-se do oposto daquilo que acontecia na epistemologia lúdica romântica que cultuava a criação de semelhanças como ato chistoso, produtor do *witz*, cultuado pelos românticos e por Freud. As mercadorias circulam de país em país e são recicladas em uma cadeia que reproduz a exploração de modo quase conformista, como se não houvesse saída desse círculo analógico. As analogias que são estabelecidas por certos motivos que se repetem, como a reprodução de bandeiras norte-americanas em roupas, apontam para um processo de homogeneização e massificação. No limite, a diferença é insignificante. Processo semelhante pode ser visto também nos painéis de Eijkelboom que mencionei acima. Na medida em que Leonard faz muitas fotos de objetos por detrás de vidros e molduras, ao fotografarmos seus arquivos, ou seja, seus painéis fotográficos apresentados eles também por detrás de vidros, estamos repetindo o seu gesto e entrando nessa cadeia analógica que também rompe as fronteiras entre o dentro e o fora do campo artístico, que se revela como parte do "circular estático" de mercadorias que ela documenta.

O trabalho *Top Secret* (12.1989-02.1990), de Nedko Solakov (1957, Bulgária), também apresentado na 12a. Documenta, tem a forma de um pequeno arquivo de madeira com duas gavetas cheias de fichas preenchidas. As fichas contêm a descrição de denúncias feitas pelo próprio artista às autoridades comunistas da Bulgária, nas quais ele relatava o comportamento de outros artistas. Solakov fez essa obra como parte de um trabalho de participação no sistema de delação que marcou o regime totalitário no qual cresceu e do qual foi informante. Quando realizou essa obra, ele havia rompido há anos com a prática de delação e era visto com desconfiança pelas autoridades. Ao abrir seu arquivo privado, como forma de elaboração de sua culpa, ele fez um gesto duplo de *écriture de soi*, ou seja, de egoescrita como meio de reconstrução de si, e também como um ato público e político de denúncia do que o sistema totalitário fazia com as pessoas, transformando-as em peças massificadas de um sistema. Ao tornar público o arquivo, Solakov abalava tanto seu arquivo privado (revelado como meio de confissão e esperada catarse do seu trauma) como os arquivos da polícia secreta comunista: que apenas vieram a público na Bulgária em 2011, ou seja, 22 anos após o fim do regime comunista e da obra de Solakov. Ele tornara-se uma personagem suspeito a partir de 1983, quando decidira não mais cooperar com o serviço secreto. Ao expor sua obra em 1990, por sua vez, ele se tornou suspeito por parte de uma sociedade que passou a perseguir os antigos colaboradores. Seu gesto de autoexposição deve ser visto como um ato de coragem, de enfretamento de suas contradições e das contradições de uma sociedade em torno de seus "arquivos secretos".

O Estado moderno sempre necessitou estabelecer as fronteiras entre o secreto e o não-secreto. A lei do arquivo decreta o seu ser secreto. O arquivo secreto é uma necessidade do Estado e de toda estrutura de poder: contra eles se volta o anarquivamento que o campo artístico ainda pode propiciar. A obra de Solakov, ao lado de tantas outras que apresentam os arquivos secretos e pessoais dos artistas, representa uma revolta contra a tendência totalitária. Solakov com seu arquivo nos faz lembrar também de uma era analógica de arquivos que está sendo deixada para trás, mas que ainda não está morta. O drama no Brasil "eternamente" em busca dos arquivos secretos da ditadura é uma prova disso. Se na Bulgária levaram 22 anos para a abertura dos arquivos, no Brasil, em 38 anos após o fim da ditadura civil-militar, ainda não se realizou.

O impulso de arquivamento presente no Estado é apenas uma manifestação do "mal de arquivo" que tudo quer arquivar. Tanto a burocracia é voraz e quer reduzir tudo ao arquivável, como a mencionada historiografia tradicional quer reduzir o saber histórico ao arquivo. Os indivíduos modernos, como vimos, são arquivos que se dividem entre o acessível (consciente) e o secreto (inconsciente). Poderíamos pensar na vida moderna e na sua divisão entre o público e o privado. E, dentro do privado, podemos acrescentar a divisão entre a esfera familiar e a íntima. Os totalitarismos, com a onipresença do Estado (relatada em *1984* de Orwell), reduziram a esfera privada a quase nada. Tudo era arquivado pelo Estado com seu olho onividente, e a esfera íntima era "estatizada". Entretanto, as novas tecnologias estão embaralhando essas fronteiras de modo distinto. De início, oscilou-se entre duas possibilidades. Pensou-se que elas cumpririam o sonho de uma sociedade sem fronteiras, sem paredes, transparente, como já prometia a Bauhaus, com seus prédios de vidro (transparência comemorada por Benjamin e muitos vanguardistas). Por outro lado, acreditou-se (Flusser, por exemplo) que essas novas tecnologias permitiriam um encastelamento no mundo privado. Com o computador, na qualidade de terminal de mega-arquivos, aliada à sua capacidade de comunicação, não precisaríamos mais nos deslocar para nos informar. Tudo poderia ser acessado pelo monitor do computador. Pois bem, com a multiplicação dos terminais sob a forma de *gadjets*, os próprios terminais se tornaram nômades e sem lugar, ajudando a novamente romper as paredes das casas. No entanto, a transparência mostrou-se um tanto distópica. Na era do Face/Fakebook e do Instagram, ou seja, dos arquivos instantâneos do vivido (mas não da vida), assistimos a uma transformação na nossa relação com o arquivamento privado. A aparente abertura da vida, que romperia as fronteiras do público e do privado, na verdade serve, como a moda flagrada e despida por Eijkelboom, para estandartizar e controlar a diferença. Vivemos cada momento da vida, sobretudo os encontros sociais e os momentos de entretenimento e de turismo, como uma oportunidade para criar belos "instantâneos de felicidade". Nossa vida ocorre em função das imagens que apresentamos como a realização de uma vida bem-sucedida. Por esse aspecto, podemos perceber como a internet pode nos colonizar e controlar. Não bastasse isso, no ano de 2013 reconhecemos como o Ocidente também tem seu "big brother" que monitora via internet todos nossos passos e pensamentos. O arconte, o dono da chave da *black box* da internet, pode nos controlar como se fôssemos todos habitantes de uma mesma tribo, a "aldeia global"[16]. Os artistas anarquivadores querem roubar essa chave e democratizar esse arquivo. Eles praticam um modo de escrita avesso à glamorização acrítica da vida produzida nas redes sociais. É evidente que as redes têm um potencial de mudança da sociedade, embora prepondere a força do meio sobre seus usuários: ainda somos mais títeres da internet e dos *gadjets*, e não o contrário. Como afirmava Vilém Flusser, há mais de trinta anos, precisamos impedir que os tecnocratas e o poder a que servem dominem o novo universo das imagens digitais. Devemos ocupar a internet, assim como revoltados no mundo todo vêm ocupando praças e manifestando sua revolta contra o governo internacional neoliberal. Solakov, com sua impressionante obra-arquivo, já nos fazia rever nossos novos sistemas digitais de arquivamento. Inúmeras obras, artísticas, literárias e híbridas, nos fazem refletir hoje sobre as novas fronteiras entre o privado, o público e o íntimo.

IL ENCICLOPEDICO PALAZZO DEL MONDO

A "55. Biennale di Venezia", 2013, tinha como tema *Il Palazzo Enciclopedico.* Com curadoria de Massimiliano Gioni, ela colocou a figura do arquivo em seu centro. Como imagem inicial emblemática foi eleita a obra *Il Enciclopedico Palazzo del Mondo*, de Marino Auriti, um trabalho que reencarna no meio do século XX o teatro da memória de Giullio Camillo (1480-1544), um clássico da história da memória e da mnemotécnica. Não caberia aqui recordar os caminhos percorridos pela arte da memória na Idade Média, cujas marcas podem ser lidas tanto na topografia desenhada por Dante na sua *Divina Comédia*, como também nas catedrais (com a sua arquitetura simbólica, seus nichos repletos de imagens da paixão de Cristo, mas também com suas inúmeras representações pictóricas da hierarquia celeste ou das virtudes cardinais), na poesia imagética e na prática dos acrósticos etc. A função didática e reprodutora de ideias e da visão de mundo eclesiástica das obras medievais representa um campo de estudos em si; por outro lado, a hibridização das palavras com imagens também respondia a um princípio básico da arte (leia-se: *técnica*) da memória. No Renascimento, essa tradição tem continuidade tanto em tratados de pura mnemotécnica, como em simples listas de *imagines agentes* (agentes imagéticos de memorização) e no desenvolvimento de alfabetos visuais[17]. Um dos sonhos dos tratadistas da memória dessa época – representado de modo exemplar pelo teatro da memória de Giullio Camillo– era reduzir todo o conhecimento macrocósmico em um conjunto de imagens (um microcosmo) que poderia ser assimilado por uma só pessoa, de tal modo que com um simples olhar sobre as imagens organizadas de um modo panóptico, poderíamos nos apropriar de todo saber. Nesse teatro da memória, a verdade enquanto *a-lethéia* (termo grego para verdade que significa literalmente: não-esquecimento), tal como ela era pensada na tradição platônica, aliara-se de um modo anticlássico à doutrina da arte da memória.

Na Biennale, várias obras retomam o gesto do anarquivamento e da recolecção. Ela expôs obras da acima mencionada fotógrafa Zanele Muholi. Em uma mesma linhagem do olhar feminino que desconstrói arquivos e poderes falocêntricos, podia-se ver a série de Linda Fregni Nagler (1976, Estocolmo), *The Hidden Mother* (A Mãe Escondida, 2006-2013), com centenas de imagens fotográficas do século XIX e início do século XX, nas quais as figuras maternas desaparecem, são escondidas por panos, caixas, ou postas fora do campo da foto, e sustentam os filhos que posam para a câmera fotográfica. Essas mães estão ao mesmo tempo presentes e ausentes, e essa ambiguidade retoma a questão da figura feminina como estando recalcada na história. Ainda que as pessoas escondidas possam ser os pais, ao batizar sua obra como *The Hidden Mother*, Linda Fregni Nagler produz uma afirmação política. As imagens foram colecionadas para as anarquivar em sua apresentação, revelando algo de sinistro nas figuras fantasmáticas que manifestam o *Unheimlich*, o estranho, e trazem à tona recalques e violências arquivadas.

O conceito freudiano de *Unheimlich*, de resto, deve ser visto como uma potente alavanca para a leitura das obras que desarquivam a intimidade. Elas são marcadas pela angústia da busca da "pátria", da *Heimweh* (saudades, em alemão, mas literalmente dor-do-lar ou dor-da-pátria). A saudade de uma completude que todo arquivo paradoxalmente promete superar na mesma medida em que sela a impossibilidade de retorno à origem[18]. Tendo a ver nessas obras contemporâneas uma encenação irônica (ou, às vezes, trágica) de um jogo ambíguo de busca de superação da saudade e da sua impossibilidade.

Em outras obras da Biennale o privado se torna público para relativizar as fronteiras, como na videoinstalação de Dieter Roth (1930-1998), *Solo Scenes*, de 1998, ano de sua morte. 131 monitores de TV apresentavam cenas cotidianas do artista em suas casas, onde o vemos lendo jornal, trabalhando na escrivaninha, indo à toalete, caminhando por corredores etc. A mais pura banalidade se torna material de arquivo em um desarquivamento e desconstrução da arte tradicional e sua ênfase na coleção de "grandes feitos da história". A série de Kohei Yoshiyuki (1946, Hiroshima), *The Park* (1971–1979), apresenta *voyeurs* nos parques de Tóquio flagrando encontros sexuais noturnos. Tornamo-nos, ao ver as obras de Yoshiyuki, observadores de terceiro grau, pois o artista observava os observadores. Em uma telescopagem de voyeurismo, a intimidade é exposta, ainda que em uma estética do ilícito e do gozo. O "escondido" é tornado público e, nesse gesto, anula-se o seu tabu. Ao abrir o arquivo da cena sexual noturna dos parques, Yoshiyuki põe em discussão tabus em torno da sexualidade em uma sociedade repressora na qual as pessoas preferem fechar os olhos para essas cenas. Yoshiyuki *deslouca* também, a seu modo, o arquivo do parque.

Evgenij Kozlov (1955, São Petersburgo), expõe um enorme painel *The Leningrad Album* (1967-1973), e apresenta uma série de mais de 250 desenhos a nanquim e caneta, com imagens criadas por ele no final da adolescência, cheias de fantasias e de documentação de cenas sexuais envoltas em um ar de banal cotidianidade. Cenas que ele em parte testemunhou, pois foi criado em prédios comunitários, as *Kommunalka*. Essa série pode ser interpretada como uma espécie de diário da formação sexual de Kozlov, que frequentava livremente, ao lado da mãe, saunas femininas e a vida íntima cotidiana das mulheres no seu arredor. A exposição de fantasia erótica vem acompanhada de voyeurismo e de ironia diante dos tabus sexuais. A obra coloca em questão as fronteiras entre os espaços nos quais a manifestação da sexualidade é ou não permitida e mostra reiteradamente como a arte contemporânea busca abrir o arquivo da intimidade sexual, do corpo como pulsão que se estende pelo campo estético, ao invés de ser domado e "sublimado". Todo arquivo tem algo de uma saudade da origem. Ele é suplemento, *hupomnema*[19], ele quer ser a superação do *Unheimlich* que habita o sujeito moderno, com sua dialética aparentemente insuperável entre interior e exterior, eu e tu, privado e público, próprio e estrangeiro, consciente e inconsciente. Essas obras que lidam com o deambular das pulsões, sua *atopia* ao invés do seu controle e submissão ao suposto local correto, propõem heterotopias e novas geografias das pulsões. Todavia, as proposições são abertas e não apresentam soluções fechadas e prontas. Permanecem como pura abertura, indicações de possibilidades.

O artista vietnamita Danh Vo (1975), na mesma Biennale, transportou uma igreja católica de duzentos anos, do Vietnã para Veneza. O deslocamento e a transposição desse arquivo, serviu para ressignificá-lo, abalá-lo em seu sentido colonialista original. O artista pode abrir uma visada crítica sobre o arquivo da colonização, material e espiritual, da qual o Vietnã foi vítima durante séculos. Sua obra apresenta a estrutura da igreja e veludos que anteriormente portavam obras de arte sacra, mas que, no entanto, deixaram apenas suas marcas e impressões, pois ficaram desbotados pela exposição à luz. As inscrições de luz, que lembram o princípio dos fotogramas de Man Ray e de Moholy-Nagy, apontam arquivos desaparecidos, e são traços que precisam ser lidos e preenchidos de sentido. O vazio torna-se a mensagem predominante nesse anarquivamento[20].

As obras de arte e as leituras que apresentei devem ser vistas como uma tentativa de propor a figura do arquivo como uma chave para organizarmos o que se passa atualmente na nossa cultura. O discurso sobre o arquivo se desdobra a partir de três estruturas principais: o Estado, nossa psique e nosso corpo. O olhar arquival sobre a cultura tem, portanto, diversas origens. Em termos mais remotos, o olhar pode ser retraçado à história da arte da memória (nos termos da mnemotécnica, tal como Frances Yates nos reatualizou em meados do século XX, na senda aberta por Aby Warburg[21]). Mais próximo de nós, os arquivos foram instituições centrais nos Estados modernos e contemporâneos ao triunfo do historicismo, com seu "excesso de história" criticado por Nietzsche. No século XX o derretimento do arquivo central da razão ocidental (paralelo ao clímax da violência neocolonial e dos totalitarismos e fascismos com amplo uso dos dispositivos necropolíticos) esteve na origem do desencadeamento de um trabalho de rememoração e recoleção dos arquivos e de suas histórias. A psicanálise descreveu nosso ser onto- e filogenético como uma história de inscrição e recalcamento de arquivos. A virada biológica, por sua vez, entronizou a noção de herança genética e de processo de reinscrição de arquivos herdados. A virada cibernética generalizou discursos sobre memórias, arquivos, gravação e apagamento de informações e tudo que se relaciona à ideia de armazenamento do saber e dos fatos. Os atuais escândalos relacionados à espionagem na internet, levada a cabo por países como os EUA, a Inglaterra e Canadá, oferecem um tom paranoico e apocalíptico à nossa era de arquivos digitais *on-line*. Os artistas, nessa paisagem, vêm pensando, desde o romantismo, contra estratégias diante do arquivamento e arquivonomia monológicas. Eles propõem a abertura desses arquivos, sua anarquivação, e assim abrem novos horizontes para que nos apropriemos de arquivos de modo criativo e antifascista. Todos arquivos da história eurocêntrica da arte e da literatura também são abalados e anarquivados sob o influxo de outros arquivos, de novos-tradicionais agentes, e de outras epistemologias que se libertam de séculos de recalcamento, apagamento e exclusão. Assim, os artistas, como novos bárbaros, subvertem os arquivos e seus logos com uma *ação estético-política*. Lembro que nas primeiras palavras do Evangelho de São João lemos que "En archē ēn ho Lógos" (No princípio era o verbo), ou seja, na nossa origem, na nossa *arché* primeira, teria se feito valer *a* palavra. Com Goethe, e sua reversão fáustica desse dito, podemos declarar, como mote desses artistas anarquivadores, "Im Anfang war die Tat"[22] (No início foi o ato). Os artistas querem ir além do porteiro do arquivo, do arconte, e se apropriar criativamente, recolecionando as informações do arquivo. A figura passiva do camponês, da conhecida parábola de Kafka "Diante da Lei", deve ser substituída pelo artista ativo que não se submete aos ditames e ameaças do porteiro e, finalmente, adentra à lei para recria-la.

As Passagens de Walter Benjamin

Crítica Cultural Como Desmontagem de Mitos e Construção de Novos Espaços de Imagem

O Brasil é um dos poucos países do mundo com o privilégio de possuir uma edição e tradução das *Passagens* de Walter Benjamin[1]. Quem teve a oportunidade de se perder e se encontrar nos milhares de fragmentos desse volume sabe sobre o que estou dizendo. Poucas obras do século XX têm uma carga explosiva tão potente quanto esse vasto volume. Com esse trabalho, Benjamin visava – como fizera com o livro sobre o drama barroco alemão – abalar a concepção do saber histórico e do método de conhecimento. Com interrupções, mas com perseverança, de 1927 até a sua morte ele trabalhou nessa obra que, por motivos de justiça histórica, deve ser vista como um *projeto*, pois, pela sua forma e método estruturou-se uma constelação em constante movimento. Poderíamos ver esse projeto de Benjamin como um *trabalho*, pensando esse conceito freudianamente, como uma tentativa de se fazer uma *Durcharbeit* (perlaboração) do século XIX. Esta perlaboração estaria voltada para a desconstrução dos mitos do passado (sobretudo o mito do progresso) e, além disso, para uma intervenção no próprio presente. Destaquemos alguns dos momentos mais decisivos desse gigantesco projeto e de sua versão brasileira.

A EDIÇÃO BRASILEIRA

A edição brasileira é excelente. Devemos agradecer, nós leitores, ao trabalho da equipe de realização: ao organizador, Willi Bolle, e sua colaboradora, Olgária Matos, e ao trabalho hercúleo das duas tradutoras, Irene Aron (tradutora do alemão) e Cleonice Paes Barreto Mourão (tradutora do francês). A primeira edição da tradução, com capa dura, não pode ser esquecida aqui. Trata-se, até onde eu saiba, da edição mais "nobre" dessa obra de Benjamin. O volume reúne todos os fragmentos (até agora publicados) que compõem as *Passagens*, além de incluir suas notas, vários dos comentários do editor alemão Rolf Tiedemann e dos editores das traduções norte-americana e francesa. A essas notas e comentários o editor brasileiro acrescentou outros. Inspirado pela edição norte-americana, o volume da editora UFMG e da Imprensa Oficial do Estado de São Paulo incluiu um precioso "Léxico de Nomes, Conceitos, Instituições". A ideia de inserir um pequeno "Glossário da Terminologia Benjaminiana", com a lista das soluções de tradução de vários termos-chave deve ser louvada. A qualidade final do volume é impressionante, pois trata-se de algo de raro na paisagem publicística acadêmica brasileira. Um novo patamar filológico desponta aqui (em um país, é verdade, com pouca tradição de edições críticas filológicas sérias, se o compararmos com a Alemanha). Essa qualidade toda, por sua vez, corrobora para mostrar a importância do livro de Benjamin. Tanto cuidado com a apresentação e tanto apuro filológico correspondem tanto às enormes exigências impostas pela leitura da obra de Benjamin como à sua importância no amplo quadro da cultura do século XX.

Devemos ter em conta que o nível de exigência para uma publicação "academicamente correta" de uma obra dessa complexidade não apenas é incomensurável. Sabemos que todo processo de leitura e interpretação de uma obra é inesgotável. Do mesmo modo, todo trabalho de edição, tradução e publicação exige uma série de opções e escolhas. Nesse caso, as opções e escolhas se amontoam de modo a formar montanhas com picos que se perdem nas alturas da filologia, da filosofia e da história. Os organizadores tiveram, por exemplo, que lidar com o desafio de publicar uma obra que Benjamin não chegara a formatar e que fora publicada segundo a forma e o desejo (imperativo) do editor alemão Rolf Tiedemann. Essa opção (ou imposição editorial) pode ser vista como muito boa: afinal não apenas em alemão, mas também em outras línguas, seguiu-se a edição de Tiedemann e, portanto, essa é a forma sob a qual até hoje o leitor de *Passagens* a conhece. Outra decisão que os organizadores tiveram que enfrentar foi o título. Benjamin se referia a esse trabalho com diferentes expressões, indo do "Pariser Passagen: Eine dialektische Feerie" (Passagens de Paris: Uma Feeria Dialética), o projeto de um artigo de 1927; passando por *Passagenarbeit* (Trabalho das Passagens) e *Pariser Passagen* (Passagens de Paris); e por expressões que se referiam a partes deste projeto (como "Baudelaire"). O título alemão *Das Passagen-Werk* (A Obra das Passagens), transmite a falsa impressão de que Benjamin teria concluído essa "obra", a teria finalizado. No entanto, o caráter de abertura do trabalho possui um significado tanto histórico como epistemológico e metodológico. Ao nomear o livro com o termo *Passagens* os organizadores brasileiros preservaram esse caráter. Mantiveram a importante polissemia do termo "passagem": que significa tanto as galerias comerciais de Paris, como também passagens de textos, passagens de eventos, da história etc. Vemos nesse termo um importante aspecto dentro da nova perspectiva que Benjamin abre para o trabalho histórico: trata-se de um decidido *parti pris* a favor das imagens (e do imagético) e de fragmentos em detrimento do sistema.

Dentro das opções envolvidas nessa publicação, poderíamos tratar da tradução de conceitos-chave e dos escritos de Benjamin. Não é minha intenção fazer uma análise detalhada da tradução que, como disse, está muito boa. O próprio Benjamin foi um poderoso teórico da tradução e destacou a terrível dialética que comanda o trabalho do tradutor, que caminha sobre o fio da navalha, entre a necessidade e a impossibilidade da tradução. Benjamin, ao menos em sua teoria, mas não em sua prática de tradutor, era um adepto das traduções literais, que provocam um abalo duplo, tanto na língua de partida como na língua de chegada da tradução. Não foi, ao que parece, o modelo tradutório considerado na confecção desse livro. Tampouco caberia diminuir a tradução por sua espantosa fluência. Entretanto, podemos nos maravilhar com a *passagem* para o português (e devemos somar ao título do livro mais este importante sentido bem benjaminiano: *passagem é tradução*). Por outro lado, a tradução praticamente eliminou o constante trabalho de ir e vir (de *passagem*) de uma língua para outra. Afirmo isso porque o *Passagens* original é praticamente um livro em duas línguas, com os comentários escritos em alemão por Benjamin, e as *passagens citadas* em francês (de obras de poetas, literatos, historiadores da cultura, extraídas de placas, anúncios etc.). O editor alemão não se preocupou em traduzir essas passagens para o alemão. Poder-se-ia argumentar que o leitor alemão domina mais francês que o brasileiro, mas creio que isso não é correto, em se tratando do público a quem esta obra se dirige (universitário). Todavia, a opção pela legibilidade também levou a esta decisão de traduzir os trechos em francês. Com isso, pode-se atingir um público mais amplo, ainda que o preço seja caro, pois a "passagem" entre as línguas é uma informação "material" importante na obra. Como não poderia deixar de ser em um trabalho desta monta, aqui e ali podemos notar alguma imprecisão na tradução, como no fragmento H 5, 1: onde se lê "A memória involuntária, [...], é um fichário que fornece um número de ordem ao objeto, atrás do qual ele desaparece", deve-se ler: "A *mémoire volontaire* [...] é um fichário que fornece um número de ordem ao objeto, atrás do qual ele desaparece." Ou seja, além de trocar "voluntário" por "involuntário", a tradução apagou as marcas do francês incorporadas no texto de Benjamin, que apareciam sem utilização de aspas ou de outra marcação. Essa passagem/esse fragmento justamente desdobra a teoria do anarquivamento que vimos acima. Benjamin comemora aqui a *mémoire involontaire* como uma "desordem produtiva" que caracteriza a atividade do colecionador, em oposição ao arquivamento sistemático que realiza o triunfo da ordem na mesma medida em que anula o objeto. Anarquiva-se de modo plurilíngue, contra o monolinguismo da norma. Esse trânsito entre as línguas é importante de ser preservado, além de permitir a manutenção da assinatura proustiana nas reflexões de Benjamin, indicada pelo termo *mémoire volontaire*. A frase "O colecionador atualiza latentes representações arcaicas da propriedade" (H 3a, 6), no original, "Vom Sammler werden latente archaische Besitzvorstellungen aktualisiert", tem uma forte carga literalizante, seja pela opção sintática, seja pela tradução de *Vorstellungen* por "representações" e não por "noções", o que seria mais fluente. Esse caso deixa entrever que nem sempre predominou a estética da fluência e da legibilidade na tradução, o que, creio, gera aqui e ali um estranhamento que é produtivo e faz com que o leitor se lembre que caminha sobre uma *passagem*, ou seja, que ele está lendo uma tradução.

A tradução é uma grande questão quando se trata de *Passagens* e creio que muito pode-se discutir nesse âmbito. De resto, seria interessante se em uma obra desse vulto a problemática da tradução ocupasse mais espaço nas notas e nos paratextos. Outra sugestão seria a incorporação do fantástico conjunto de *passagens* de cartas, sobretudo de Benjamin, sobre o projeto das passagens, que faz parte da edição alemã[2]. Evidentemente isto encarecerá a reedição, mas trará um enorme ganho para o interessado em Benjamin que não domina o alemão. A divisão em três volumes, ocorrida na reedição do volume, foi importante. Seria maravilhoso podermos contar, como existe há anos em alemão, com uma versão eletrônica do texto. A edição digital permitiria que a técnica se colocasse à altura das enormes exigências impostas pelo trabalho revolucionário de Benjamin. Esse pensador transpôs o método e sua correspondente apresentação (*Darstellung*) para o campo das imagens técnicas (antes de elas existirem na sua versão digital).

UMA NOVA NOÇÃO DE INTUIÇÃO INTELECTUAL

Em *O Conceito de Crítica de Arte no Romantismo Alemão*, Benjamin mostrou como Friedrich Schlegel e Novalis defenderam um conceito de intuição intelectual diverso daquele que Kant havia criticado; e que corresponderia a uma intuição mística do todo e do absoluto. Nos românticos, essa intuição intelectual estaria relacionada com uma concepção "lingual" do saber, que necessariamente passaria pelo trabalho dos conceitos. Se podemos dizer que o mesmo ocorre com Benjamin – que também defendeu um modelo lingual do saber, sobretudo na introdução do seu livro sobre o barroco –, por outro lado, ao lermos *Passagens* podemos observar (e os textos conexos a este projeto, ou seja, a maior parte dos ensaios de Benjamin dos anos 1930, inclusive o sobre a obra de arte até seu último trabalho, o *Sobre o Conceito de História*) uma nova concepção do que seria a intuição intelectual. Seu projeto e seu método de trabalho, ao invés de se contentarem com a "virada linguística do saber", executam uma "virada visual do saber". Em Benjamin, a teoria retoma seu sentido etimológico de *theorein*, "contemplar, ver". Não se trata de um retorno ao positivismo e nem ao primado da presença de cunho platônico (tão criticado por ele e, mais tarde, por Derrida). Benjamin está na origem de um novo *regime escópico*, ou seja, de um novo modo de se ver o mundo e, por tabela, de se conceber o saber e seus métodos. Sua intuição intelectual seria, nesse sentido, a realização da passagem do regime verbal para o visual. Entretanto, não é uma passagem de mão única, pois ele nos ensina a oscilar entre o verbal (o que ele denominou de *sprachlich*, referindo-se a Friedrich Schlegel) e o imagético. Inspirando-nos em Haroldo de Campos podemos dizer que Benjamin trouxe para o pensamento conceitual o abalo do *verbo-visual*. Como vimos, além de Benjamin ser um adepto da legendagem das imagens fotográficas, como forma de politizá-las, ele nutria também o projeto político de fundar um novo espaço de imagens, *Bildraum*.

Benjamin pensava através dos extremos. Nele, a escala temporal é ou cósmica ou micrológica. Nesses extremos o movimento estanca. Desde seu livro sobre o barroco, escrito em meados dos anos 1920, podemos observar a tendência para a paralisação do tempo. O seu olhar de Medusa congela o movimento para revelar novas facetas, até então insuspeitas, do real. Exatamente como a fotografia e o filme (com seu *close-up* e a câmera lenta) possibilitaram, revelando ao mundo o inconsciente ótico. Também a teoria benjaminiana da alegoria e da melancolia já desdobrava uma dialética tensa entre o verbal e o visual. A teoria barroca da linguagem tendia para uma teoria da proto-escritura. Além de uma circulação entre o fonético e o imagético, Benjamin realizou no seu ensaio sobre o barroco um quiasma temporal ao ver cada dado cultural ao mesmo tempo como uma espécie de fóssil (ou seja, ele via na história uma espécie de história natural da destruição) e como um documento digno de ser atualizado. No trabalho das passagens, esse modelo epistemológico e de teoria da história foi aperfeiçoado: o momento de atualização passou a ser visto como correlato de uma intervenção política no decorrer histórico que se dá no tempo-agora (*Jetztzeit*). O historiador-catador, que, para Benjamin, salva os "detritos" da história, visa à interrupção do seu curso, a que chamamos de progresso, mas que na realidade é apenas o avanço da destruição. Em suma, a historiografia em ruínas que vemos nas *Passagens* é correlata do modelo histórico como um acumular de ruínas.

"Escrever a história significa [...] citar a história. Ora, no conceito de citação está implícito que o objeto histórico em questão seja arrancado do seu contexto", lemos em um dos fragmentos das *Passagens* (N11, 3). O gesto do colecionador de arrancar as coisas de seu contexto, assim como o gesto do catador que "reencanta" o que fora descartado pela sociedade de consumo, são paralelos ao gesto do materialista histórico que, com sua historiografia-montagem, visa romper o *continuum* da dominação. Essa libertação é tanto dos homens como do passado. Como Tiedemann afirma no prefácio, sem levar em conta a teologia fica difícil compreender *Passagens*. No entanto, trata-se de uma teologia devidamente "profanada", sem aura, laicizada. Apenas em uma sociedade libertada caberia uma memória total do passado: trata-se aqui da utopia psicanalítica da *passagem* do id ao ego. Trata-se de um juízo universal que salvaria a tudo e a todos: *apocatastasis*, ele escreve citando Orígenes (N1a, 3)[3]. Trata-se também da utopia lingual de uma plena comunicação, de uma língua "angélica" universal. De uma libertação da "língua pura" que, para ele, dormita na nossa língua "decaída", como o formulou em seu ensaio de juventude, "Sobre a Linguagem em Geral e Sobre a Linguagem Humana".

O LIVRO DEPOIS DO LIVRO

Passagens é um microcosmo desta utopia realizada, na medida em que procede à "arte de citar sem usar aspas" (N1, 10). Essa obra é a realização do sonho do livro mallarmaico, com suas páginas intercambiáveis ao infinito. Também a ideia de Mallarmé de se construir um texto espacial, como o seu *Un coup de dés*, é importante para se entender este livro de Benjamin. As passagens (textuais como a forma arquitetônica) são vistas como estrelas que compõem constelações, campos de força. São também, além disso, passagens móveis, que ora se aglutinam a uma nebulosa, ora a uma galáxia, ora buracos negros que sugam as demais imagens. Benjamin ficou impressionado com a ilustração de Grandville, *Le Pont des planètes* (A Ponte dos Planetas), de 1844, descrita em um dos fragmentos mais antigos do projeto das *Passagens*. Nessa imagem, pontes de ferro servem de passagem entre os planetas. Um tal universo cósmico é a marca também de seu livro depois do livro, ou seja, de sua *Passagens*. A cidade é captada como um universo gramatológico, onde as ruas seriam as linhas e os prédios as letras.

Esse modelo é escritural em um sentido mais *literal*, pois Benjamin *copia* trechos do século XIX para construir sua obra. Como lemos em uma passagem exemplar do entrecruzamento entre reflexão topográfica e gramatológica do *Rua de Mão Única*: "A força [*Kraft*] da estrada do campo é uma se alguém anda por ela, outra se a sobrevoa de aeroplano. Assim é também a força do texto, uma se alguém o lê, outra se o transcreve."[4] Dessa forma, ele une o plano geográfico ao micrológico da escritura--cópia. Suas cópias, por sua vez, deveriam ser juntadas segundo o princípio da *montagem*: "Método deste trabalho: montagem literária. Não tenho nada a dizer. Somente a *mostrar*" (N1a, 8; grifo nosso), lemos em um fragmento de *Passagens*. É importante lembrar que ele quer mostrar: "os farrapos, os resíduos". Como o alegorista-colecionador barroco, ele se volta para o pequeno e aparentemente sem importância para construir seu painel móvel do século XIX. Quem sai vencido desse trabalho é o modelo tradicional da narrativa historiográfica: "O materialismo histórico precisa renunciar ao elemento épico da história." (N9a, 6) Passagens como essas, recorrentes nos anos 1930, devem ser lidas e relidas. Assim, poderemos evitar as interpretações conservadoras da obra de Benjamin (frequentes também no Brasil) que o classifica como um nostálgico da antiga narrativa. Porém, ele estava engajado no seu presente e apresentou um projeto que pretendia remodelar o fazer e o pensar históricos, para além da noção de progresso e de época de decadência (N2, 5).

Essa remodelagem passava fundamentalmente por uma revalorização da visualidade. Escreve ele:

> Um problema central do materialismo histórico a ser finalmente considerado: será que a compreensão marxista da história tem que ser necessariamente adquirida ao preço da visibilidade [*Anschaulichkeit*] da história? A primeira etapa desse caminho será aplicar à história o princípio

da montagem. Isto é: erguer grandes construções a partir de elementos minúsculos, recortados com clareza e precisão. E, mesmo, descobrir na análise do pequeno momento individual o cristal do acontecimento total. Portanto, romper com o naturalismo histórico vulgar. (N2, 6)

Como o historiador da arte Aby Warburg[5] (lembremos de seu projeto inconcluso, *Atlas de Imagens Mnemosyne*), também Benjamin visava construir painéis-montagem da história. Ambos compartilhavam esse gosto pelo detalhe, pelos fenômenos sutis. Os dois operavam a sua leitura do histórico por meio de saltos e valorizavam a categoria das semelhanças na análise do seu material.

Para Benjamin, haveria algo como um "agora da conhecibilidade" que determinaria a leitura de determinado fato (o ocorrido) que, respondendo ao nosso olhar, também devolveria seu olhar para o momento atual (o agora). Esse encontro entre dois momentos tem a forma de uma imagem, uma constelação. Com essa concepção, a narrativa cede lugar para a leitura e comentário das imagens:

A imagem é aquilo em que o ocorrido encontra o agora num lampejo, formando uma constelação. Em outras palavras: a imagem é a dialética na imobilidade. Pois, enquanto a relação do presente com o passado é puramente temporal, a do ocorrido com o agora é dialética – não de natureza temporal, mas imagética. [...] A imagem lida, quer dizer, a imagem no agora da cognoscibilidade, carrega no mais alto grau a marca do momento crítico, perigoso, subjacente a toda leitura. (N3, 1)

O perigo é cair no esquecimento, assim como manter não lida e encoberta pela narrativa tradicional que apresenta apenas o triunfo dos vencedores. Em suma, ao construir uma obra-móbile, obra-constelação, obra-trabalho, Benjamin estava *performaticamente* realizando um trabalho de leitura crítica, de salvamento do ocorrido que, sob sua lupa, decantava-se em imagens dialéticas. Por isso, a importância de mantermos em aberto o seu projeto, e a necessidade de publicar em formato eletrônico, em alguma aplicação digital. Benjamin como que antevira as possibilidades desse meio, ou seja, a possibilidade de se navegar pelas passagens, construindo pontes *ad libitum*, conforme o acaso e a presença de espírito do navegante.

A ideia de "ler o livro do mundo", que guia *Passagens*, explicita-se em fórmulas nas quais Benjamin afirma querer "ler o real como texto" (N4, 2), que se realiza com o comentário crítico das passagens. Existe uma busca de superação da submissão à qual a epistemologia tradicional relegava o objeto, ou seja, a um papel de escravo do sujeito do conhecimento. O materialismo benjaminiano passa por esse apego escritural ao seu objeto. Se afirma que queria apenas mostrar e nada dizer, não é menos verdade que boa parte dos fragmentos é composta por seus comentários-críticos. Ele coloca-se não apenas na posição do copista, mas também como comentarista e crítico. Ele sabia que o colecionador, ao selecionar o que vai para sua coleção, está dando uma forma sua ao mundo. Para Benjamin, "escrever a história significa dar às datas a sua fisionomia" (N11, 2), e nessa fisionomia misturam-se traços do que ocorreu com o agora. Isso não é apenas resultado de assumir o eu transcendental kantiano; mas, muito mais do que isto, o *gestus* de historiador da cultura explode não apenas com o positivismo e o historicismo, assim como também com as visões idealistas (hegelianas) e metafísicas (de direita e de esquerda) da história. Contra a visão de progresso, que marca tanto a historiografia burguesa como a marxista, ele também defende uma noção forte de *atualização*: "Pode-se considerar um dos objetivos metodológicos deste trabalho demonstrar um materialismo histórico que aniquilou em si a ideia de progresso. Precisamente aqui o materialismo histórico tem todos os motivos para se diferenciar rigorosamente dos hábitos de pensamento burgueses. Seu conceito fundamental não é o progresso, e sim a atualização" (N2, 2).

ARQUIVOS

Detenhamo-nos neste trabalho de colecionador/catador que Benjamin aproxima ao historiador materialista. Devido a esse procedimento de colecionar citações, o projeto *Passagens* assume a qualidade de um gigantesco e potente arquivo. Não por acaso, ele nasceu em grande parte de dentro da Bibliothèque Nationale: um grande e poderoso arquivo do século XIX. Novamente estamos em um campo que se tornou a verdadeira pedra-de-toque dos nossos debates intelectuais de hoje. A história como arquivo é um tema fundamental na nossa era que já foi denominada de pós-moderna e pós-histórica, mas é uma *era dos arquivos* e das querelas em torno deles. Benjamin escreve que aquilo que está para desaparecer assume a forma de uma imagem: como nas fotografias das ruas de Paris de Atget, no verso das quais o fotógrafo anotava: "Va disparaître" (vai desaparecer). Nossa contemporaneidade, graças às duas grandes guerras, aos contínuos abalos gerados por tantos outros conflitos bélicos e genocidas, e também devido à onipresença dos computadores que, para o bem e para o mal, nos reensinam a pensar, é uma sociedade que sofre daquilo que Derrida denominou de mal de arquivo. Sofremos ao mesmo tempo de memória demais: graças às "infinitas" possibilidades de arquivamento que as novas mídias nos abriram, assim como devido aos fatos terríveis que clamam por narração; e de memória de menos: graças ao anti-historicismo típico de nosso "capitalismo tardio", ao pragmatismo onipresente, aos inúmeros traumas do século XX que geraram cemitérios de cadáveres e de memórias.

Passagens, ao lado do *Mnemosyne*, de Warburg, é um dos primeiros projetos intelectuais a enfrentar o desafio de se reestruturar o pensamento e a historiografia da cultura a partir do princípio do arquivo pensado de modo crítico. Nesses autores, tratava-se, assim como se trata hoje, de desarquivar as imagens e as memórias de falsos contextos, de imagens encobridoras, para revelar a força contida nelas, ativar a potência explosiva que nelas dormita e que podem se incendiar no contato com nosso presente. (K 2,3) A atualidade dessa obra deve-se ao fato de ela carregar as marcas do século XX. Benjamin construiu uma obra ainda atual porque penetrou nas entranhas do século XX. A fragmentação desse trabalho e o fato de ele ter permanecido em aberto devem ser considerados, a um só tempo, como fruto das catástrofes do século XX e como o resultado do caminho da vida e do seu pensamento. Evidentemente, se não fosse uma das pessoas que melhor compreenderam as revoluções pelas quais passavam as mídias nesse período, ele não teria construído as suas *Passagens*. Benjamin, por fim, compôs boa parte de suas reflexões sobre a história sob o jugo do nazifascismo que se propagava pela Europa. Não por acaso, ele escreveu em um fragmento de *Sobre o Conceito de História*: "É necessária uma teoria da história, a partir da qual se possa encarar o fascismo."[6]

DESPERTAR DO MITO E DO SONHO

A ideia de arquivo possui desdobramentos na teoria psicanalítica. Freud esboçou várias comparações de nossa estrutura psíquica com outras estruturas complexas que se aproximam da noção de arquivo, como ao compará-la a uma câmara fotográfica (com a sua capacidade de registrar em uma escritura luminosa um instantâneo), ao bloco mágico (com suas partes do mecanismo de inscrição que corresponderiam a Ego, Id e Superego) e a um campo geológico (com suas diversas camadas, que realizam uma espacialização do tempo, e no qual podemos surpreender lado a lado fragmentos cujas origens distam de séculos). A proximidade de conceitos benjaminianos com conceitos da psicanálise não é gratuita. Benjamin era um leitor de Freud, e sabemos da importância do conceito freudiano de trauma para a teoria do choque e do fim da experiência como *Erfahrung*, ou seja, como capacidade de articulação do presente com a tradição. Além disso, em *Passagens*, Benjamin retoma a noção psicanalítica de interpretação dos sonhos para descrever o que ele queria realizar com o século XIX, por meio do conceito de despertar. Como ele escreveu: "O agora da cognoscibilidade é o momento do despertar." (N18, 4)

Apesar das influências e afinidades com os surrealistas, Benjamin se distancia deles no que diz respeito ao culto do sonho. Ele valorizou o momento do despertar como um *limiar*, uma soleira, na qual os dois campos, o do onírico e o da vigília, se interpenetrariam: apenas nesse local de passagem poderia ter acesso às imagens do sonho e interpretá-las, sem também, por outro lado, se entregar aos mecanismos de censura da vigília. Sobre as passagens de Paris, tratava-se de ler e interpretar as imagens para permitir um despertar dos mitos e sonhos do século XIX. O mito mais potente daquele século era o mito do progresso. Daí a importância de se levar em conta, na recepção dessa obra, sua forma revolucionária e não a reduzir às terríveis contingências históricas pelas quais Benjamin teve que passar, e nelas sucumbiu. O *gestus* de construir, mas também de interromper e de fragmentar, é parte essencial da historiografia como terapia de choque. Este *gestus* deve ajudar a romper as forças negativas do mito.

Impossível deter-me aqui nas milhares de passagens dignas de destaque do livro e repletas de ideias tão brilhantes quanto assustadoras. Lembremos de algumas frases para esclarecer o que digo: "A moda nunca foi outra coisa senão a paródia do cadáver colorido, provocação da morte pela mulher, amargo diálogo sussurrado com a putrefação entre gargalhadas estridentes e falsas." (B1, 4) Quanto essa intuição ilumina as pernas raquíticas de nossas grandes modelos atuais? Toda a teoria benjaminiana da moda e do *sex appeal do anorgânico* ("Sex-appeal des Anorganischen", B9, 1) é urgente ser reestudada. No arquivo "Baudelaire" – o maior e um dos mais impressionantes do volume – ele transpõe a teoria da moda para a análise marxista do fetichismo da mercadoria, e adiciona uma reflexão sobre a linguagem e os valores semânticos: "As modas dos significados mudam quase tão rapidamente quanto o preço das mercadorias." (J80, 2) E entre as ideias seminais da pasta "Teoria do Conhecimento, Teoria do Progresso", há uma frase que resume a dialética do esclarecimento: "A barbárie está inserida no próprio conceito de cultura." (N5a, 7)

As pastas-arquivos que não mencionei abordam o tédio, o eterno retorno, a haussmannização, as lutas de barricada, as construções de ferro, as exposições, dos reclames, Grandville, o colecionador, o *intérieur*, o rastro, a cidade de sonho, os sonhos do futuro, o museu, o *flâneur*, a prostituição, o jogo, os panoramas, os espelhos, as pinturas, o *Jugendstil*, a novidade, os tipos de iluminação, Saint-Simon, Marx, Fourier, a fotografia, a conspiração, Daumier, a boneca, o autômato, a bolsa de valores, as técnicas de reprodução, a litogravura, o Sena, a Paris mais antiga, o ócio, o materialismo antropológico e a École Polytechnique, entre outros temas. É necessário notar a semelhança dessa enumeração dos títulos das pastas-arquivos com o efeito de estranhamento provocado pela leitura dos verbetes da famosa enciclopédia fantástica chinesa mencionada por Borges. Sobretudo, as referências aos sistemas escópicos; refiro-me às técnicas de representação, do panorama, passando pela fotografia até a litogravura, às figuras escópicas como o *flâneur*, ao espelho, às exposições e detalhes da cena urbana, às iluminações e às novas artes em ferro. Benjamin desdobra o século XIX a partir das passagens parisienses e cria um modelo de leitura/reescritura cultural que pode servir para outras épocas. As passagens reuniam uma série de questões e fantasmagorias, como a teoria da mercadoria, a questão da nova interioridade burguesa, as transformações arquitetônicas e técnicas. Podemos especular qual seria a reação de Benjamin diante das profundas modificações pelas quais a urbe contemporânea tem passado. Como reagiria diante do museu judaico de Daniel Libeskind em Berlim (de resto, inspirado no próprio Benjamin)? À arquitetura "computacional" e lúdica de Frank Gehry? Nossas cidades-esculturas do Primeiro Mundo poderiam ser lidas por ele como um triunfo conservador da técnica, assim como não deixaria de atiçar seu pensamento dialético e apontar para os momentos de sonho e de utopia. Todavia, tudo isso é especulação.

Neste momento, é importante comemorar as traduções dessa obra impressionante. Benjamin entendia que as traduções seriam obras menos duradouras do que os originais. As atuais teorias da tradução tendem a discordar de Benjamin nesse ponto. Entretanto, nesse caso, estamos diante de um original *sui generis*, pois esse original, no limite, não existe. Existe apenas um projeto. Um enorme e fabuloso projeto. Uma obra *virtual* – termo que remete ao Barroco com seus *tromp l'oeil*, como à virtualidade aberta pelas imagens eletrônicas. Cabe a cada leitor executar esta *obra-partitura*. Aprender a ler, desmontar para remontar as *Passagens*. Essa obra nasceu como obra em movimento, é processo e passagem constante. Uma obra líquida. Maleável. Portanto, os tradutores e organizadores brasileiros intervieram em um momento que deve ser entendido dentro do conceito de Benjamin de *medium-de-reflexão*, de fluxo. Eles processaram mais uma passagem, uma leitura, uma execução polifônica/poligráfica e aberta a novas leituras. Ao aproximar o universo conceitual e gestual benjaminiano da língua e cultura portuguesa promoveu-se um deslocamento produtivo.

O "Diário de Moscou"

Reflexões Sobre a Teoria do Diário e Acerca do "Esplendor das Coisas"

O DIÁRIO COMO AUTOESCRITURA PERFORMÁTICA

Em um de seus influentes ensaios, Philippe Lejeune contrapôs a autobiografia ao *journal*, ou seja, ao "diário". Para ele, a autobiografia flertaria com a ficção, enquanto o diário teria uma tendência à verdade: "l'autobiographie vit sous le charme de la fiction, le journal a le béguin pour la vérité" (a autobiografia vive enfeitiçada pela ficção, o diário tem uma queda pela verdade). Lejeune prefere manter separados os campos de força da ficção e da autoescritura. "J'aime l'autobiographie, j'aime la fiction, j'aime moins leur mélange." (Gosto de autobiografia, gosto de ficção, gosto menos da mistura delas.) Para ele, o diário seria um bom meio para se atingir tal objetivo. O diário é "antificção", bem como uma "pista antiderrapante"[1]. De resto, ele se orgulha de formular o que seria a primeira teoria da antificção.

Mas, antes, creio que Lejeune deveria se questionar por que a teoria literária havia, até ele, evitado esse "palavrão". Pois, se Lejeune acredita, com Ricoeur, que somos *hommes-récits* (seres--narrativa), ele também quer impedir qualquer suspeita de que sejamos o que ele chama de *hommes-mensonges* (seres-mentira).

Em Lejeune tudo sucede como se, para garantir nossas identidades, tivéssemos que construir barreiras de gênero em torno da autoescritura. Esta crença em um gênero que poderia travar o que pode ser denominado de processo de ficcionalização – inerente a toda narrativa –, parece-me questionável[2]. Entendo que o teórico do testemunho, Jean Norton Cru, tenha caído nesse erro; que pode se justificável em um positivista em 1929, mas que é imperdoável em um teórico da literatura em 2007. Equacionar ficção e mentira é complexo, pois além da fantasia não ser necessariamente avessa à verdade, a mentira não existe da mesma forma dentro e fora da literatura.

Por outro lado, podemos identificar no diário algo como as marcas e traços do presente de sua escritura. O diário produz páginas que se embaralham com o cotidiano do autor-protagonista[3], e somos tocados pelo ar que a personagem respirava. Tendemos a ver nele um testemunho, ou seja, um índice, metonímia, e não uma metáfora, que é tradução imagética e mais elaborada dos fatos arrolados. Além disso, o diário possui uma respiração, um ritmo, que se expressa e *aponta* para a situação anímica e corpórea do autor. Os traços materiais inscritos no diário podem se desdobrar em características sensíveis, tais como o estado do papel, a caligrafia, os borrões de tinta, as rasuras etc., que reforçam o seu teor testemunhal[4]. Quando falamos de diário, a sua base material torna-se um importante elemento da obra. Vemos o diário como parte do evento narrado, e não como observação de segunda ordem. Por mais equivocada que essa percepção possa ser, pois não existe grau zero da apresentação dos fatos.

Não se trata de uma antificção, como quer Lejeune, mas uma inscrição da vida e da morte, vale acrescentar, pensando em toda escrita como autotanatobiomitografia[5] – na qual a fantasia e a literatura não impedem que acreditemos no "real" que estava na sua origem. Muito ao contrário. É como se no diário se fundissem autor, texto e temporalidade[6]. Esta é, por assim dizer, a ilusão, ou o *efeito do diário*.

Tamanha é a força perlocutória de convencimento do ato de escrita do diário que ela reverbera em boa parte da literatura, sobretudo desde o romantismo, como vemos em Goethe, Dostoiévski, Kafka, Graciliano Ramos, Bernhard, Perec, Sebald, Coetzee, Conceição Evaristo, Ana Maria Gonçalves, entre tantos outros autores. O convencimento estético é reforçado pelo elemento ético. A escrita é vista tanto como duto por onde escorre a vida privada, como também, em muitos diários, misturam-se as águas da vida pública. O texto final transforma-se em um dique. A potência que guarda pode ser transformada em energia mesmo depois dos fatos passados, justamente porque na estrutura do texto entrecruzam-se, em uma trama, a vida íntima com a pública, o trabalho literário com as marcas do "real".

No limite, tendemos a ver nesses diários uma *escrita performática*. Não podemos separar, como pretendeu Lejeune no referido artigo, o literário e a ficção. Não se trata apenas do fato de que o autor do diário elege o que vai inscrever do real que o cerca. A *electio* (seleção) retórica é parte de todo discurso. O autor cria um universo íntimo e a realidade que o envolve conforme sua capacidade de transpor e saltar entre imagens e palavras, palavras e imagens.

Tradução, como Benjamin observou, é uma forma: não é mera *mímesis*, imitação, cópia em outra língua. Ou, como afirmava Freud em carta a Fliess de 6 de dezembro de 1896, existe um "trabalho de tradução" em todo processo de construção simbólica[7]. Ao invés da visão corriqueira que vê no diário uma representação e imitação dos fatos da vida, aprendemos agora a ler nessas páginas fragmentos de um presente que se amontoa diante de nós: de um passado que não passou. Pretérito presente, presente do passado. Fruto de um trabalho de coletor e de arranjador de fragmentos.

Todavia, não existe um acesso direto a essas ruínas. Elas se misturam com os nossos presentes. À escrita performática do diário responde a nossa leitura performática, na qual *nos* lemos no espelho do diário. Refletimo-nos nos cacos e estilhaços dos diários que lemos. Trata-se de uma leitura, portanto, particularmente autorreflexiva e que será mais demandada quanto mais nossa autoimagem estiver em crise. Desde o romantismo, mais e mais a escrita-espelho da autoescritura – sobretudo do diário – é performatizada. Hoje, vivemos um *boom* da escrita e da leitura de diários ou de textos literários profundamente contaminados por esse ato linguístico-literário. O mesmo se passa nas artes plásticas e no mundo da *web*, com sua blogosfera pontilhada por milhões de diários. A autoficção virou moda.

Lejeune lembra de Barthes que, em seu último curso sobre a preparação do romance, formulou a incompatibilidade entre o tempo presente e a ficção. O romance (ou a ficcionalização) exigiria uma distância. Ora, mas é justamente esse modelo do romance, que implicava uma certa distância que está em crise no século XX. O distanciamento tornou-se impossível, ou, caso seja simulado, aparece ao leitor como um truque sem graça. Na sua rejeição da mistura entre ficção e agora, Lejeune equaciona a reconstrução imaginária do presente não só com a mentira, mas também com a loucura. Com efeito, o diário é uma escritura louca, se aceitarmos que não é pura factografia, mas trabalho de acumulação criativa de fragmentos. O diário é uma aporia: é *a* aporia. Ele mostra e atua o enfrentamento do real, do simbólico e do imaginário. É o grande fantasma da literatura desde o romantismo que vem sendo exorcizado pelos adeptos da arte pela arte de diferentes matizes e gerações, mas que comungam de um mesmo purismo e aversão ao real. Eles são os entusiastas da "torre de marfim" e tentam resolver a crise romântica do indivíduo burguês – que se vê obrigado a mergulhar na prosa da vida para sobreviver – com uma suposta capacidade da poesia de criar uma heterotopia limpa, um local livre do real "sujo" do mundo das relações prosaicas (econômicas). Desde o romantismo a literatura vive essa crise (conflito entre o dispositivo do diário e a arte pela arte), que se desdobra na problemática da autoria da obra: campo assombrado pelas figuras do autor, do narrador e das personagens. Daí todos os dilemas e oscilações entre a terceira pessoa – supostamente mais objetiva, realista e naturalista – e a primeira, subjetiva, e a criação do discurso indireto livre. Os grandes autores pós-românticos foram aqueles que não tentaram resolver o dilema que divide a existência burguesa entre as forças da prosa e as da poesia, entre o ele e o eu: como Baudelaire, Dostoiévski, Proust, Joyce, Beckett e tantos outros.

Lejeune tem o mérito de, no interior da tradição purista, valorizar o diário: mas por motivos que considero equivocados. Ele traça uma linha entre o diário e a ficção que é não só facilitadora e confortável, mas é equivocada (positivista) e bloqueia o que o diário possui de mais rico e complexo: a "indizibilidade" entre o real e a ficção. No entanto, Lejeune tem razão quando afirma, por exemplo, que "Le journal est une sorte d'"installation", qui joue sur la fragmentation et la dérive, dans une esthétique de la répétition et du vertige très différente de celle du récit classique." (O diário é uma espécie de "instalação", que joga com a fragmentação e a deriva, numa estética da repetição e da vertigem muito diferente da narrativa clássica.) Ele também acerta ao notar que o diário "contesta os modelos estéticos clássicos" e exige do leitor um papel mais ativo[8]. O diário nos ensina a ler com outros olhos, a rever o campo literário que ainda se encontra – apesar dos duzentos anos de crítica romântica e pós-romântica – submetido aos ditames neoclássicos do estético.

O DESTINATÁRIO DO DIÁRIO

Estas observações preliminares introduzem a análise do *Diário de Moscou* de Walter Benjamin, composto inicialmente no inverno de 1926-1927. Benjamin era um profundo conhecedor da literatura europeia e um especialista no romantismo alemão. Em Schlegel, ele pôde ler que "As divisões habituais da poesia são apenas madeiramento morto para um horizonte limitado"[9], ou que: "Todos os tipos de poesia [*Dichtarten*] clássicos, na sua pureza estrita, são agora risíveis."[10] Ou seja, os gêneros haviam se transformado, para os românticos de Iena, em "tons", adjetivos, do fazer e do ler poéticos[11]. Assim, ao escrever *Diário de Moscou*, Benjamin não procurou dissimular os diversos tons de seu texto, que pertencem tanto ao diário, como ao relato de viagem, à confissão, ao romance, à fisiognomia de cidades, à sociologia e o à reflexão poetológica. Esses coloridos se somam a um texto múltiplo que dificilmente pode ser etiquetado. Além disso, em Schlegel nosso autor leu que "Eu não posso dar uma mostra do que eu sou, do meu eu inteiro, senão como um sistema de fragmentos, porque eu mesmo o sou."[12] O sistema de fragmentos no qual eu e não-eu interagem pode ser uma forma de descrever o diário e, em particular, o *Diário de Moscou*. O diário pode ser visto como um jogo de autodeslocamento no sentido de tentar captar e esboçar as bordas do sem-forma, que é o indivíduo moderno. É resultado da deriva do sujeito entre a esfera privada e a pública. O fragmento como forma – em oposição ao sistema – e a programática recusa da ideia de um sujeito onipotente diante de um mundo reduzido a objeto que poderia ser descrito, são duas consequências da postura primeiro-romântica que reconhecemos também nessa "obra" de Benjamin.

Todavia, se colocamos "obra" entre aspas, é porque estamos diante de um texto que desafia sua classificação. É possível considerar um diário como uma obra, no sentido de um trabalho acabado? Qual é o local do diário na literatura? Qual é a sua esfera: a privada ou a pública? Benjamin nunca publicou esse texto de forma integral. Ele extraiu um extenso material, uma coletânea de longos fragmentos intitulada "Moscou", que publicou na revista *Die Kreatur*, dirigida por Martin Buber, em 1927. A partir dessa viagem, ele escreveu outros artigos, como "O Agrupamento Político dos Escritores na União Soviética" e "Nova Literatura na Rússia". Entretanto, refletindo sobre o gesto literário do diário, temos outra questão que inicialmente deve ser colocada: para quem ele o escreveu? Como Scholem notou, "trata-se, indiscutivelmente, do documento mais pessoal, total e impiedosamente franco que possuímos sobre um período importante de sua vida"[13]. Mesmo na correspondência de Benjamin, dificilmente podemos ler passagens tão pessoais e mesmo íntimas, como as que lemos no *Diário de Moscou*.

No entanto, Benjamin dá pistas para responder a nossa última questão. Ele deixou o esboço de uma apresentação do que poderia ser a publicação, decerto incompleta, do diário[14]. Além disso, pelo seu diário sabemos que, em mais de uma ocasião, leu excertos para Asja Lacis (1891-1979). Essa mulher fora o principal motivo de sua ida para Moscou entre 6 de dezembro de 1926 e 1º de fevereiro de 1927. Eles haviam se conhecido em maio de 1924 em Capri, e Benjamin se referiu a ela como uma "revolucionária russa de Riga, uma das mulheres mais marcantes que já conheci". Antes desse longo encontro em Moscou, eles haviam se revisto em Berlim em 1924 e em Riga em 1925. Depois de Dora Kellner e de Jula Radt-Cohn, Asja Lacis foi a terceira mulher na vida de Benjamin. Posteriormente, Lacis passou dois anos em Berlim, em 1928-1930, quando viveram juntos por quase dois meses. Mais tarde ela foi presa em um campo de prisioneiros em decorrência dos expurgos stalinistas[15].

Benjamin pode ter lido passagens de seu diário como forma de compartilhar sua intimidade e aumentar a cumplicidade amorosa. De qualquer forma, os diários e as cartas da época mostram que ele se empenhou no texto. Ao retornar a Berlim, ele consagrou semanas ao diário; o primeiro que fez de forma detalhada em quinze anos[16]. Não se tratava de uma escritura privada (se é que tal coisa existe, pois o eu leitor de si é sempre um eu deferido), mas de um texto que visava a esfera pública sob uma forma que não podemos julgar, tendo em vista as dificuldades de publicação. Esse texto serviu como uma forma de *Ersatz* de suas desilusões amorosas – na estadia em Moscou ficou mais tempo com o companheiro de Lacis, Bernhard Reich (1880-1972), pois ela estava internada em um sanatório – e uma forma de laboratório para procedimentos metodológicos e de apresentação (*Darstellung*) que reencontraremos até o final de sua obra.

O texto guarda marcas que atestam seu *hic et nunc*, e uma das mais patentes é o título. Na folha do manuscrito, que se encontra no arquivo Walter Benjamin, o título está rasurado, e com esforço é possível ler *Moskauer Tagebuch* (Diário de Moscou), mas que foi substituído por outro: *Spanische Reise* (Viagem Espanhola). O editor dos diários, Gary Smith, cogita se a mudança teria o propósito de proteger o manuscrito de controle político ou se haveria alguma alusão literária. A rasura e substituição de título atestam a história do manuscrito, e o fato de Benjamin ter escolhido Espanha pode levar a conjecturas. O diário distribui as entradas por dias. O autor também utiliza expressões típicas da autoescritura, algumas delas, no entanto, mais próprias da autobiografia[17] ou das memórias, como "não me lembro mais muito bem"[18], que surgem em função dos atrasos na escrita do diário. Benjamin anota a data na qual está escrevendo sobre dias anteriores, nos quais ele não tivera tempo para escrever. O mais característico da escritura de diários é o que também mais marca esse texto: sua "presentidade". Tudo se apresenta em "estado de acontecer". A força do presente sustenta a estruturação do texto e lhe impregna de intensidade. O diário permite o passo a passo com o autor-protagonista. Nessa intimidade, sentimos as alterações no pulsar de seu coração, nossa pele se arrepia com a dele, e as paisagens descritas penetram pelas nossas retinas. Esta força do ato testemunhal do diário, Benjamin explora com fins tanto pessoais, como literários – e até de sedução: de seus prováveis leitores, mas também de sua leitora de primeira hora que foi Asja Lacis.

FISIOGNOMIA DE MOSCOU: A TOPOGRAFIA DAS COISAS

A relação de Benjamin com Siegfried Kracauer nos ajuda a entender o diário. Ele encontrou nesse amigo, e importante ensaísta e jornalista, um modelo de fisiognomia da cidade que ele admirou e pelo qual se deixou influenciar. Kracauer acabara de publicar em 13 de fevereiro de 1927, no *Frankfurter Zeitung*, suas "Pariser Beobachtungen" (Observações de Paris), que Benjamin elogia em carta a Kracauer enviada dez dias após a sua publicação[19]. Nessa carta, ele escreve: "estou planejando escrever algo 'abrangente' sobre Moscou. Mas, como é meu feitio, também esse trabalho vai se fragmentar em notas particularmente breves e desconexas, e, no mais das vezes, o leitor ficará entregue a seus próprios recursos"[20]. Vemos a poética da fragmentação anunciada junto à valorização do trabalho da *leitura* como construção do texto. Isto pode ser colocado ao lado do mote de Novalis, que Benjamin conhecia: "O verdadeiro leitor deve ser o autor prolongado"[21]. Também percebemos a clara enunciação de seu procedimento *physiognomico*, ou seja, a explicitação de seu desiderato de fazer uma experiência sensual e não apenas intelectual em Moscou, assim como apresentar essa experiência em uma montagem literária na qual a "coisidade" – da cidade e do eu – fosse respeitada. Ainda na mesma carta: "Retornar enriquecido visualmente [*anschaulich*] e não de teoria – esta era minha intenção, e vejo-o como um lucro." Ele comenta que vê semelhanças entre o que escreveu sobre as cidades e o que Kracauer acabara de publicar sobre Paris:

> Noto que, assim, aproximei-me involuntariamente de uma das características de suas anotações sobre Paris, das quais, de fato, gostei imensamente. Permito-me dizer que minhas "observações" parisienses coincidem essencialmente com as do senhor. "O esplendor das coisas" [*Glanz über den Affairen*][22] – esta é uma formulação que é totalmente apropriada para aquilo que as coisas e a vida permitem brilhar de belo, mesmo sob a iluminação mais impiedosa.[23]

A busca pelo esplendor ou brilho das constelações "coisais", sem sucumbir ao positivismo realista, é uma das questões que norteiam a escrita dos diários de Benjamin. Ele busca uma epifania (negativa) a partir do mais corriqueiro na superfície do real.

O desafio é captar e apresentar esta constelação coisal por meio das palavras, oferecendo uma performance da escritura. Assim, ele visava evitar submeter a paisagem urbana e anímica a conceitos preestabelecidos. Como ele o manifestou em uma carta do mesmo dia 23 de fevereiro, desta feita a Martin Buber, comentando seu texto "Moscou":

> Minha apresentação guardará distância de toda e qualquer teoria [*alle Theorie wird meiner Darstellung fernbleiben*]. Espero conseguir, assim, deixar falar o criatural [*Das Kreatürliche*]: até onde puder perceber e assimilar esta língua muito nova, que causa estranheza e ressoa alto, atravessando a máscara sonora de um meio ambiente que foi totalmente modificado. Quero, neste momento, apresentar a cidade de Moscou de tal forma que "todo factual já seja teoria" [*alles Faktische schon Theorie ist*] e, assim, me abster de qualquer abstração dedutiva, de qualquer prognóstico, e até, dentro de certos limites, de qualquer julgamento.[24]

A ideia de que todo factual já é teoria, retoma tanto uma concepção goethiana desenvolvida por Benjamin no ensaio sobre o *Trauerspiel* (o drama barroco alemão), como antecipa um modo de pensar característico de seus textos sobre Paris, escritos dentro do projeto das passagens, que foi elaborado no ano de seu retorno de Moscou, em 1927. De Goethe, vale lembrar *Viagem à Itália*, obra que escreveu calcada nos diários e cartas escritos na Itália entre 1786 e 1788. Nessa obra, Goethe perseguiu o ideal da observação e do factual como teoria[25]. E nos fragmentos de *Passagens* lemos como vimos, acerca de um método que consiste no trabalho de montagem, onde ao invés de dizer, o autor *mostra*[26]. O conceito, que deve servir para apanhar o factual, seria o próprio factual. Mas se em Goethe, no seu *Viagem à Itália*, havia uma *mise-en-scène* da sua formação (clássica) e uma tendência para a idealização da paisagem, existe aqui no texto de Benjamin uma dissolução da idealização (que normalmente acompanha o conceito) e um apego ao matérico. A paisagem que Benjamin apresenta já é, em si mesma, uma teoria de si própria.

Benjamin escreve sobre o romance *Lesabéndio* do autor de ficção científica por ele admirado, Paul Scheerbart, algo que pode ser aplicado a seu *Diário de Moscou*: o romance, para ele, "se destaca pela realização de uma lei rigorosa [...]. A lei proclama: a verdadeira interpretação abarca a superfície mais exterior das coisas, sua pura sensualidade; interpretação é dominação dos sentidos"[27]. Em carta a Buber, de 26 de julho de 1927, ele mostra que esse culto da superfície não significa abdicar ao pensamento. Escrevendo sobre Moscou, afirma ele: "Espero que tenha ficado claro para alguns leitores que estas descrições 'óticas' estão inscritas em uma grelha de pensamentos [*Gedankengradnetz*]."[28]

A "língua muito nova, que causa estranheza e ressoa alto, atravessando a máscara sonora de um meio ambiente que foi totalmente modificado" encontrada em Moscou, exigia um novo modo de apresentação. Benjamin sofria de uma espécie de duplo estranhamento para poder penetrar nesse universo tão novo: ele praticamente desconhecia o idioma russo. Isto levou-o a radicalizar a sua concepção de que o teórico deve ser antes de mais nada intuitivo, ou seja, ótico. Em segundo lugar, estava diante de algo inteiramente novo, para o qual faltavam formulações teóricas: a nova sociedade socialista. Podemos acrescentar um terceiro nível de estranhamento: essas modificações da sociedade soviética entravam em consonância com as próprias mudanças de Benjamin, que na época pensou em se filiar ao Partido Comunista Alemão. Anota ele no seu diário: "Só fatores exclusivamente externos me impedem de entrar no Partido Comunista Alemão. Agora seria o momento indicado, e talvez seja perigoso deixá-lo passar." Na verdade, esses diários são testemunho da indecisão de Benjamin em relação ao socialismo e ao seu engajamento partidário. Ainda que devesse "tomar posição", por outro lado não conseguia abandonar o que chamava de "uma posição independente na esquerda"[29]. Ele não queria "renunciar completamente à independência individual", mas ponderava que "onde o proletariado é oprimido, trata-se de passar para o lado da classe oprimida"[30].

Com esse dilema, Benjamin apresenta uma questão que atravessa boa parte do universo de intelectuais do século XX. O dilaceramento entre o privado e o público de certo modo está no centro de seu diário (uma forma perfeitamente adequada a essas questões), no qual lemos passagens eróticas ao lado de descrições das novas tarefas e desafios do intelectual no tempo pós-revolucionário. Sua opção pela independência foi trágica. Mas foi essa posição que permitiu um olhar "de fora" e original, tanto com relação à Rússia como com relação à Alemanha. O espaço político que Benjamin ocupou, uma espécie de deriva que lhe custou muito, e pela qual, de certo modo, ele acabou pagando com a própria vida, afiou seu olhar crítico e alçou-o a um local único do qual podia ver com distanciamento crítico o teatro político do período[31]. Como é tradicional nas confissões desde Santo Agostinho, Benjamin encena nos diários a sua "conversão". Mas nesse caso ela não é levada a cabo. Permanece em suspenso: em um gesto típico de seu pensamento e de sua vida. Numa carta a Jula Radt-Cohn, de 26 de dezembro de 1926, ele escreve sobre a paisagem plástica de Moscou em constante modificação, de certo modo uma maneira de falar de si próprio e de seus movimentos interiores. Ele tematiza um motivo frequente em seu diário: a dissolução da esfera privada na esfera pública que a revolução provocara: "Está tudo em construção ou sendo reformado e praticamente todo momento impõe questões muito críticas. As tensões na vida pública – que possuem em grande parte um caráter francamente teológico – são tão grandes que bloqueiam de modo inconcebível o privado. [...] Não posso julgar tudo isto [...] de fora pode-se apenas observá-las."[32]

No pequeno esboço já referido acima que indicava o desejo de publicar fragmentos de *Diário de Moscou*, Benjamin escreve apresentando o texto: "Eu me esforcei no sentido de reproduzir [*wiedergeben*] a imagem [*Bild*] da Moscou proletária, que só a conhece quem a viu na neve e no gelo, mas sobretudo a fisiognomia de seus dias de trabalho e o novo ritmo, que penetra da mesma forma a vida do trabalhador e a do intelectual."[33] Nessa passagem devemos destacar tanto a ênfase no elemento ótico-imagético, como a alusão ao *ritmo* da nova vida dos trabalhadores e intelectuais. Os diários de Benjamin são marcados por este duplo registro imagético-rítmico, como lemos também na carta a Hugo von Hofmannsthal de 5 de junho de 1927:

> Naturalmente o desconhecimento da língua não me permitiu ir além de uma camada estreita. Mas eu me fixei então mais do que no ótico, em uma experiência rítmica, no tempo no qual as pessoas de lá vivem e onde um duto russo originário interpenetra com a nova Revolução formando um todo, que eu achei ainda mais incomensurável para padrões europeus ocidentais do que eu esperava.[34]

No diário, encontramos longas passagens sobre Moscou. A apresentação da cidade ocorre tanto na descrição dos passeios a pé e de bonde, como em digressões, típicas da literatura de viagem, nas quais Benjamin exerce o papel de um antropólogo urbano e descritor de paisagens. A ênfase no *ver* remete também ao valor testemunhal de seu texto, no sentido jurídico do testemunho como *testis*, aquele que viu e comprovou um fato[35]. Mas o texto benjaminiano se contamina pelo ritmo das mudanças e de sua estadia em Moscou. Ao tempo acelerado das atividades corresponde a fragmentação e o ritmo célere do diário. A sucessão de eventos é vertiginosa, e nos surpreendemos como o autor tinha tempo para dormir e se recuperar de tantas atividades culturais, turísticas, políticas, amorosas (sempre frustradas) e lúdicas. Quase todos os dias, Benjamin narra que passava algumas horas jogando xadrez ou dominó com os amigos. A nova temporalidade russa também deixava espaço para esses buracos no tempo que o jogo desenha. Os jogos devem ser explorados em sua dimensão temporal, social e psicológica. Como escola de se dominar o acaso, ele também tinha uma função psicossocial.

Encontramos descrições arquitetônicas, paisagísticas, políticas, culturais e antropológicas. Benjamin escreve empolgado sobre suas galerias[36], tema que elegerá para estudar em Paris. Muitas de suas observações levam-no a abordar a espacialidade da cidade. Nesse sentido, as notas variam de escala, alternando entre as descrições de seu quarto, do ambiente do sanatório onde Lacis se encontrava, dos interiores das casas que ele visitou, e, passando para a escala das ruas, descreve ainda o exterior dos prédios e a Moscou. A cidade é apresentada muitas vezes pelo seu caráter indefinido entre a urbe e o campo e, devido à quase ausência de prédios altos, com seu horizonte vasto e raro de uma grande metrópole de quase três milhões de habitantes. Benjamin escreve de modo poético: "Há algo de singular nestas ruas: nelas, a aldeia russa brinca de esconde-esconde." Ou ainda: "Talvez não exista nenhuma outra cidade cujos enormes espaços ostentem um caráter tão amorfo, rural, como que continuamente a se dissolver no mau tempo, na neve cotidiana ou na chuva."[37] Essa passagem poderia ter sido extraída de *O Castelo*, de Kafka, outro grande autor de diários e criador de espaços corpóreos-inconscientes. Entretanto, Kafka não cultivou a fantasia descritiva apenas em seus diários, mas contrabandeou essa escritura espaço-corporal para o gênero romance, deslocando-o e, como o formulou Günther Anders[38], "desloucando" toda a literatura.

Benjamin muitas vezes extrapola as observações no sentido de refletir sobre o andar e a visualidade das cidades:

Só se conhece uma região depois de experimentá-la no maior número possível de dimensões. É necessário ter entrado num lugar a partir de cada uma das quatro direções para dominá-lo e, mais ainda, é preciso também sair dele por cada uma delas. De outro modo, ele vai aparecer inesperadamente no caminho sem que estejamos preparados para encontrá-lo. Numa etapa mais adiantada, nós o procuramos e o utilizamos como ponto de referência.[39]

Esse raciocínio é mais fértil se pensarmos que pode ser transposto para os *loci* de ideias. Ou seja, as paisagens intelectuais, conceitos e ideias podem ser frequentados desse modo. Nossa mente é composta por alamedas, ruas e vielas com *loci memoriae*, e podem nos surpreender com vizinhanças inesperadas quando deambulamos pelas paragens. Lembremos que o termo "passagem" tem a capacidade de unir a reflexão urbana e espacial com sua teoria do pensamento e de suas imagens. Em *Diário de Moscou*, ele relaciona campos aparentemente diversos ao da espacialidade, e que revelam suas novas facetas: "O espaço literalmente se transforma, conforme faz frio ou calor. As pessoas vivem nas ruas como num salão de espelhos congelado: parar e refletir torna-se incrivelmente difícil: é necessário metade de um dia de deliberação para se colocar uma carta na caixa de correio."[40] A paisagem não é apenas espacial, temporal e térmica, ela também tem um componente sonoro, pois o protagonista-autor observa: "Moscou é a mais silenciosa de todas as grandes cidades e quando há neve, o é em dobro."[41] As três fontes de barulho das grandes cidades europeias estão ausentes: praticamente não havia carros ou jornais sensacionalistas com seus vendedores fazendo estardalhaço, e os comerciantes de rua utilizavam um tom baixo. Os comerciantes de rua no mercado provocam um dos *insights* mais intrigantes de Benjamin com relação ao espaço arquitetônico de Moscou:

No mercado pode-se perceber a função arquitetônica das mercadorias: lenços e tecidos formam pilares e colunas, sapatos, *valenki*, pendurados num cordão em fileiras sobre os balcões, tornam-se o telhado da barraca;

grandes *garmoshkias* (acordeões) formam muros sonoros, muros de Memnon por assim dizer.[42]

O característico olhar benjaminiano descobre e cria semelhanças, como uma criança que transforma seu cobertor em uma barraca e em uma caverna. Benjamin nos conta, como grande fisiognomista das cidades, sobre "a função arquitetônica das mercadorias". No exercício de tradução da cidade para o universo das letras, ele deixa-se levar pelo seu corpo e por uma pulsão das analogias. A tradução, para ser fiel, não submete o espaço arquitetônico à linearidade do verbal: Benjamin multiplica figuras poéticas para conduzir a espacialidade da cidade para dentro de seu texto. Assim, podemos falar de uma arquitetura textual. No caso do texto, ela é programaticamente construída pelos olhos e pelo corpo antes de ser formulada em palavras-imagens. O *Leibraum* (espaço corpóreo) transita em direção ao *Bildraum* (espaço imagético) construído pelas palavras, que se transformam, para o leitor, em blocos de montar.

Ainda que não soubesse russo, nos dois meses de estadia Benjamin foi quase diariamente ao teatro ou ao cinema. Um *tour de force* fenomenal. Muitas vezes Reich, Lacis ou outro conhecido auxiliava na tradução das falas. Essa mediação evidentemente filtrava a sua recepção das obras, mas o interessante dos diários é como esses filtros, ou seja, pessoas agentes na cultura de Moscou e da nova União Soviética, tornam-se meios para ele se aprofundar neste universo que o intrigava. A referida impossibilidade de se dissociar o privado do público revela-se aqui também: a vida privada está traduzida nos contatos com outras pessoas que são, antes de mais nada, agentes políticos. A agenda social é sempre uma agenda política. Daí Benjamin falar em uma "extrema politização da vida" e mencionar de modo sucinto o "desaparecimento da vida privada. Simplesmente não há tempo"[43]. Na medida em que optou por não se vincular a nenhum partido, no momento em que seus companheiros de geração se afiliavam quer a partidos, quer ao sionismo, ele acabou esmagado pela sociedade. Ao evitar ser aniquilado pela vida partidária e institucional, ele acabou literalmente sem-lugar. Como seu diário atesta, ele foi uma vítima desta politização radical do privado.

Da vida cultural e política Benjamin não escreve apenas coisas positivas. Ele percebe muito bem que a situação está cada vez mais difícil para os intelectuais, sobretudo os de vanguarda, devido à onipresença da censura e da autocensura. A arbitrariedade que guia a vida política leva-o a comparar, no nível econômico, o que denomina de capitalismo de Estado e a situação da inflação alemã, que ele vivera na carne. A incerteza econômica contaminaria a esfera jurídica, gerando um Estado, que teorizou em outro ensaio[44], como de exceção. Benjamin vê com asco certo oportunismo da parte de muitos pseudointelectuais, que utilizam o clima de insegurança para ascender por meio de políticas de relações públicas. "Garimpa-se poder, desde o início da manhã até tarde da noite." Aos novos poderosos, ele alcunha com a expressão "burguesia da NEP". A arte camponesa em ascensão, ele critica como sendo reacionária. Ele acaba sendo vítima da "burocracia intelectual" na medida em que teve recusado o artigo "Goethe", que escreveu para a *Grande Enciclopédia Soviética*, que havia sido iniciada em 1926. Essa recusa, ao lado de seu insucesso nas investidas sobre Lacis, levaram-no a escrever sobre "o fracasso de minha estada aqui"[45], como lemos na entrada do dia 15 de janeiro.

COLEÇÕES E LETREIROS: UM UNIVERSO IMAGÉTICO-GRAMATOLÓGICO

Em Moscou, Benjamin pôde alimentar sua obsessão de colecionista. Ele comprou inúmeros brinquedos tradicionais russos, de papel machê e de madeira, além de literatura infantil. Vai inúmeras vezes ao Museu dos Brinquedos, onde realiza uma pesquisa, que posteriormente gerou artigos. Ele se detém em considerações sobre ilustrações de livros infantis e menciona um plano de realizar um trabalho sobre a fantasia[46]. O universo infantil serve de tábua de salvação na obra e na vida de Benjamin, uma fantasia que ele valorizou e que encontrava (ou projetava) na sua infância e na infância de um modo geral. Essa fantasia permitiria que ainda lançássemos um olhar encantado sobre o mundo. Existe aí um traço de romantismo conservador, mas também um resgate da fantasia e seu elemento crítico e disruptivo. Ela também foi a pedra de toque do surrealismo, de sua abertura para o inconsciente, para outros modos de pensar, que não o da razão cartesiana, e para a valorização do corpo como meio de captar o mundo. Sobre sua paixão pelos objetos que coleciona, lemos entre inúmeras passagens análogas – revelando aqui também a paixão do comprador: "Havia alguns dias que, como me acontece muito, só prestava atenção em uma única coisa ao caminhar pelas ruas: desta vez, justamente nas caixas laqueadas. Um namoro curto e apaixonado. Quero comprar três – mas ainda não tenho certeza do que farei com as outras duas que já adquiri."[47]

Durante sua estadia, além de ler Proust (grande autor da autoescritura do século XX), trabalha na tradução do *opus magnum* desse escritor. As leituras da cidade se embaralham com a leitura de livros. Ele faz várias observações sobre os letreiros da cidade: "os letreiros das lojas ostentam uma bonita pintura primitiva: sapatos caindo de um cesto, um lulu fugindo com uma sandália na boca. Em frente a um restaurante turco, há duas placas suspensas, mostrando homens com barretes enfeitados de meias-luas, sentados a uma mesa posta. Lacis tem razão quando diz que o povo quer ver sempre, até nas propagandas, a representação de algo concreto"[48]. Essa tendência ao concreto e ao imagético, acaba sendo desenvolvida ao longo de *Diário de Moscou* quando sugere, mas sem formular explicitamente, uma passagem do culto dos ícones russos – que ele admira longamente nos museus – para o culto das imagens dos líderes revolucionários, sobretudo de Lênin. Na apresentação do Kremlin, é quando ele mais se aproximou dessa formulação: "Agora, no entanto, há uma imagem de Lênin afixada à entrada, como se pagãos convertidos houvessem plantado uma cruz onde antes se faziam sacrifícios aos deuses."[49] Em uma fábrica ele descreve um "nicho de Lênin", com o busto do político, fitas, cartazes de propaganda, retratos de outros revolucionários e quadros que "resumem, de maneira taquigráfica, a história do proletariado russo"[50]. Trata-se de uma tradução de hábitos de culto religioso para um novo culto político. A paixão de Cristo havia sido substituída pela paixão (no duplo sentido) dos proletários e de seus novos líderes. Havia uma espécie de complementaridade entre a tendência ao imagético e ao concreto, detectada por Lacis e confirmada por Benjamin, e, por outro lado, a sua situação de iletrado em russo e o analfabetismo na Rússia, o que fazia com que se apegasse às imagens e à superfície daquela sociedade. A cartografia da memória russa, antes traçada a partir de histórias bíblicas e traduzida em imagens icônicas, agora estava sendo transposta para o culto dos novos "grandes líderes" espirituais e políticos.

Em vários momentos Benjamin narra que lia para Reich e Lacis, assim como eles também liam em voz alta. O ritual da leitura em grupo, algo que perdemos hoje em dia, é retratado de modo muito característico nos diários. Ao evocá-lo, Benjamin coloca mais cimento e tijolos na construção dos muros desta obra singular. Um verdadeiro espaço imagético-gramatológico.

NÃO EXISTEM MAIS VIAGENS DE FORMAÇÃO, APENAS PAISAGENS EM DECOMPOSIÇÃO

O seu testemunho não se resume ao registro do atestado no mundo "objetivo". Ele também é carregado de marcas subjetivas, de paisagens anímicas, sobretudo de sua decepção quanto ao relacionamento com Lacis. Benjamin, de modo quase que masoquista, anota cada tentativa frustrada de se aproximar de Lacis e de beijá-la. Em poucas vezes ele teve sucesso. Na maioria delas, foi rechaçado de modo rude. Ele menciona, sem entrar em detalhes, as brigas que tiveram durante os dois meses de sua estadia. Além disto, observamos detalhes de seu cotidiano, descrições de sua saúde e sensações corpóreas como frio, calor, alegria, melancolia, fome. Ele sofre de constantes "crises de glutonice", um reflexo talvez dos insucessos de suas investidas libidinosas. Em determinadas formulações o leitor sente-se compartilhando seu quarto de hotel: "Vejo Asja à tarde, mas por pouco tempo. Ela brigou com Reich por causa do problema de moradia e me manda embora. Leio Proust no quarto, comendo muito marzipã."[51] Em várias passagens Benjamin descreve os doces russos e enumera as compras dessas guloseimas.

Seu diário alterna imagens de Moscou com a descrição de seu cotidiano. Muitas vezes Lacis e Moscou se revezam sob sua pena, gerando um efeito de ciranda, em que um substitui e contamina o outro. Benjamin lê Moscou através de Lacis e vice-versa. Esse procedimento alegoriza a dissolução do privado no público. Como ele escreveu, tomando para si palavras de Lacis: "Moscou coloca-se na minha vida de tal maneira que só posso percebê-la através de você."[52] O texto do eu-narrador das autoescrituras de

Benjamin apresenta a tendência para a narrativa de um eu projetado em uma cidade. Assim, sem contar os vários outros diários de viagem, seus dois principais textos autobiográficos têm o nome de sua cidade natal: "Crônica Berlinense" e "Infância em Berlim em torno de 1900". Poderíamos dizer que o homem moderno – ao menos para ele – só consegue ver e desenhar seu eu a partir dos seus fragmentos projetados nas cidades por onde passa.

As desilusões fazem com que ele muitas vezes questione sua viagem, como nesta passagem na entrada de 20 de dezembro, na qual Moscou e Lacis novamente se fundem, em um desenho de tons escuros:

> Para mim Moscou agora é uma fortaleza: o clima cruel, que me afeta muito, ainda que faça bem à minha saúde, o desconhecimento da língua, a presença de Reich, o modo de vida bastante limitado de Asja; são tantos os obstáculos que só mesmo a impossibilidade de avançar mais [...] é que faz com que tudo isso não me deixe completamente deprimido. Ainda não sei até que ponto atingirei o objetivo secundário de minha viagem, de fugir da melancolia mortal dos dias de Natal.[53]

Na véspera de ano novo o trio Reich, Lacis e Benjamin foi assistir a uma apresentação de Meierhold. Em um dos intervalos, ao subir uma escada à procura do próprio Meierhold, Lacis, que estava atrás de Benjamin, ajeitou a gola da roupa dele, o que desencadeou uma observação nos diários que deixa claro o desamparo no qual ele se encontrava: "De repente, senti sua mão no meu pescoço. A gola do meu casaco havia virado e ela a estava arrumando. Este contato me fez compreender quanto tempo já passara sem que uma mão me tocasse com amabilidade."[54] Essa passagem é digna de nota, pois expressa uma força que permite perceber como funciona o dispositivo da escritura do diário. A proximidade da pele do autor-narrador é máxima. A compaixão, portanto, também. Mas encontramos no modo benjaminiano de se apropriar da escritura do diário a ausência de comentários ou de interpretações: como vimos, ele queria que coubesse ao leitor esse trabalho. Não existe autocomiseração, assim como as críticas à nova sociedade russa não são lamentosas. No texto, lemos apenas "os fatos". Logo após essa passagem que acabamos de ver, o texto continua de forma seca e protocolar: "Às onze e meia estávamos na rua novamente."

Como não poderia deixar de ser, o diário se encerra com uma dolorosa despedida:

> Pedi [a Asja] que chamasse um trenó. Mas quando eu estava para subir, tendo já me despedido dela mais uma vez, convidei-a para ir comigo até a esquina da Tverskaia. Lá, ela desceu e, quando o trenó já estava começando a andar novamente, puxei de novo sua mão para os meus lábios, no meio da rua. Ficou lá muito tempo, acenando. Acenei de volta, do trenó. Primeiro, pareceu-me que ela olhava para trás enquanto andava, depois não a vi mais. Com a enorme mala no colo, chorando pelas ruas já sob a luz do crepúsculo, continuei até a estação ferroviária.[55]

Os tons aqui são do romance, mas com o diferencial de que na leitura de diários tendemos a uma tradução visual e realista muito mais clara e impregnante. A *enárgeia* (efeito retórico de gerar a ilusão da presença via palavras) é muito mais efetiva e afetiva no diário. A sobreposição do autor com o protagonista-narrador faz com que nos sintamos mais envolvidos com a trama. Nessa passagem, o eu narrador nos conduz e nos molha as faces também. O truque aqui é o "pareceu-me", ou seja, a representação da indefinição na leitura do real, que faz com que o leitor o veja como algo "fielmente retratado" a partir do interior do escritor. Mas, ao contrário do protagonista do romance de formação, vemos um eu derrotado voltar para seu lar. Esse "romance" é a tragédia de um intelectual do século XX, que viveu suas contradições até as últimas consequências. Sua indefinição e incapacidade, ou recusa em assumir uma posição, que não fosse a de independência, lançou-o sem nenhuma proteção na tempestade política daquele século. Em *Diário de Moscou*, assistimos à dissolução da esfera privada e ao esmagamento do indivíduo moderno. Seus planos pessoais e sociais se revelam ilusórios. O diário apresenta-se como *Ersatz* deste apequenamento do eu. É como se ao campo estético coubesse a tentativa de sarar as feridas impingidas pela prosa da vida. A Moscou de Benjamin apresenta-nos a paisagem política do século XX não como o campo fértil de grandes e belas utopias, mas como o cenário de um deserto onde os indivíduos e seus sonhos eram triturados pela força inexorável do real. Nesse sentido, Benjamin provou aqui, mais uma vez, ser uma alma gêmea de Kafka.

Essa proximidade, assim como seu diálogo com a tradição dos diários, faz com que seja impossível reconhecer e traçar um

55 Ibidem, p. 142.

limite estrito entre o *factográfico* e o fictício. Na verdade, um gesto não existe sem o outro e o gancho do estilo diário é justamente a ilusão de factografia total. É isso que cativa os seus leitores que, assim como vimos no início, podem refletir sobre as suas próprias vidas. Ao vermos a (frustrada) paixão política de Benjamin e seu romance irrealizado com Asja Lacis, ficamos estarrecidos ao perceber como essas paixões, que se fundiam nele, deixaram as vidas pública e privada. Nossos diários hoje não podem ser mais tão interessantes, pois não possuem mais aquele sonho que inspirou a paixão e alimentou a obra de Benjamin. Mesmo que saibamos – assim como ele – que o sonho se transformou em um pesadelo. Pior ainda: sabemos agora que ao acordar daquele pesadelo somos obrigados a viver outro.

Walter Benjamin e as Cidades/Histórias "Porosas"

Encontrar palavras para o que temos diante dos olhos –
como isso pode ser difícil. Mas quando elas aparecem,
batem com pequenos martelos contra o real, até
extraírem dele a imagem como se de uma placa de cobre.[1]

Quem não tem pátria sente-se em casa em toda parte. O exilado, no entanto, oscila entre o luto melancólico de sua origem e a busca de uma nova casa. Conquistar a apatricidade como um trunfo é feito de poucos. Benjamin e sua paixão pelas cidades é um testemunho disso. Ele amou a sua cidade natal, Berlim, e a dedicou textos que se tornaram marcos na construção literária dessa capital. Por outro lado, ao longo de sua vida, ele teve que se deslocar constantemente, ir de cidade em cidade em um misto de paixão pelo diferente e necessidade de buscar locais onde poderia sobreviver. Foi primeiro um exilado econômico e, depois de 1933, com a ascensão dos nazistas ao poder na Alemanha, um banido político.

As cidades aparecem sob sua pena na forma de diários de viagem, de reflexões autobiográficas sobre sua infância e cidade natal, em *Städtebilder* (imagens de cidade) e como parte de uma sociologia e filosofia da cidade. Ele comungou da paixão das vanguardas da primeira metade do século XX pelas cidades. Seu volume de fragmentos sobre a vida moderna, programaticamente batizado de *Rua de Mão Única*, é prova disso. Sua admiração pelos surrealistas franceses, como por Louis Aragon (autor de *Le Paysan de Paris*), alimentou essa paixão. Entre os alemães, além de

Siegfried Kracauer, autor das "Observações de Paris" (1927), que Benjamin, como vimos, reconheceu como tendo influenciado diretamente seu texto sobre Moscou, foi também amigo de Franz Hessel, o grande difusor e propagandeador da *flânerie* na Alemanha do período entreguerras. Hessel traduziu com Benjamin parte da obra de Proust *Em Busca do Tempo Perdido* e a veneração pela poética de Proust contaminou seu modo de se relacionar com a sua cidade. Além disso, o grande projeto de Benjamin, que o acompanhou de 1927 até a sua morte, sobre as passagens, visava uma arqueologia do século XX, de seus fantasmas e mitos, a partir de um mergulho na Paris do século XIX. Naquele fenômeno urbano único, ele pretendeu conjurar fantasmas. A morada predileta deles seria, antes de mais nada, as passagens comerciais, assombradas pelo fetiche da mercadoria, mas que serviam de passarela para o irreverente *flâneur*, que em seu deambular ocioso e profanador ia contra a lógica do sistema com seu mote "tempo é dinheiro".

Para se falar de algo é preciso existir distância. Benjamin, em seus textos sobre a cidade, não foge a essa regra. Como ele mesmo anotou na resenha ao volume de Franz Hessel, *Spazieren in Berlin* (Caminhar em Berlim), com relação ao local de nascimento do autor, existem dois tipos de aproximação da cidade: a feita pelos que lhe são nativos e pelos que são de fora. Os nativos são minoria dentre os autores de descrições de cidade, justamente porque não conseguem a distância necessária para escrever. A distância é, no entanto, conquistada pela via do tempo, ou seja, por meio do mergulho na infância do autor. A viagem pelos labirintos da cidade transforma-se em um errar (proustiano) pelos descaminhos da rememoração. A cidade é vista como um *mnemotechnischer Behelf* (dispositivo mnemotécnico)[2], que revela sua superfície como estando envolta pelas nuvens da memória. Benjamin manteve sua distância também com relação a Proust. Ele procurou acrescentar ao elemento subjetivo de sua viagem na memória o elemento objetivo, da descrição sociopsicológica. E mais, como Peter Szondi destacou em um posfácio ao livro *Städtebilder* de Benjamin, "o 'tempo perdido' de Benjamin não é o passado, mas sim o futuro"[3].

O universo da cidade também se revela como um cosmos gramatológico. Ele vê na cidade um livro e um mundo a ser lido[4]. Também Hessel encarou a cidade como um livro, como lemos em "Die Kunst spazieren zu gehn" (A Arte de Caminhar): "O verdadeiro caminhante é um leitor, que lê apenas como passatempo [...]. A rua, portanto, é um tipo de leitura. Leia-a. Não julgue."[5] O mundo semiótico que é lido e interpretado por Benjamin é traduzido para uma linguagem cheia de imagens, que não deixa cair no plano do puramente conceitual o complexo volume multianguloso do fenômeno urbano, que ele via do ponto de vista do urbanismo, da arquitetura e da ocupação humana. A cidade é um palco político e uma superfície viva, construída por desejos, lutas, sexo, poder e sofrimento. Suas descrições da cidade, seja nas suas imagens de cidade, seja nas recordações de Berlim, tendem às metáforas e alegorias. O texto da cidade é traduzido em imagens que, por sua vez, conclamam o leitor a fazer a sua própria leitura, a realizar a sua interpretação da cidade transformada em enigma imagético. A nossa epígrafe neste capítulo é extraída da imagem da cidade de San Gimignano e expressa a preocupação de Benjamin em buscar moldar com as palavras o real: calcar o real nas palavras. E das palavras deve nascer, transformada, a realidade como composto dialético de palavras e imagens.

RUA DE MÃO ÚNICA

O volume *Rua de Mão Única* indica no nome tanto um fenômeno do tráfego moderno, como sugere um enigma, como uma inscrição em um emblema barroco. E a imagem da capa original do livro, uma típica fotomontagem ao modo vanguardista da época, de autoria de Sasha Stone, reforça a ideia de uma obra que pretende traduzir o espaço urbano em obra literária e imagética: plena de imagens do pensamento. É possível identificar quanto as imagens foram decantadas a partir de um filtro emotivo e muitas vezes sexualizado. A cidade ora é uma mulher sedutora, ora o local onde ela se esconde. Cidade e sexo são inseparáveis e é conhecido que a deambulação pelas ruas aparece na literatura como *Ersatz* do ato sexual. Outros fragmentos mostram a preocupação política crescente de Benjamin, que a partir de 1925 se encontrou desempregado e obrigado a escrever (inclusive as suas imagens de cidade) para sobreviver. A cidade surge como um campo minado em cujo seio gesta-se uma revolução. O obelisco da Place de la Concorde, em Paris, dá ensejo para uma reflexão sobre o "trânsito espiritual" que ocorre na cidade. Alguns fragmentos desenvolvem o importante tema da dialética da proximidade/distância na visão da cidade: "O que torna tão incomparável e tão irrecuperável a primeiríssima visão de uma aldeia, de uma cidade na paisagem, é que nela a distância vibra na mais rigorosa ligação com a proximidade. O hábito ainda não fez sua obra."[6] Essa formulação dá a chave para entendermos um pouco do procedimento desse escritor sobre as cidades: ele busca em seu andar/escrever reconquistar a força do primeiro olhar, ainda não embaçado pelo musgo do hábito ou costume, que nos torna cegos para o nosso meio.

Por outro lado, essa teoria vai se transformar, quando Benjamin escreve o ensaio sobre a obra de arte na era de sua reprodutibilidade técnica. Nesse trabalho, o hábito ou costume são postos ao lado de uma teoria *tátil* da recepção da arquitetura. A recepção tátil nos esclareceria muito sobre a forma de recepção das massas diante das obras de arte. Elas querem se aproximar dela e não permanecer distantes e contemplativas, como na recepção aurática e burguesa. Mais ainda, para Benjamin é esse tipo de recepção que serve de escola para as massas se prepararem para novas transformações históricas. Trata-se de uma escola tátil, que passa pela *aístesis*, a percepção corpórea, típica da recepção da arquitetura, via imersão:

> Construções são recebidas duplamente: pelo uso e pela percepção. Ou melhor: tátil e opticamente. É impossível compreender tal recepção representando-a sob a forma da concentração, como ocorre p. ex. com viajantes diante de uma construção famosa. Pois não há, do lado tátil, nenhum correlato para aquilo que do lado óptico é a contemplação. A recepção tátil ocorre mais por meio do costume do que pela atenção. No caso da arquitetura, o costume determina até mesmo a recepção óptica. Ela ocorre, a princípio, muito menos em uma atenção fixa do que em uma percepção incidental. Essa recepção associada à arquitetura tem, porém, sob certas circunstâncias, um valor canônico. Pois: *as tarefas que são apresentadas ao aparato perceptivo humano em momentos de transformação histórica não podem de modo algum ser resolvidas por meio da mera óptica, isto é, da contemplação. Guiadas pela recepção tátil, elas são paulatinamente dominadas pelo costume.*[7]

A "desorientação" é o fim, o objetivo do deambular errante: só assim o olhar se deixa ferir pelo real que viceja na cidade. Benjamin em seu *Rua de Mão Única* elogia o cenário do teatro como um espaço que não se deixa reduzir à proximidade: sua aura resiste, a distância não é abalada, seu encanto não se esvai. E a teatralidade arquitetônica de Versalhes o faz lembrar do elemento teatral do jogo político da era do absolutismo, enterrado hoje na era do turismo, e transformado em imagem de segunda ordem de si mesmo. Ele manteria uma postura ambígua diante dessa resistência da aura: ora, romanticamente, a defende, como no texto "Haxixe em Marselha", ora, e sobretudo no contexto de *Passagens* e da sua teoria da fotografia e da paixão da multidão pela proximidade, comemora o seu fim. A ambiguidade de Benjamin também se reflete em sua relação com a cidade, que oscila entre a busca da proximidade ou da sua reauratização. Por fim, como veremos, a ambiguidade desaguará na teoria da imagem dialética, que é apresentada na figura da passagem comercial, abrigo e desabrigo, casa e espaço de culto da mercadoria.

Um belo exemplo de como Benjamin passa da descrição[8] para a alegoria é o fragmento "Castelo de Heidelberg": "Ruínas, cujos destroços ressaltam contra o céu, aparecem às vezes duplamente belas em dias claros, quando o olhar encontra em suas janelas ou à cabeceira as nuvens que passam. A destruição fortalece, pelo espetáculo fugaz que abre no céu, a eternidade desses destroços."[9] O fragmento lembra um soneto, com a reviravolta realizada na segunda frase na qual se apresenta um quiasma, reversão, do fugaz das nuvens com a eternidade conquistada pela destruição. Esse método de pensar por fragmentos metafóricos também permite recordar os microtextos de Kafka. O fragmento sobre a catedral de Marselha transforma a igreja monumental, típica do historicismo do século XIX, em "uma estação gigantesca de trem, que nunca pôde ser entregue ao trânsito" e da qual "Trens com vagões-dormitórios com destino à eternidade são, na hora da missa, expedidos daqui."[10] Ocorre aqui uma sobreposição de dois conceitos, igreja e estação de trem, que são transformados e criam uma outra ideia, ou revelam aspectos de ambos conceitos por meio dessa sobreposição inusitada.

A POROSIDADE DE NÁPOLES

Em 16 de setembro de 1924, Benjamin, que morou por muitos meses em Capri, escreveu a seu amigo Gershom Scholem: "No mesmo dia vi Salerno. Pela segunda vez Pompeia e, talvez pela vigésima vez, Nápoles, sobre a qual recolhi muito material, observações importantes e raras, as quais talvez elaborarei."[11] Benjamin afirma que escreveu o texto sobre Nápoles junto com a então namorada Asja Lacis. Adorno acreditou que esse texto seria apenas de Lacis, mas ela confirmou em sua autobiografia que o texto foi escrito pelos dois. O texto é da maior importância dentre os retratos de cidade de Benjamin. Ele realiza concomitantemente um mergulho na cidade e um planar na sua superfície. Nesse último sentido, ele estava sendo fiel à sua máxima segundo a qual o retratista estrangeiro da cidade fica preso a seus aspectos superficiais. A superficialidade era valorizada por ele. Como escreveu em uma resenha sobre a ficção de Paul Scheerbart, autor de ficções científicas que reencontraremos mais adiante: "A verdadeira interpretação abarca a superfície mais exterior das coisas, a sua pura sensualidade; interpretação é superação dos sentidos."[12] Esse observador vê na cidade estranha/estrangeira aquilo que reflete ou nega a sua própria cidade de origem. Benjamin vê Nápoles como um europeu do norte. Ele, ao destacar que "se escalonam os prédios, uns por cima dos outros", fica fascinado pelo que denomina de "porosidade" desse espaço urbano: "A arquitetura é porosa como essas rochas." A seus olhos, na cidade tudo está em movimento e se interpenetra. A improvisação e não a organização típica do norte dá o tom à cena: "Civilizada, privada e ordenada apenas nos grandes hotéis e nos armazéns do cais – anárquica emaranhada e rústica no centro da cidade, onde só há quarenta anos se abriram a picareta grandes arruamentos."[13] Nem a numeração das casas faz sentido ali. Tudo é tátil. A existência privada ainda não foi separada por muros da vida pública. As ruas adentram as casas e elas parecem ser não o local onde se entra para viver a vida privada, mas apenas o local de onde se sai, para a rua. A alegria também é destacada e, com a música, se espalha pelas ruas, fazendo os dias de feriado interpenetrarem os dias de trabalho: "A porosidade é a lei inesgotável dessa vida, a ser redescoberta. Um grão do domingo se esconde em todo dia de semana, e quantos dias de semana nesse domingo!"[14] Além disso, o dia interpenetra a noite, o ruído o silêncio, a luz as sombras, e as famílias têm uma estrutura aberta que se distancia dos hábitos dos habitantes educados sob os *mores* do norte. E se em

Nápoles "os cafés são verdadeiros laboratórios desse grande processo de interpenetração [*Durchdringungsprozess*]"[15], o mesmo podemos dizer desse texto que põe em ação o modo benjaminiano de encadear descrições, alegorias e conceitos. O próprio ensaio tem uma arquitetura rara e como que contaminada pela prodigalidade que ele vê na cidade.

Esse conceito de porosidade logo chamou a atenção de seu amigo Ernst Bloch que, ainda em 1925, esteve em Nápoles e procurou escrever um outro texto, "Italien und die Porosität" (Itália e a Porosidade), no qual se contrapõe explicitamente a Benjamin (e a Lacis). Bloch[16] equivocadamente afirma que "Benjamin nomeou a Itália de algo 'poroso'", quando na verdade Benjamin estava tratando apenas de Nápoles. De qualquer modo, Bloch fornece uma série de exemplos, de boa parte da Itália, da porosidade e da inexistência de uma fronteira clara entre o público e o privado, extraindo exemplos das cidades, casas, hábitos e também de Pirandello e de Giorgio de Chirico. Ele conclui sua vertiginosa enumeração de interpenetrações afirmando que aquele que vem do norte *não* quer ver esse tipo de confusão obscura. Ele busca os traços do Renascimento, que teriam deixado suas marcas apenas no norte da Itália, enquanto o sul seria ainda barroco e espanhol com elementos orientais[17]. Ele conclui, diagnosticando esse diferencial do sul, com uma análise de cunho econômico-cultural que não encontrara em Benjamin:

> Qual é então a exata contraparte da porosidade? É o trabalho por partes ao invés do todo unitário, portanto, a divisão capitalista de trabalho e o seu pensamento matemático organizador e divisor correspondente, ao invés do sentido para a forma pregnante que se desenvolve com vida; em suma: a burguesia e sua cultura, em oposição à porosidade, que se encontra como tal e se sente em casa no Renascimento da Europa do norte.[18]

O Renascimento do sul teria sido barrado pela contrarreforma e pela espanização, tendo, por via de uma orientalização, triunfado em um modelo mais barroco e pleno de porosidade. Vale lembrar que Bloch em *O Espírito da Utopia* elogiava o barroco como uma forma expressiva prototípica[19]. Em Bloch o conceito de porosidade permaneceu central, mas Benjamin não voltou a ele. No entanto, ele logo encontrou na nova arquitetura do norte um autêntico discípulo para esse sonho de interpenetração: a transparência.

MOSCOU: INTERPENETRAÇÕES ESPAÇO-TEMPORAIS

Mas antes de tratar da transparência, lembremos novamente da Moscou benjaminiana. O texto sobre Moscou foi decantado a partir do *Diário de Moscou* de Benjamin, como que deixando de fora as passagens mais íntimas e subjetivas. Aqui também ele procura penetrar na cidade pela porta da descrição que logo se transforma em imagem e em *mise en action*. É como se o eu-narrador, mais claro e ostensivo no texto do diário, permanecesse em ação nessa versão mais enxuta e "objetiva". Sentimo-nos guiados pelo narrador e descritor Benjamin. Essa ação torna o texto mais vivo, atingindo a *vivacidade* que a descrição *ekphrastica* tradicional visa – cujo termo técnico é *enárgeia* – com a diferença que essa vivacidade, colocar o descrito diante dos olhos do leitor, em Benjamin é a um só tempo fruto de uma montagem literária, imagética e conceitual. Ele não retira da cidade o seu encanto ao jogar luz sobre ela. Suas metáforas e alegorias preservam o claro-escuro do original.

Referindo-se à ausência de fronteiras claras entre o dentro e o fora, Benjamin destaca que "em Moscou, as mercadorias aparecem em todos os lugares fora das casas, elas estão penduradas em cercas, apoiadas em gradis, dispostas sobre o asfalto". Ou ainda, em uma comparação direta com Nápoles:

> Sob as árvores despidas dos bulevares se acham quebra-ventos com palmeiras, escadas de mármores e mares meridionais. E mais uma coisa aqui recorda o Sul. É a desordenada variedade do comércio ambulante. Graxa de sapato, tinteiro e penas, toalhas, trenós de bonecos, balanços de criança, roupa feminina, pássaros empalhados, cabides – tudo isso se acumula em plena rua como se a temperatura não fosse de 25° abaixo de zero, mas de pleno verão napolitano.[20]

Mas, se a mendicância também o lembrou de Nápoles, sendo que os mendigos transformam a rua em lar, logo o silêncio (para além do frio) lembra a Benjamin que ele está em outra latitude.

A sociedade está em movimento e, com ela, move-se a cidade. Benjamin testemunhou uma cidade transformando-se, plástica, como só uma revolução pode criar: "Os empregados nos serviços, as repartições nos prédios, os móveis nas casas são reagrupados, transferidos e deslocados para lá e para cá. Novas cerimônias para a escolha de nomes e para o casamento são demonstradas nos clubes como se fossem institutos experimentais."[21]

Benjamin estabelece uma relação entre o fim da esfera privada e a transformação das casas:

> O bolchevismo aboliu a vida privada. A natureza dos serviços públicos, a atividade política e a imprensa são tão poderosas que não sobra tempo para interesses que não confluam com elas. Tampouco sobra espaço. Casas que, em seus cinco até oito cômodos, acolhiam outrora uma única família abrigam hoje, às vezes, até oito. Atravessando a porta do corredor, penetramos uma pequena cidade.[22]

Andando de bonde ele destaca a percepção tátil da cidade. Ele sente a interpenetração do passado tradicional com a nova forma técnica de transporte. Do mesmo modo, como vimos, ele sente também na metrópole a presença da aldeia. "Há uma relação especial com as ruas de Moscou: o vilarejo russo brinca de se esconder nelas." Como em Nápoles, Benjamin percebe aqui uma antítese à simetria das cidades europeias do norte: "Não existe cidade no Ocidente que se estenda em suas praças gigantescas tão amorfa [*gestaltlos*] como uma aldeia."[23] Esse conceito de amorfo pode ser posto ao lado de porosidade, como dois desafios à cidade Renascentista planificada.

DA AURA À TRANSPARÊNCIA DO VIDRO

"Haxixe em Marselha" (publicado no *Frankfurter Zeitung* em 1932) é uma tentativa de reauratizar a cidade por meio do uso do haxixe. O texto é derivado de um dos protocolos de uso de haxixe que Benjamin redigira em 1928. A cidade, para o caminhante inebriado, devolve o olhar – mas sem quebrar a distância. No ensaio sobre o surrealismo, Benjamin afirmou: "O homem que lê, que pensa, que espera, o *flâneur*, pertence, do mesmo modo que o fumador de ópio, o sonhador e o ébrio, à galeria dos iluminados. E são iluminados mais profanos."[24] O autor vai encontrar na superfície urbana e antropológica (com o desfile das faces dos transeuntes) um amplo campo para descobrir, projetar, mas sobretudo criar semelhanças. O *flâneur* se torna um *fisiognomista*. Essas experiências são justamente antecâmaras para os textos futuros de Benjamin sobre "A Doutrina das Semelhanças"[25]. Benjamin anotou em meio ao passeio: "Como as coisas resistem aos olhares!"[26] Ele vê aí uma prova de que a afirmação de Karl Kraus que ele cita, "Quanto mais de perto se observa uma palavra, tanto mais de longe ela nos retoma o olhar", pode ser estendida para o campo ótico. Sem dúvida, sobretudo quando se trata de estendê-lo às cidades, superfície que, como vimos, Benjamin comparava a um livro.

Lembremos que o conceito de aura foi desenvolvido por Benjamin sobretudo no ensaio sobre a obra de arte. Lá lemos que a aura é a marca de uma distância insuperável, ela é definida como: "Uma trama peculiar de espaço e tempo: a aparência única de uma distância, por mais próxima que esteja."[27] Em "Parque Central" (1938-1939) ele escreve sobre a aura em termos que recordam a descrição da cidade sob os efeitos do haxixe: "Derivação da aura como projeção de uma experiência social entre pessoas na natureza: o olhar é devolvido."[28] A cidade que é olhada nos olha de volta. Essa ideia, que pode ter um lado romântico e poético, foi superada na teoria benjaminiana da *transparência* do vidro, que foi desenvolvida no contexto de seu trabalho sobre as passagens. Nesse trabalho ele se entrega à sua crítica da aura e à sua convicção, segundo a qual (como lemos no ensaio sobre a obra de arte): "'Aproximar as coisas de si' é uma preocupação tão apaixonada das massas de hoje quanto apresenta a sua tendência a uma superação da unicidade de cada coisa dada por meio da gravação de sua reprodução."[29]

S. GIEDION: DAS CONSTRUÇÕES DE FERRO AO TRIUNFO DO VIDRO EM LE CORBUSIER

Em "Paris, Capital do Século XIX", apresentação do projeto das passagens, escrita em 1935, Benjamin descreve em grandes linhas as preocupações mestras que guiam a pesquisa (sem-fim) sobre as passagens, que se transformou em um *work in progress* fadado a nunca concluir. Mesmo para um pesquisador poderoso como ele, retratar todo um século a partir da Paris do século XIX pareceu um desafio impossível. Mas eram esses desafios que interessavam àquele que foi o teórico da tarefa impossível: a tarefa (*Aufgabe*) da tradução também era vista dessa forma por ele, ou seja, como um problema ao mesmo tempo necessário e impossível de solução. Logo no início, ele destaca os aspectos econômicos, que possibilitaram o surgimento das passagens comerciais, e os técnicos: "A segunda condição para o surgimento das passagens advém dos primórdios das construções em ferro."[30] Nesse ponto, ele introduz uma linha de raciocínio que remete à leitura do livro do historiador da arquitetura Sigfried Giedion, *Bauen in Frankreich* (Construção na França), de 1928[31]. Giedion, nesse livro vanguardista e com design de autoria de László Moholy-Nagy, professor da Bauhaus, faz uma espécie de trabalho de arqueólogo da arquitetura modernista (seu ícone era Le Corbusier) a partir das construções em ferro e em concreto armado do século XIX. Ele faz uma crítica da produção arquitetônica daquele período, mas nota que ela gestou, de modo subconsciente, as bases da moderna arquitetura. Benjamin toma essa ideia de Giedion e acrescenta a ela uma teoria política:

> Assim como Napoleão não percebeu a natureza funcional do Estado como instrumento de dominação da classe burguesa, tampouco os arquitetos de seu tempo reconheceram a natureza funcional do ferro, com o qual o princípio construtivo inicia sua dominação na arquitetura. Nas vigas de sustentação esses arquitetos imitam as colunas pompeanas e suas fábricas parecem moradias, assim como mais tarde as primeiras estações ferroviárias imitavam chalés. "A construção desempenha o papel do subconsciente".[32]

Nessa última passagem, Benjamin cita Giedion. E boa parte das ideias da apresentação de 1935 e dos fragmentos que tratam das construções em ferro do volume *Passagens* são desdobramentos, estão em diálogo ou simplesmente tomam de empréstimos ideias de Giedion.

Ainda na introdução, Benjamin apresenta o tema do vidro, outra paixão temática do historiador da arquitetura Giedion. Escreve Benjamin:

> Pela primeira vez na história da arquitetura, surge com o ferro um material de construção artificial. Ele vai passar por uma evolução, cujo ritmo se acelera ao longo do século [...]. Evita-se o ferro em construções residenciais, mas é utilizado em passagens, pavilhões de exposições, estações de trem – construções que serviam para fins transitórios. Simultaneamente, amplia-se

o campo arquitetônico de aplicação do vidro. As condições sociais de sua utilização em larga escala como material de construção, porém, só surgirão apenas um século mais tarde. Ainda na *Glasarchitektur* [Arquitetura de vidro] (1914), de Scheerbart, o vidro aparece em um quadro utópico.[33]

No início do século XX o vidro ainda estava enredado no sonho, na utopia: seu triunfo, dirão Giedion e Benjamin, virá com a arquitetura moderna que, por sua vez, foi preparada pelas grandes construções de ferro e vidro do século anterior. Ambos tinham como método buscar no passado as "centelhas do futuro". Giedion fala muito em "antecipação" para se referir ao fenômeno de sobreposição temporal, o futuro sendo gestado/lido no passado: "Só hoje finalmente o passado pode ser posto de lado, pois um novo modo de vida [*Lebensform*] bate às portas. Esse novo modo de vida é em grande parte equivalente à expressão antecipada e latente dentro das construções do século XIX."[34] Como Benjamin, que proclamou uma nova era pós-tradição, nietzschianamente, livre de toda monumentalidade, Giedion pregava esse novo mundo que, para ambos, deveria ser transparente:

> Graças à possibilidade de apoiar todo o peso do prédio em poucos pilares de concreto, de omitir as paredes conforme o desejo, Corbusier criou a *casa eternamente aberta*. [...] Por que a casa deve ser suspensa e feita do modo mais leve possível? Só assim podemos pôr um ponto final ao legado fatídico da monumentalidade.[35]

No século XIX, os palácios de vidro (construções provisórias, como as das Exposições Universais, ou locais de passagem, como pontes e as estações de trem) apenas anunciavam a revolução moderna. Mas lá, o vidro, o ferro e o concreto permitiam a realização de uma *nova interpenetração* e de uma *nova transparência*. A ponte Transbordeur (construída em 1905) de Marselha, Giedion a descreve afirmando que sua construção produz "relações *flutuantes* e interpenetrações. As fronteiras da arquitetura são embaçadas", os limites são tênues: tudo se interpenetra. Ao passar o saber da construção do século XIX para as moradias do século XX para Giedion (Benjamin concordaria com essa ideia) forjou-se na nova arquitetura de Le Corbusier um novo modelo: "só existe um único e indivisível espaço no qual reinam relações e interpolações e não fronteiras"[36].

Arrematando, citemos esta passagem de Giedion, retomada por Benjamin: "As casas de Corbusier não são espaciais nem plásticas: o ar sopra através delas! O ar se torna fator constituinte! Nesse sentido, não valem forma espacial ou plástica, apenas relação e entrecruzamento! Há apenas um espaço indivisível. Entre o dentro e o fora não há cascas."[37]

PASSAGENS COMO CAMPO DE INTERPENETRAÇÃO: ENTRE "IMAGENS DE DESEJO" E O CONTROLE

As passagens comerciais do século XIX são lidas por Benjamin dialeticamente como vitrines marcadas pelo fetiche da mercadoria e comandadas pelo seu culto, mas também como um local de concretização de um sonho utópico. A teoria benjaminiana das imagens do desejo, que ele desenvolve aqui no texto de 1935, e em vários fragmentos de *Passagens*, tem nas galerias comerciais a sua representação mais clara, elas são vistas como um local onírico de interpenetração e porosidade espaço-temporal:

> No sonho, em que diante dos olhos de cada época surge em imagens a época seguinte, esta aparece associada a elementos da história primeva, ou seja, de uma sociedade sem classes. As experiências desta sociedade, que têm seu depósito no inconsciente do coletivo, geram, em interação com o novo, a utopia que deixou seu rastro em mil configurações da vida, das construções duradouras até as modas passageiras.[38]

As passagens são postas ao lado das modas – cuja teoria Benjamin desenvolve em alguns fragmentos de *Passagens* – e também ao lado dos falanstérios, formas urbanas imaginadas pelo utopista Charles Fourier no início do século XIX, como cidades de vidro, nas quais poder-se-ia viver sob um abrigo total: uma promessa de acolhimento e de proteção em meio ao século XIX que transformou rapidamente a população em um exército de trabalhadores com uma vida marcada pelo desabrigo (*Unbehagen*, na expressão de Freud [2010], mal-estar) e pelo sofrimento. Essa *promesse du bonheur*, estaria *in nuce* nas passagens: "Nas passagens, Fourier viu o cânone arquitetônico do falanstério."[39]

É digno de nota que Benjamin não percebe o potencial totalitário desse sonho de Fourier[40]. O falanstério pode ser pensado a partir das galerias comerciais e do *panóptico*, idealizado por Jeremy Bentham em 1791, como uma construção marcada por um *controle visual total*. Os panópticos são instituições de controle total, como prisões, fábricas, escolas e hospícios. Essa construção remontava às "cidades utópicas" feitas para abrigar leprosos, em isolamento, controlando a doença, criando, como escreveu Foucault, "uma comunidade pura". Bentham se referia ao panóptico como uma construção calcada em um sistema arquitetural puramente óptico[41]. Foucault escreve sobre o panóptico ideias que, se transpostas para a arquitetura de vidro, revelam o seu elemento *distópico*: "A máquina de ver é uma espécie de câmara escura em que se espionam os indivíduos; ela torna-se um edifício transparente onde o exercício do poder é controlável pela sociedade inteira."[42] A transparência do vidro é encarada por Giedion e Benjamin como o fim e superação da interioridade burguesa, mas pode ser descrita também como o triunfo da sociedade disciplinar com uma "vigilância generalizada". O irônico é notar que, hoje, essa transparência independe do vidro: ela foi conquistada pela internet e pelos *gadjets*, que derrubaram as paredes das casas e expõem nossas vidas e intimidade para todos, por meio da nervura eletrônica das redes. Foucault aproxima Bentham de Fourier chamando-o de "Fourier de uma sociedade policial, cujo Falanstério houvesse tido a forma do Panóptico."[43]

Para Fourier, o falanstério seria uma cidade de passagens, e a arquitetura moderna de vidro seria, para Benjamin, o seu sucedâneo. Em 1929, ano da publicação do livro de Giedion, Benjamin, no seu apanhado positivo dos surrealistas ("O Surrealismo: O Último Instantâneo da Inteligência Europeia"), reconhece, a partir do romance de Breton, *Nadja*, uma relação entre o surrealismo e a nova transparência. Ele recorda que no hotel que ficara em Moscou um grupo de monges não fechava as portas devido ao voto de nunca ficar em espaços fechados, e arremata com uma crítica ao pudor pequeno-burguês:

> Viver numa casa de vidro é uma virtude revolucionária por excelência. Também isso é embriaguez, um exibicionismo moral, que nos é extremamente necessário. A discrição no que diz respeito à própria existência, antes uma virtude aristocrática, transforma-se cada vez mais num oportunismo de pequeno-burgueses arrivistas.[44]

PAUL SCHEERBART E A NOVA CULTURA DO VIDRO

Paul Scheerbart, autor de ficções científicas venerado por Benjamin, também teria, como Fourier, percebido o elemento utópico da arquitetura de vidro. Para Benjamin, Scheerbart seria "irmão gêmeo de Fourier"[45]. Como lemos no pequeno livro de Scheerbart de 1914, *Glasarchitektur*, dedicado ao artista Bruno Taut, arquiteto expressionista e também entusiasta da arquitetura de vidro[46]:

> Vivemos a maior parte do tempo em espaços fechados. Eles comprometem o meio, do qual cresce a nossa cultura. Nossa cultura é, de certo modo, um produto de nossa arquitetura. Se quisermos elevar a nossa cultura a um nível mais alto, então somos obrigados, para bem ou para o mal, a transformar a nossa arquitetura. E isso só nos será possível se retirarmos o elemento fechado dos espaços nos quais vivemos. Isso, no entanto, só poderemos realizar pela introdução da arquitetura de vidro, que permite a entrada da luz do sol e da lua no espaço não apenas através de um par de janelas – mas, antes, ao mesmo tempo, através do maior número de paredes possível, totalmente de vidro – de vidro colorido. O novo meio, que criaremos para nós assim, deve nos aportar uma nova cultura.[47]

Essa arquitetura iria exorcizar "as fantasmagorias do *intérieur* [interior]"[48], como escreve Benjamin referindo-se ao interior burguês, que aprisiona o homem moderno. Nesse interior, o burguês procura deixar rastros, como que lançando âncoras em um mundo no qual se sente inútil. Ele tem o impulso de prender tudo em estojos e interiores que, no fim, o sufocam e aprisionam. Daí o fascínio de Benjamin, e alguns de seus contemporâneos, pela porosidade e pela transparência. Como escreveu ele em um fragmento das *Passagens*:

> Não existiria um só objeto para o qual o século XIX não tenha inventado um estojo. Para relógio de bolso, chinelos, porta-ovos, termômetros, baralhos – e, na falta de estojos: capas protetoras, passadeiras, cobertas e guarda-pós. O século XX, com sua porosidade e transparência, seu gosto pela vida em plena luz e ao ar livre, pôs um fim à maneira antiga de habitar.[49]

No pequeno texto "Habitar sem Vestígios" (um fragmento das *Imagens do Pensamento*), Benjamin desenvolveu a uma crítica ao interior burguês – "não há canto no qual o morador já não tenha deixado seu vestígio"[50] – e um elogio ao verso de Brecht "Apague os Vestígios". Brecht dera um tom crítico a essa ideia em seu poema "Caderno de Leituras para Moradores da Cidade", citado nos fragmentos das *Passagens* (M16,2). Mas Benjamin faz uma leitura positiva e diz que a nova arquitetura realiza isso: "Pois os novos arquitetos obtiveram isso com o seu aço e vidro: criaram espaços onde não é fácil deixar vestígios". E conclui citando uma passagem do *Glasarchitektur* de Scheerbart:

"Depois do que foi dito" – escreveu Scheerbart há vinte anos – "pode-se muito bem falar de uma 'cultura de vidro'. O novo ambiente de vidro transformará completamente o ser humano. E agora só resta desejar que a nova cultura de vidro não encontre oponentes em demasia"[51].

Esse fragmento também faz parte do ensaio de 1933, "Experiência e Pobreza", no qual Benjamin estende seu elogio a Scheerbart e desdobra a sua crítica mais radical à aura:

> Scheerbart, [...] atribui a maior importância à tarefa de hospedar sua "gente" [...] em acomodações adequadas à sua categoria: em casas de vidro, ajustáveis e móveis, tais como as construídas, nesse meio tempo, por Loos e Le Corbusier. Não é por acaso que o vidro é um material tão duro e tão liso, no qual nada se fixa. É também um material frio e sóbrio. As coisas de vidro *não têm nenhuma aura*. O vidro é em geral o inimigo do mistério. É também o inimigo da propriedade[52] [...] Será que homens como Scheerbart sonham com construções de vidro porque professam uma nova pobreza?[53]

Sem dúvida, Benjamin também cerra fileiras como um adepto dessa "nova pobreza" ao tecer seu elogio ao vidro e à transparência. Sendo que esse seria o típico caso do menos que é mais. Pois essa defesa da nova barbárie prega uma saudável *tabula rasa*, uma aniquilação produtiva, uma verdadeira redenção daí advinda: "Barbárie? Sim, de fato. Dizemo-lo para introduzir um conceito novo e positivo de barbárie. Pois o que resulta para o bárbaro dessa pobreza de experiência? Ela o impele a partir para a frente, a começar de novo, a contentar-se com pouco, a construir com pouco, sem olhar nem para a direita nem para a esquerda."[54]

O CARÁTER DESTRUTIVO DE BENJAMIN

As teses *Sobre o Conceito de História, o último trabalho escrito por Benjamin,* também tinham por lema um gesto destruidor.

Como lemos em um dos fragmentos às teses: "Função da utopia política: iluminar o setor digno de ser destruído"[55]. Os sonhos, os desejos e as paixões revolucionárias guiariam as nossas mãos (e cabeças) no trabalho de destruição necessário para abrir espaço para a criação de um novo mundo. Esse tipo de ideia já havia sido desenvolvido por Benjamin em 1931 em um texto profundamente ambíguo intitulado "O Caráter Destrutivo". Entendo que esse texto é ambíguo, pois ele toma partido da destruição sem, como nas teses e no ensaio sobre os surrealistas ou no seu ensaio sobre a obra de arte[56], propor a filosofia redencionista da história. Mas, no contexto desta reflexão sobre a porosidade e a transparência na obra de Benjamin, não podemos deixar de lembrar desse texto.

O texto de 1931 decreta: "O caráter destrutivo só conhece um lema: criar espaço; só uma atividade: despejar. Sua necessidade de ar fresco e espaço livre é mais forte que qualquer ódio."[57] *Platz schaffen* (Criar espaço), também é parte da doutrina nazista de se expandir o *Lebensraum* (espaço vital)... É essa ambiguidade, entre um projeto crítico de destruição positiva (abertura que estaria na origem de uma sociedade sem exploração da natureza e dos subalternizados), e o projeto necropolítico de destruição negativa, que tenciona todo esse texto benjaminiano.

> O caráter destrutivo é jovial e alegre. Pois destruir rejuvenesce, já que remove os vestígios de nossa própria idade; traz alegria, já que, para o destruidor, toda remoção significa uma perfeita subtração ou mesmo uma radiciação de seu próprio estado. O que nos conduz a essa imagem apolínea do destruidor, mais do que nunca, é o reconhecimento de como o mundo se simplifica enormemente quando posto à prova quanto ao merecimento de sua destruição. Este é um grande vínculo que enlaça em concordância tudo o que existe. Esta é uma visão que proporciona ao caráter destrutivo um espetáculo da mais profunda harmonia.[58]

A simplificação maniqueísta do mundo do destruidor é também aquela que vemos nas massas manipuladas por déspotas de ontem e de hoje e sobre as quais Benjamin escreveu criticamente em mais de uma ocasião[59]. O caráter destruidor é mais iconoclasta que iconólatra, pois o vazio como meta também o impele à destruição:

> O caráter destrutivo não idealiza imagens. Ele tem poucas necessidades, e esta seria a mais insignificante: saber o que vai substituir a coisa

destruída. Antes de qualquer coisa, no mínimo por um instante: o espaço vazio, o lugar onde se achava o objeto, onde vivia a vítima. Com certeza se encontrará alguém que precise dele sem ocupá-lo.[60]

Por isso, o caráter destrutivo aniquila e não apenas destrói, pois: "O caráter destrutivo elimina até mesmo os vestígios da destruição."[61] Como o déspota genocida também não quer deixar traços de seus crimes... Além disso, como não se esforça por criar imagens, tampouco ele é criativo, antes ele é a encarnação do político: "O caráter destrutivo faz seu trabalho, evitando apenas o criativo. Assim como o criador busca para si a solidão, o destruidor deve estar permanentemente rodeado de pessoas, de testemunhas de sua eficiência."[62] Conhecemos bem demais esses políticos eficientes... podem matar mais de meio milhão de pessoas e continuar manipulando seus seguidores.

Mas se essa leitura fascista (ou como alegoria da própria modernidade) é possível, também pode-se fazer uma leitura progressista revolucionária desse fascinante texto de 1931. O caráter destrutivo sabe aparelhar a sociedade para o novo: "O caráter destrutivo está no *front* dos tradicionalistas. Alguns transmitem as coisas, tornando-as intocáveis e conservando-as; outros transmitem as situações, tornando-as manejáveis e liquidando-as. Estes são os chamados destrutivos."[63] Por fim, esse caráter destruidor, como o historiador materialista, explode os muros que contêm as falsas narrativas, depõe os falsos deuses, abre caminhos para os sonhos recalcados, é o *mestre das encruzilhadas* e não das largas avenidas haussmannianas, escoamento do "progresso" e das tropas de polícia:

O caráter destrutivo não vê nada de duradouro. Mas eis precisamente por que vê caminhos por toda parte. Onde outros esbarram em muros ou montanhas, também aí ele vê um caminho. Já que o vê por toda parte, tem de desobstruí-lo também por toda parte. Nem sempre com violência brutal, às vezes com a mais refinada. Já que vê caminhos por toda parte, está sempre na encruzilhada. Nenhum momento é capaz de saber o que o próximo traz. O que existe ele converte em ruínas, não por causa das ruínas, mas por causa do caminho que passa através delas.[64]

A REVOLUÇÃO COMO POROSIDADE, INTERPENETRAÇÃO E TEMPO DO AGORA

Como o descreveu Benjamin, Baudelaire foi o poeta da cidade e das ruas de Paris. Ele recriou a lírica para tratar poeticamente do belo horror da prosa da modernidade. Ele encarna o olhar não do poeta que tece loas à sua cidade natal, mas, antes, daquele que se sente um estranho nela: como um *flâneur*. Como escreve Benjamin em "Paris, Capital do Século XIX":

> Ele busca um asilo na multidão. [...] A multidão é o véu através do qual a cidade familiar acena para o *flâneur* como fantasmagoria. Nela, a cidade é ora paisagem, ora sala acolhedora. Ambas são aproveitadas na configuração das lojas de departamentos, que tornam o próprio flanar proveitoso para a circulação das mercadorias. A loja de departamentos é a última passarela do *flâneur*. [65]

Sob o olhar do *flâneur*, o exterior se torna interior: ele só se sente em casa na rua e as passagens fazem essa sobreposição do exterior com o interior, construindo uma autêntica "imagem dialética". No mundo do *flâneur*, o tempo também sofre um achatamento: é como se a metamorfose do espaço, derivada do deambular nas ruas, levasse a uma nova experiência temporal, na qual o progresso e a sucessão estão excluídos. Também o tempo se torna poroso, transparente e interpenetrado:

> O coletivo que sonha ignora a história. Para ele, os acontecimentos se desenrolam segundo um curso sempre idêntico e sempre novo. Com efeito, a sensação do mais novo, do mais moderno, é tanto uma forma onírica dos acontecimentos quanto o eterno retorno do sempre igual. A percepção do espaço que corresponde a esta percepção do tempo é a transparência da interpenetração e superposição do mundo do *flâneur*.[66]

Como vimos anteriormente, Benjamin vislumbrou na Moscou de 1927, pós-revolução, estilhaços da velha Rússia ressignificados em um novo contexto. Sua teoria do conhecimento histórico e da ação política caminhou no sentido de estabelecer os tempos do conhecimento e da ruptura histórica como se estivesse coincidindo com um curto-circuito espaço-temporal, o qual ele definiu com o conceito de tempo-agora, *Jetztzeit*. O tempo da Revolução é o tempo de *citação* redentora do passado. Esse momento coincide com um acesso a uma memória coletiva recalcada, que seria também liberta no evento da Revolução. A história como fruto de uma *construção* ocorre no tempo-agora que, como um acelerador temporal, concentra em si a história da humanidade redimida[67]. A transparência, a porosidade e a interpenetração culminam, portanto, nas teses *Sobre o Conceito de História*, último trabalho de Benjamin, em uma estrutura tanto do conhecimento como da ação revolucionária que é associada à destruição. Nesse texto, Benjamin descreve a Revolução como um salto tigrino no céu da história que explode a continuidade do acúmulo de catástrofes que, para ele, era o significado do progresso:

> A história é objeto de uma construção cujo lugar é constituído não pelo tempo homogêneo e vazio, mas por aquele que vem preenchido pelo "tempo-agora". Assim, para Robespierre, a Roma antiga era um passado carregado de tempo-agora, que ele fez explodir do *continuum* da história. A Revolução Francesa compreendia-se como uma Roma ressurgida. Ela citava a Roma antiga exatamente como a moda cita um traje do passado. A moda tem o faro para o atual, onde quer que ele se mova no matagal do outrora. Ela é o salto de tigre em direção ao passado. Só que esse salto se dá numa arena comandada pela classe dominante. O mesmo salto, sob o céu livre da história, é o salto dialético, como Marx concebeu a Revolução.[68]

Essa macrodoutrina da construção do histórico (em termos epistemológicos e em termos revolucionários) a partir desse modelo da interpenetração, já havia sido desenvolvida em termos micrológicos nos textos de caráter autobiográfico de Benjamin. Afinal, interpenetração e porosidade temporal são transformadas em método nos dois textos de Benjamin sobre Berlim e sua infância. "Crônica Berlinense" tem, logo no início, uma descrição de um mapa afetivo que Benjamin sempre teria pensado em desenhar sobre a sua cidade. De certo modo, esse texto é a concretização narrativa desse mapa: uma tradução literária de seu mapa. Proust, como vimos, é em boa parte um exemplo para Benjamin nessa viagem da escrita de si:

> O que Proust iniciou de modo tão lúdico, tornou-se de uma seriedade de roubar o fôlego. Quem uma vez iniciou a desdobrar os compartimentos da recordação, encontra sempre novos membros, novas varas, nenhuma imagem lhe satisfaz, pois ele reconheceu: ela deixa-se desdobrar, nas dobras antes de mais nada localiza-se o próprio: aquela imagem, aquele

gosto, aquele tatear a partir do qual nós começamos a separar e desdobrar tudo; e então a recordação vai do pequeno ao menor, do menor ao minúsculo e sempre se torna mais poderoso e avassalador o que encontramos nesses microcosmos.[69]

Essas dobras, essa intensificação do tempo no trabalho de recordação, sobrepõem passado e presente perfurando a temporalidade, costurando-a com novas imagens, na busca de correspondências entre o ocorrido e a linguagem do agora. Nesses textos, eu, cidade e tempo se fundem. Muitas vezes a cidade, erotizada, é palco das (primeiras) experiências sexuais e de profanação da antiga imagem idílica da criança educada na casa burguesa. Noutras, Benjamin nos conduz aos antigos cafés de Berlim e faz uma verdadeira sociologia da noite urbana.

Para concluir, recordo da resenha do livro de Franz Hessel, que apresenta uma pequena teoria do *flâneur* e da escrita sobre as cidades. Esse texto conciso funde a teoria do flanar com a da transparência que encontramos em Giedion e em Le Corbusier. Ao juntar a teoria da cidade com a da arquitetura, ele recorre à antiga teoria da mnemotécnica e passa a ver na cidade um espaço encantado por imagens da memória e por espíritos, *genus loci*, que guardam as recordações. Como vimos, a cidade se abre ao *flâneur* como um espaço ambíguo, que é ora casa, ora exterior. Na verdade, ela seria um espaço onírico, que, sob o sopro quente das palavras, de Franz Hessel ou de Benjamin, desperta para uma nova vida.

69 Idem, *Gesammielte Schriften, Band 6*, p. 467-468.

O Eterno Retorno e o Sempre-Igual

A Imortalidade Conforme Blanqui

O que escrevo neste momento numa cela do forte de Taureau, eu escrevi e escreverei através da eternidade, numa mesa, com uma pluma, com uniforme, em circunstâncias similares. E assim para os demais homens.[1]

A Eternidade Conforme os Astros é uma das obras mais intrigantes legadas pelo século XIX. Seu autor, Louis-Auguste Blanqui (1805-1881), foi uma figura chave dentre os revolucionários daquele século e encarnou a face ativista da modernidade que despontava. Se a modernidade foi inaugurada pela Revolução Francesa, uma de suas principais lições é que os homens podem fazer o destino com as próprias mãos. Desde 1827, no combate contra Carlos X, a vida de Blanqui foi marcada pela participação em atos revolucionários que entrelaçavam paixão revolucionária e violência revolucionária como dois impulsos irmãos, que o condenou a 37 anos de sua vida na prisão. Sua última libertação ocorreu em 1879, graças às campanhas de Victor Hugo e de Georges Clemenceau.

Foi na prisão que ele escreveu esse texto sobre os astros em que propõe uma visão da história que se defronta com a ideologia do progresso, e que também, paradoxalmente, suspende o ato revolucionário. É como se, impossibilitado de revolucionar o mundo, a Terra, ele se voltasse para as revoluções planetárias e estelares como escapatória de seu encarceramento. Mas as coisas não são tão simples, pois ao mesmo tempo ele redigiu *Capital e Trabalho* que não contradiz a sua carreira de revolucionário e teórico do comunismo e de economia política. Como, então, ler esse livro enigmático?

A Comuna de Paris de 1871 não pode ser entendida sem a participação dos blanquistas. Entretanto, Blanqui foi preso na véspera e um ano depois escreverá *A Eternidade Conforme os Astros*. É essencial, portanto, recordarmos a atividade política de Blanqui e a Comuna para entendermos o *ethos* da época. Como Gilbert Achcar observou, essa foi "a mais prestigiosa e mítica das revoluções abortadas"[2]. Ela é vista como o encerramento do ciclo revolucionário iniciado em 1789, e também é descrita como a primeira das revoluções no modelo que vai prosperar no século XX. As bandeiras vermelhas são pela primeira vez onipresentes. Funda-se uma república proletária em Paris e essa cidade é fechada por barricadas, como, quase um século depois, em 1968. Contra o governo de Louis Adolphe Thiers, a Comuna aposta no contágio revolucionário. Chegou-se a distribuir panfletos aos trabalhadores do campo por meio de balões que resumiam as seguintes reivindicações: "Terra para o camponês, ferramenta para o operário, trabalho para todos."[3] No entanto, apesar da repercussão dessas ações em outras cidades, como em Lyon, Marselha, Toulouse e Limoges, os levantes foram todos sufocados. Em um ato simbólico, espécie de mimetismo da tomada da Bastilha em 1789, a coluna da praça de Vendôme, que tinha em seu topo a imagem de Napoleão como César e fora erigida em 1810 para comemorar o triunfo na batalha de Austerlitz, foi "triunfalmente" derrubada em meio à Comuna. Essa ação destruidora foi justificada da seguinte forma pelo conselho da Comuna:

> A Comuna de Paris, considerando que a coluna imperial da praça de Vendôme é um monumento de barbárie, um símbolo de força bruta e da falsa glória, uma afirmação do militarismo, uma negação do direito internacional, um insulto permanente dos vencedores aos vencidos, um atentado perpétuo a um dos três grandes princípios da República francesa, a fraternidade, decreta: artigo único – A coluna Vendôme será demolida.

A fúria revolucionária converte-se em destruição dos símbolos do passado. Essa retórica blanquista será repaginada por Walter Benjamin em *Sobre o Conceito de História*. Diferentemente da Bastilha em 1789 e do muro de Berlim, em 1989, a coluna, no entanto, foi reconstruída. A virada desejada, a revolução, não ocorreu.

A Comuna se encerrou com a semana sangrenta, na qual Paris foi incendiada, cerca de vinte mil parisienses morreram, dezessete mil foram executados, e quarenta mil prisões resultaram em 13.450 condenações[4]. Com relação a Blanqui, comprometido com as lutas revolucionárias do seu século (1830, 1848 e indiretamente 1871), anotou Benjamin em seu "Paris do Segundo Império":

> Blanqui, o mais importante dos chefes de barricadas parisiense, estava na época confinado em sua última prisão, o *Fort du Taureau*. Em sua retrospectiva sobre a Revolução de Julho, Marx viu nele, e em seus companheiros, "os verdadeiros líderes do partido proletário". Dificilmente se pode exagerar o prestígio revolucionário que Blanqui então possuía e que manteve até a morte. Antes de Lênin, não houve quem tivesse aos olhos do proletariado traços mais distintos.[5]

Citando Marx, Benjamin associa conspiradores profissionais, como Blanqui, a portadores de "ideias fixas"[6]. Essa definição é importante, pois adianta na figura da obsessão, as noções de eterno retorno e de sempre-igual, fundamentais na leitura que Benjamin fará de *A Eternidade Conforme os Astros*.

E o líder Blanqui, na prisão, como ele traduz o sentimento revolucionário da Comuna em seus textos? O que propõe este livro de 1872? Não lemos nele uma palavra sobre as injustiças, a luta revolucionária, a opressão da classe trabalhadora. Tudo se passa como se Blanqui tivesse se tornado uma espécie de comentador ou divulgador da literatura científica de sua época, voltada para a astronomia. Não se trata de uma paródia dessa literatura, sequer de uma alegoria – apesar que, como está claro, nada nos impede de ler o livro como tal. Mas o texto não nos dá pistas nesse sentido. Antes, somos autorizados a ler nele a tradução de um estado psicológico, de uma situação social, nos termos de um tratado de astronomia.

A teoria da história contida nesse texto, como Benjamin notou, adianta em dez anos a teoria nietzschiana do "eterno retorno"[7]. Além disso, se Benjamin viu em Baudelaire o poeta da modernidade que conseguiu introjetar na lírica os "choques" que marcam a vida moderna, Blanqui foi quem introduziu os choques na sua teoria histórica cósmica, com consequências bem distintas do que se passa em Baudelaire. Se no poeta víamos a descrição do indivíduo moderno, marcado pela angústia e pela melancolia, em Blanqui temos, de modo inesperado, a conquista da imortalidade. Ele trata de choques de renascimento, pois, no fundo, *A Eternidade Conforme os Astros* não é nada mais do que a *nossa* eternidade através dos astros.

Se a Revolução Francesa introduzira uma radical secularização das formas de representação do tempo e do devir histórico, nesse tratado de Blanqui o tempo é como que superado. Ele é traduzido em um espaço infinito e, em seguida, fragmentado. Paradoxalmente, essa pulverização do tempo engendra a nossa eternidade. Como isso é possível? O leitor dessa obra verá que o que se passa na Terra não é uma história única. O Universo é infinito, infinitas são as estrelas e planetas. A limitação de produtos químicos que compõem o universo, descoberta então pelas análises espectrais dos astros, que introduziram a química no estudo da astronomia, implica essa necessária repetição.

> A natureza tem em mãos cem corpos simples para forjar todas as suas obras e adequá-las a um molde uniforme: "o sistema estrelo-planetário". Nada a construir além de sistemas estrelares, e cem corpos simples para todos os materiais é muito a fazer com poucos instrumentos. Certo, com um plano tão monótono, e elementos tão pouco variados, não é fácil engendrar diferentes combinações, suficientes para habitar o infinito. O recurso às repetições torna-se indispensável.[8]

O infinito universo é lido como uma infinita e monótona repetição do mesmo, do eterno retorno. Ao contrário do caos, que vigorara em algumas imagens do espaço até o século XVIII, predomina agora a ordem. No entanto, esse estado pode ser lido de outra forma, como realização natural da paz na terra (a pós-história que a revolução deveria instaurar) sob a forma de paz no universo, sendo assim: "a análise espectral revela a unidade de composição dos corpos celestes. Mesmos elementos íntimos, por toda parte; o universo é um conjunto de famílias unidas de algum modo por carne e sangue. Mesma matéria, classificada e organizada pelo mesmo método, na mesma ordem. Fundo e governo idênticos. É o que parece limitar singularmente as dessemelhanças e escancarar a porta aos menecmas"[9].

Com isso, Blanqui anuncia que existem planetas sósias: "A natureza tira milhares de exemplares de cada uma de suas obras. Na textura dos astros, a similitude e a repetição formam a regra, a dessemelhança e a variedade, a exceção."[10] Podemos ler tanto uma tradução "científica" da antiga doutrina que projetava no mundo criatural uma cadeia de semelhanças e de repetições (que se desdobra também nos poemas de Baudelaire, lembremos seu poema "Correspondências"), como também um sintoma da modernidade que, como Benjamin observou, é marcada pela serialização, pelo que ele denominou de reprodução técnica. A fotografia seria o triunfo dessa ideia: ela é uma forma de arte que traz em sua essência a reprodutibilidade e o fim da ideia de que existe um original. Também Blanqui diz que não existem planetas originais ou originários: "não há originais", tudo é reprodução. Lembremos das palavras de Benjamin do seu ensaio *A Obra de Arte na Era da Sua Reprodutibilidade Técnica*:

> *"Aproximar as coisas de si" é uma preocupação tão apaixonada das massas de hoje, quanto apresenta a sua tendência a uma superação da singularidade de cada coisa dada por meio da gravação de sua reprodução.* A necessidade de aproximar o objeto e torná-lo possível por meio da imagem – ou melhor, da cópia, da reprodução – torna-se mais e mais presente a cada dia. E a reprodução, do modo como é oferecida pelos jornais ilustrados e cinematográficos, diferencia-se de modo inconfundível da imagem. Singularidade e duração estão tão unidas nesta, quanto transitoriedade e repetitividade naquela. A remoção do objeto de seu invólucro, a destruição da aura, é a assinatura de uma percepção cujo "sentido para o idêntico no mundo" aumentou de tal modo que ela, por meio da reprodução, o extrai até mesmo do que é único. Revela-se, assim, no âmbito intuitivo, aquilo que na teoria se torna perceptível na crescente significação da estatística. O alinhamento da realidade com as massas e das massas com ela é um evento de alcance ilimitado, tanto para o pensamento como para a intuição.[11]

Portanto, para Blanqui, ao invés de impossibilidade e de ceticismo diante da vida em outros planetas temos uma *certeza* desse fato. Mas se Benjamin diagnosticou na modernidade a tendência à estandardização, Blanqui observa esse fenômeno na própria natureza: "Parece [...] difícil crer que a natureza, executando a mesma tarefa com os mesmos materiais e sob a mesma direção, não seja constrangida a adotar o mesmo molde. O contrário é que seria surpreendente."[12] E, como os mundos são tendencialmente infinitos, é impossível que não existam planetas como a Terra. E, novamente, como essa possibilidade é "número inimaginável" (ou seja, uma ordem numérica que tende ao infinito), é necessário que existam mundos idênticos. Assim, é uma verdade o fato de que coexistem mundos nos quais tudo acontece sincronicamente como na Terra, ao lado de outros nos quais tudo o que já aconteceu está ocorrendo agora, e com outros que já vivem em nosso futuro. Blanqui escreve sobre os universos como se estivesse descrevendo a técnica da fotografia (ou o processo de reprodução de um livro, com sua prova e cópias) e sua reprodutibilidade intrínseca: "O número dos tipos originais é restrito, o das cópias e repetições é infinito. É através deste que o infinito se constitui. Cada tipo tem diante de si um exército de sósias, cujo número é ilimitado."[13] O tipo fotográfico não vale mais que as cópias e o mesmo ocorre para a cosmologia de Blanqui. O universo se torna um labirinto de espelhos: "Cada um de nossos sósias é filho de uma terra, ela mesma sósia da terra atual. Fazemos parte do decalque. A terra sósia reproduz exatamente tudo o que se encontra na nossa, e, por conseguinte, cada indivíduo, com sua família, com sua casa, quando a tem, todos os eventos de sua vida. É uma duplicata de nosso globo, invólucro e conteúdo. Não falta nada."[14]

Evidentemente, todas as infinitas potencialidades não realizadas na Terra são efetivas em outros mundos. Aquilo que Baudelaire chamou de choque é naturalizado por Blanqui, pois se nossas vidas são fruto de incontáveis acasos, nesses outros planetas sósia esses acasos também podem ter se desdobrado de modo distinto. Se alguém se safou de um atropelamento neste mundo, o mesmo decerto se passou em outros infinitos mundos, mas também, noutros tantos e infinitos, essa pessoa faleceu. O desastre é dominado por essa visão vertiginosa de *A Eternidade Conforme os Astros*. A vida é pensada como sendo uma só vida de um universo infinito em constante reprodução de si, no qual as repetições ecoam e se reproduzem. Nada perece, tudo se transforma:

> Há simultaneamente, aos milhares, em cada segundo, sósias que nascem, outros que morrem, outros ainda cuja idade se extingue, de segundo em segundo, desde o nascimento até a morte. [...] Assim, cada um de nós viveu e viverá sem fim, sob a forma de milhares de alter-egos. Tal se é em cada segundo de sua vida, tal é o estereótipo com milhares de variações, na eternidade. Compartilhamos o destino dos planetas.[15]

Nenhuma derrota tem o mesmo peso, se pensarmos que em outros mundos a vitória é certa! A revolução dos astros concretiza as revoluções malogradas na Terra, nesta Terra. Pensamento mágico? Mítico? Alegoria? Cada leitor poderá decidir por si. O fato é que existe um triunfo sobre a morte ao lado de uma superação da ideia de progresso, que é substituído pelo eterno retorno: "Não há nada de novo sob os sóis. Tudo o que se faz, está feito e se fará. [...] Malgrado seu perpétuo devir, ele é clichê em bronze, e vira incessantemente a mesma página."[16] Em outra imagem forte, Blanqui nos compara a um relógio de areia: "Todas essas terras mergulham, uma após as outras, em abismos de chamas renovadoras, para ali renascer e ali recair, escoamento monótono de uma ampulheta que perpetuamente se preenche e esvazia-se a si mesma. É um novo sempre velho, e um velho sempre novo."[17] E com mais ênfase, ele escreve: "Mas há um defeito, e grande: não há progresso. Ai de mim! Não, o que há são reedições vulgares."[18]

Sentado na sua prisão no forte Taureau, em pleno ano revolucionário de 1871, escreveu esse texto que logo também, seria esquecido. No entanto, ele foi recuperado no século XX por leitores de peso, como Benjamin, por Borges e Bioy Casares. O potencial literário dessa obra é gigantesco. Não esqueçamos que Blanqui foi contemporâneo de Julio Verne, autor de *Da Terra à Lua* (1865) e *À Volta da Lua* (1869)! Jacques Rancière, por exemplo, não se furta a leituras alegorizantes, ao comparar Blanqui com os cometas de sua teoria (que ele chama de "cativos suplicantes"), ou ver na trajetória de Laplace, autor do *Sistema do Céu* criticado por Blanqui, como uma alegoria da superação das revoluções transformadoras e triunfo da revolução como sistema e ordem. Também a teoria blanquista dos "choques de ressurreição" ("os astros extinguem-se porque envelhecem e se reacendem com um choque"), que guiam o eterno retorno no jogo entre a vida e a morte das estrelas e mundos, é comparado por Rancière aos conselhos que Blanqui deu aos amotinados em seu livro *Instrução Para a Tomada de Armas*[19]. Inúmeras passagens podem ser lidas como autorreferências à prisão de seu autor. Por exemplo: "Nosso opúsculo repousa inteiramente sobre essa concepção, em que uma infinidade de globos habita uma infinidade de espaços, onde não há, em parte alguma, um canto que seja de trevas, de solidão ou de imobilidade."[20]

Entretanto, acredito que para além da alegoria, esse livro é um sintoma de uma época, seu testemunho na forma de um tratado astronômico. Não por acaso, ele impactou tanto Benjamin e é sobre isso que tratarei.

WALTER BENJAMIN E A ETERNIDADE CONFORME OS ASTROS

Como vimos, Benjamin nunca fechou o seu trabalho sobre as *Passagens*. Por outro lado, a partir de um convite de Max Horkheimer para Benjamin escrever um ensaio sobre Baudelaire, que seria publicado na revista do Instituto de Pesquisas Sociais, que dirigia, surgiu um segundo projeto, "Baudelaire". Esse livro seria uma espécie de versão menor de *Passagens*. Foi em meio à escrita do ensaio sobre Baudelaire, que Benjamin descobriu essa obra de Blanqui. Foi uma revelação fundamental, pois ele percebeu o cerne de muitas das questões que queria desenvolver em seu duplo projeto. Seu texto que apresentava o que seria uma espécie de suma do *Passagens*, o "Exposé", foi refeito após essa leitura, sendo que Benjamin acrescentou uma introdução e uma conclusão, ambos com várias alusões ao livro de Blanqui. Vale a pena primeiro ler a carta a Horkheimer (de 6 de janeiro de 1938), na qual Benjamin narra seu encontro com o livro de Blanqui:

> Nessas últimas semanas uma descoberta rara caiu em minhas mãos, que irá influenciar de modo decisivo o trabalho ["Baudelaire"]: eu me deparei com o escrito que Blanqui escreveu na qualidade de seu último, em sua última prisão, o Fort du Taureau. Trata-se de uma especulação cosmológica. Ele se chama *A Eternidade Conforme os Astros* e até hoje não recebeu, até onde posso ver, nenhuma atenção. [...] Deve-se conceder que o escrito, numa primeira folheada, inicia de modo insípido e banal. No entanto, as reflexões estranhas de um autodidata, que constituem a parte principal, são apenas um preparativo para uma especulação sobre o Universo, que menos se espera deste grande revolucionário do que de qualquer outra pessoa. Se o inferno é um objeto teológico, pode-se chamar essa especulação de teológica. A visão de mundo, que Blanqui desenvolve nela, ao tomar os dados da física mecânica, é de fato infernal – é ao mesmo tempo, na figura de uma visão natural, um complemento da ordem social, que Blanqui, no ocaso de sua vida, reconhece como quem venceu. O chocante nesse esboço, é que falta toda ironia. Ele apresenta

uma submissão sem reserva e ao mesmo tempo, no entanto, a acusação mais terrível contra a sociedade que lança ao céu essa imagem do cosmos como a projeção de si mesma. A peça, graças a seu tema, o eterno retorno [*der ewigen Wiederkunft*], possui a relação mais notável com Nietzsche; possui também uma secreta e mais profunda com Baudelaire, chegando a soar como ele, de modo quase literal, em algumas passagens magistrais. Vou procurar trazer à luz essa última relação.[21]

Benjamin, portanto, não apenas se surpreende ao ler esse texto redigido pelas mãos de um grande revolucionário, como também o articula a algo da ordem do infernal. Evidentemente, esse elemento infernal manifesta-se, entre outras coisas, na própria ideia de sempre-igual e de eterno retorno. Essa questão era fundamental para os projetos de Benjamin de então, uma vez que ele procurava articular a teoria do caráter fetiche da mercadoria com a noção infernal de eterno retorno/sempre-igual[22]. Isso fica claro na carta seguinte que ele envia a Horkheimer, em 3 de agosto do mesmo ano:

Esse escrito [*A Eternidade Conforme os Astros*] mostrou-me que o ponto de convergência das *Passagens* também deve determinar a construção do "Baudelaire". As categorias fundamentais das *Passagens*, que concorrem na determinação do caráter fetiche da mercadoria, entram com certeza em jogo no "Baudelaire". O desdobramento delas vai além dos limites do ensaio, seja qual formato se imponha. Ele prossegue no quadro da antinomia entre o novo e o sempre-igual [*Immergleich*] – de uma antinomia que aparenta, ao lado do caráter fetiche da mercadoria, desvanecer as autênticas categorias da história.[23]

Em 13 de março de 1939, ele volta a escrever a Horkheimer, para explicar as mudanças no "Exposé", nas palavras do editor de suas obras, "os desenvolvimentos mais lúcidos de Benjamin quanto ao que ele entendia teoricamente no *Passagens*"[24], como decorrência de seu encontro com esta obra de Blanqui:

O [capítulo] "Baudelaire" foi modificado de modo fundamental; o "Fourier", o "Louis-Philippe", largamente. No todo, o projeto se diferencia daquele que o senhor conhece na medida em que a confrontação entre aparência [*Schein*] e efetividade recebeu prioridade em toda parte. A sequência gradual das fantasmagorias, que são indicadas em cada capítulo, leva até a grande fantasmagoria do Universo em Blanqui, que a última parte trata.[25]

Nos fragmentos "Parque Central", escritos também no contexto do trabalho sobre Baudelaire, de 1939-1940, novamente reencontramos importantes passagens sobre Blanqui e sua "especulação cosmológica". A primeira delas podemos ler como um desdobramento da ideia que vimos acima, que Benjamin encontrara em Marx, sobre as "ideias fixas" dos conspiradores do tipo de Blanqui. Benjamin expande essa leitura para uma profunda teoria psicossocial, que mostra não apenas as bases econômicas para a teoria do eterno retorno, mas também estabelece a ponte entre Blanqui, Nietzsche e Baudelaire, os três cavaleiros do eterno retorno:

> A neurose produz o artigo de massa na economia psíquica. Ele tem aí a forma da obsessão. Esta aparece na organização do neurótico em incontáveis espécimes sempre como a mesma. Inversamente, a ideia do eterno retorno tem no próprio Blanqui a forma de uma obsessão.
>
> A ideia do eterno retorno transforma o próprio evento histórico em artigo de massa. Mas essa concepção mostra também em outro sentido – no reverso, por assim dizer – o rastro das circunstâncias econômicas às quais deve sua súbita atualidade. Essa se anunciou no momento em que as condições de vida se tornaram acentuadamente instáveis devido à acelerada sucessão de crises. *A ideia do eterno retorno derivava seu esplendor de já não se poder contar, em todas as circunstâncias, com o retorno da estabilidade em prazos mais curtos que os oferecidos pela eternidade.* O retorno das constelações cotidianas se tornou gradativamente mais raro e com isso o surdo pressentimento de que nos deveríamos contentar com as constelações cósmicas pôde despertar. Em suma, o hábito se preparava para renunciar a alguns dos seus direitos. Diz Nietzsche: "Amo os hábitos de curta duração", e já Baudelaire foi incapaz de desenvolver hábitos estáveis durante a vida inteira.[26]

Em outro fragmento de "Parque Central", que reflete sobre a capacidade destruidora da intenção alegórica, que vai contra as fantasmagorias e ilusões, Benjamin articula essa alegoria com o ataque da aura, que ele via como parte de uma apreciação burguesa, em sua insistência no século XIX. A aura é definida por Benjamin em seu ensaio sobre *A Obra de Arte na Era da Sua Reprodutibilidade Técnica* nesses termos: "A definição da aura como 'aparição única de uma distância, por mais perto que esteja' não significa nada além da formulação do valor de culto da obra de arte em categorias da percepção espaço-temporal. Distância é o oposto de proximidade. O *essencialmente* distante é o inaproximável. O inaproximável é de fato uma qualidade central da figura de culto."[27] Desdobrando essa teoria da aura, Benjamin afirma que, se Baudelaire baniu a distância em sua obra, Blanqui, em sua cosmologia, a reinstaurou – mas como agente do eterno retorno:

> A renúncia ao encantamento do distante é um elemento decisivo na lírica de Baudelaire. [...] O arrancar as coisas de seu contexto habitual – normal com as mercadorias no estádio de sua exibição – é um procedimento bastante característico em Baudelaire. Pertence à destruição dos contextos orgânicos na intenção alegórica. [...] A desilusão e o declínio da aura são fenômenos idênticos. Baudelaire coloca o artifício da alegoria a serviço de ambos. [...] As estrelas que Baudelaire bane do seu mundo são justamente aquelas que, em Blanqui, se tornam o cenário do eterno retorno.[28]

E, finalmente, no "Exposé" e em muitos fragmentos das *Passagens* podemos ler diversas análises muito ricas de Benjamin dedicadas muito mais ao Blanqui cosmologista do que ao revolucionário. Benjamin apresenta seu estudo de um ponto de vista muito próximo ao da psicanálise: ele quer ler as imagens e sonhos do século XIX para que seu século possa *despertar* daquelas fantasmagorias: "Nossa pesquisa procura mostrar como, na sequência [da] representação coisificada da civilização, as formas de vida nova e as novas criações de base econômica e técnica, que devemos ao século XIX, entram no universo de uma fantasmagoria."[29] E Blanqui é visto como aquele que vai de encontro à fantasmagoria da própria civilização. Ele teria revelado em *A Eternidade Conforme os Astros* "os traços terríveis dessa fantasmagoria. Nesse texto, a humanidade figura como condenada. Tudo o que ela poderá esperar de novo revelar-se-á como uma realidade desde sempre presente; e esse novo será tão pouco capaz de lhe proporcionar uma solução libertadora, quanto uma nova moda é capaz de renovar a sociedade". E Benjamin arremata essa visão catastrófica da história, que ele vê (e projeta) nessa obra: "A especulação cósmica de Blanqui comporta o ensinamento segundo o qual a humanidade será tomada por uma angústia mítica enquanto a fantasmagoria aí ocupar um lugar."[30] Essa é a leitura de Benjamin dessa obra, aliás, uma de suas interpretações concilia a constatação da derrocada do revolucionário Blanqui (a obra "desmente de forma cruel o ímpeto revolucionário do autor") com a leitura dela como uma espécie de alegoria crítica da sociedade em forma de especulação cosmológica. Como ele formula no "Exposé", esse livro seria "uma última fantasmagoria, de caráter cósmico, que implicitamente compreende a crítica mais acerbada a todas as outras"[31]. Se ele destaca a ausência de uma ironia explícita no texto, ele detecta uma "oculta", da qual seu autor não teria se apercebido. A obra expressaria "uma resignação sem esperança" como "última palavra do grande revolucionário". Ela expressa o fracasso da sociedade em responder às potencialidades da técnica. A única resposta autêntica teria sido a construção de uma nova ordem social. Benjamin lê a modernidade, descrita em Baudelaire e alegorizada em Blanqui, como a história desse fracasso. As fantasmagorias são tentativas de realizar essa conciliação entre o novo e o antigo sem que ocorra mudanças na esfera material. São "mediações enganosas", assim como o fascismo o foi (e continua a sê-lo)[32]. A cosmologia de Blanqui traduz para o universo as fantasmagorias da modernidade.

Em "Parque Central", Benjamin também desenvolve esse tema da relação entre o novo e o antigo, introduzindo os conceitos de eterno retorno e sempre-igual, outra fantasmagoria que "resolve" sem mudar. Anota ele:

> Deve ser mostrado energicamente como a ideia do eterno retorno penetra mais ou menos ao mesmo tempo o mundo de Baudelaire, o de Blanqui e o de Nietzsche. Em Baudelaire, o acento recai sobre o novo que, com esforço heroico, é extraído do "sempre igual"; em Nietzsche, sobre o "sempre igual" que o homem afronta com calma heroica. Blanqui está muito mais próximo de Nietzsche que de Baudelaire, mas nele predomina a resignação. Em Nietzsche, essa experiência se projeta cosmologicamente na tese: já não acontece nada de novo.[33]

Mas ele observa que se em Baudelaire o "novo" não tem nada a ver com o progresso, pelo contrário, ele teria perseguido com ódio a crença no progresso. Por outro lado, Blanqui "não mostra nenhum ódio contra a crença no progresso, mas a cobre, em silêncio, com o seu desprezo"[34]. O Blanqui revolucionário, que Benjamin retoma aqui, teria lutado não segundo uma crença no progresso, "mas, antes de tudo, [com] a determinação de liquidar com a injustiça presente. Tal determinação de, na última hora, salvar a humanidade da catástrofe sempre iminente foi precisamente, para Blanqui, o decisivo, mais que para qualquer outro político revolucionário dessa época"[35].

Não podemos esquecer que Benjamin reservou uma mesma pasta, entre suas notas para as *Passagens*, para os dois conceitos: "O tédio, eterno retorno." Um fragmento de *Passagens*, com uma citação de S. Kierkegaard (*Ou Isso, ou Aquilo*) deixa clara essa relação. Benjamin identifica uma reflexão do filósofo dinamarquês com a cosmologia de Blanqui: "A viagem de Blanqui: 'Quando nos entediamos no campo, viajamos para a capital; quando nos entediamos em nosso país, viajamos para o exterior; cansados da Europa, viajamos para a América, e assim por diante. Abandonamo-nos à extravagante esperança de uma viagem sem fim, de estrela em estrela'"[36]. O eterno retorno seria um filho arrancado a fórceps pelo tédio das entranhas do século XIX.

SPES OU A ESPERANÇA QUE NUNCA MORRE

Como nós, hoje, embarcamos nessa viagem cósmica de Blanqui? Se a leitura de Benjamin mantém a sua validade, a ironia "oculta" ainda vale para nossa época, na qual, sem dúvida, a técnica continua a se realizar muito mais em termos de controle e violência do que libertação. O pesadelo infernal que vê no cosmo uma sequência infinita de imagens repetidas, sempre-iguais, também vale para nossa sociedade em que a moda ainda é a configuração mais palpável da novidade – e nunca o verdadeiro inteiramente outro. Mas também podemos, com a literatura, ler em Blanqui e em sua viagem, os precursores de outras viagens literárias. A ideia do duplo, essa figura-chave tanto da literatura moderna como da psicanálise, permite, por exemplo, explorar esse texto de um modo diverso do benjaminiano. Hoje, os clones se tornaram realidade e não precisamos de uma fantasia cósmica para concretizá-los, e também eles prometem a eternidade "conforme a biologia". A biopolítica deu largos passos desde Blanqui e de Benjamin. Se a violência e a sua repetição poderiam ser vistas pelo revolucionário ou pelo cosmólogo Blanqui como uma aparição que poderia ser reduzida ao eterno retorno ou do sempre-igual, no século XX, com as duas grandes guerras e a figura biopolítica dos genocídios, o sempre-igual deu lugar ao único, ao não simbolizável. É verdade, como Adorno já pôde observar, que essa prática se repetiu naquele século e, acrescente-se, continua a se repetir atualmente. Também é verdade que tanto Freud como Benjamin destacaram a figura da repetição, no centro da memória do traumatizado (de guerra, mas não apenas). Mas nossas fantasmagorias mudaram. Clones e viagens intergalácticas ainda pululam nas nossas telas de cinema/de sonho, mas também catástrofes avassaladoras nos consomem. Sobretudo desde Hiroshima, somos ameaçados a cada dia pelos mais variados monstros, por toda modalidade de vírus, pela natureza em revolta, por zumbis, muitos zumbis... O sentido da vida foi posto em xeque pelas novas tecnologias e a indiferenciação entre a vida e a morte se tornou algo familiar à nossa experiência.

Mas, mesmo assim, a fantasmagoria cósmica de Blanqui ainda exerce um enorme fascínio sobre nós. Ele tocou em alguns pontos sensíveis aos habitantes da modernidade que, de certa forma, pese tudo, nós ainda o somos. O paradoxo de *A Eternidade Conforme os Astros* é que ela (como a fotografia) afirma ao mesmo tempo a nossa eternidade e a nossa efemeridade. Blanqui acredita que a humanidade foi, está sendo e será extinta sempre sem deixar um traço, na mesma medida em que para ele essa humanidade se eterniza pela repetição em diferentes planetas. Talvez seja esse paradoxo que ainda encontra correspondentes em nossas mentes e em nossas fantasmagorias. Somos, para o bem e para o mal, mortos-vivos perambulando pelas galáxias, condenados eternamente à extinção – e à ressurreição. O sentimento de morte da humanidade, radicalizado com a pandemia iniciada em 2020, também produziu uma febre de escritos de ficção científica. Se o tédio pariu o eterno retorno no século XIX, no século XXI essa ideia pode ser remodelada a partir da pura angústia da eminente desaparição real.

Diferentemente da Terra e de sua deterioração na era do Antropoceno, os deuses gregos eram eternos e eternamente jovens, por comerem ambrosia. Pandora foi quem, por ordem de Zeus, espalhou as pragas entre os homens, como a morte e o envelhecer. Esse foi o castigo, por Prometeu ter nos presenteado com o fogo, ou seja, a tecnologia. Aparentemente a esperança, que apesar de imortal é chamada "a última que morre", teria ficado no jarro de Pandora. Em grande parte, é de Spes a esperança que as utopias e as fantasmagorias emanam, tentando sempre, como afirma Benjamin, conciliar o mais antigo e o mais novo, a natureza e a "humanidade melhor". Como lemos em Blanqui: "Somente o capítulo das bifurcações resta aberto à esperança." E Benjamin, por sua vez, anotou em *Rua de Mão Única*, lembrando de uma obra do renascentista Pisano: "BATISTÉRIO DE FLORENÇA. Sobre o portal a 'Spes' de Andrea Pisano. Está sentada e, desvalida, ergue os braços em direção a um fruto que lhe permanece inalcançável. Contudo é alada. Nada é mais verdadeiro."[37] Spes é pensada também como estando ao lado da bela deusa Nêmesis, responsável por destruir toda desmesura, como o excesso de felicidade. Herder, por exemplo, escreveu: "Venero Nêmesis e Spes em um mesmo altar; 'tenha esperança', acena essa; e aquela: 'mas, no entanto, nunca por demais.'" A esperança aninha as nossas fantasmagorias, que sempre mudam, a cada época, ou seja, a cada nova era tecnológica. Mas a mitologia grega, também conhecia Titono, o belo troiano por quem Eos, a Aurora, se apaixonou, e a quem Zeus concedeu a imortalidade, mas não a juventude eterna. Ele foi condenado a sempre envelhecer, mas nunca a poder morrer, como na interpretação moderna do Drácula. Nossa situação é mais "privilegiada", pois acreditamos que, com a ambrosia da tecnologia, vencemos tanto a decrepitude como a morte. Ironicamente, talvez aqui também podemos falar de uma sobrevivência da fantasmagoria.

A Fotografia em Walter Benjamin

O que torna as primeiras fotografias tão incomparáveis talvez seja isto: elas representam a primeira imagem do encontro entre a máquina e o homem.[1]

Estudar o papel da fotografia na obra de Benjamin implica acompanhar sua relação com esse meio que se intensifica sobretudo no contexto de seu trabalho sobre as passagens de Paris. Também é essencial levar em conta que a sua teoria da fotografia está ancorada em sua teoria messiânica da história e em uma original teoria da técnica. No que segue procurarei explorar alguns aspectos dessa rica e elaborada concepção da fotografia, procurando refletir também sobre o significado desses teoremas de Benjamin para nossa era de síntese de imagens e de corpos biológicos.

No estudo sobre a fotografia, Benjamin recebeu o impacto de uma série de publicações dos anos 1920 e 1930 que tratavam diretamente da sua teoria e história. Ele foi impulsionado por sua amiga Gisele Freund[2] e por críticos da fotografia como Louis Figuier (autor de *La Photographie au salon de 1859*, no qual analisa *voyages photographiques*)[3]. Se Freund impacta Benjamin pela noção de que com a fotografia toda a concepção de arte se modificou, e se eleva ao nível da arte na mesma medida em que se torna uma mercadoria, o conceito de *voyages photographiques* também impressionou Benjamin, pois foi ao encontro da sua teoria que estabelece uma relação entre o nascimento das massas e o da fotografia: ambas seriam marcadas por uma pulsão de aproximar tudo. Desse modo, para ele, a fotografia aproxima as paisagens, monumentos e os países mais distantes, assim como as obras de arte, que antes apenas o viajante podia ver ao visitar os museus. No volume *Entretiens, L'Art et la réalité. L'Art et l'état* (Paris: Institut internationale de coopération intellectuelle, 1935) Benjamin pôde ler ideias de André Lhote como a que afirma que "cada nova técnica [...] baseia-se em uma nova ótica"[4], tese que ele desenvolve em seus escritos sobre a fotografia e o cinema.

A teoria da fotografia de Benjamin pode ser lida nas resenhas de exposições fotográficas e de livros, e também na *Pequena História da Fotografia*, de 1931, nas suas *Cartas de Paris 2: Pintura e Fotografia*, de 1936, e sobretudo em seu conhecido texto sobre a obra de arte na era de sua reprodutibilidade técnica. Além disso, a teoria das imagens dialéticas e da dialética em suspensão, ou seja, a sua teoria da história, deve ser interpretada no sentido de uma teoria das imagens que, como tentarei mostrar, pode ser posta em curto circuito com a sua teoria das imagens técnicas.

Lembremos que Benjamin entendia seu estudo sobre a obra de arte como uma resposta aos terríveis fatos políticos dos quais era contemporâneo: a ascensão do nazi-fascismo, os desdobramentos da sociedade capitalista com suas crises e a guerra iminente. O ensaio sobre a obra de arte deve ser entendido também como uma parte fundamental do grande projeto sobre as passagens de Paris (1927-1940). Esse projeto, que visava uma espécie de elaboração do século XIX e um despertar de suas fantasmagorias, devia analisar os meios de composição, reprodução e divulgação das artes, nos quais os avanços da técnica se faziam perceber de modo claro. O estudo da estética confundia-se com uma análise social e uma crítica da cultura. Em um fragmento sobre esse ensaio, Benjamin o relaciona ao projeto das passagens: "O trabalho não vê de modo algum que a sua tarefa consiste em fornecer os prolegômenos para uma história da arte. Antes, ele se dedica em primeiro lugar a abrir o caminho para uma crítica do conceito de arte que nos chegou do século XIX."[5]

O conceito herdado do século XIX seria místico, mágico e abstrato, eivado de um caráter enganoso e "ideológico". Ele estava preocupado em estudar os novos regimes de visualidade e de percepção do mundo, diretamente determinados pelas aceleradas mudanças técnicas, já que, para ele, o homem moderno não poderia ser compreendido sem uma análise da técnica. Como vimos, a técnica determina novos modos de percepção. Se, para Alexander Gottlieb Baumgarten, em meados do século XVIII, a teoria da percepção (*aisthesis* em grego) poderia ser elaborada de modo mais profícuo a partir do estudo da recepção de obras de arte (concepção que está na origem da teoria estética moderna), para Benjamin, na primeira metade do século XX, com o triunfo das grandes cidades, do fotojornalismo, das vanguardas, da fotografia artística, do cinema e do rádio, uma reflexão crítica sobre a sociedade moderna dependia de uma teoria da técnica e de sua aplicação nas artes. Se em Baumgarten as artes eram uma porta para o estudo da nossa percepção do mundo, em Benjamin as artes eram vistas como uma caixa de ressonância privilegiada para a compreensão do novo papel da técnica. Sem ignorar que a arte se relaciona com a percepção, Benjamin não se esquece da concepção grega das artes como *tékhné*. A técnica, como vemos no mito prometeico, é sempre uma tentativa, ambígua, de "restituir" ao ser humano uma totalidade. A teoria da percepção e a teoria estética são reelaboradas a partir de uma filosofia da arte que traz em seu âmago o conceito de técnica. Tendo a técnica um lugar tão privilegiado na teoria estética, essa passa a ser pensada do ponto de vista de uma teoria social. Como o primeiro e o último capítulo do ensaio de Benjamin sobre a obra de arte deixam claro, não se pode pensar as artes e a estética sem refletir sobre a política.

No contexto do projeto sobre as passagens – que emprestava o nome das formações técnico-arquitetônicas em ferro do século XIX voltadas ao comércio –, Benjamin fizera várias incursões sobre temas afins ao trabalho sobre a obra de arte. Mas, antes desse projeto, em 1924, ele publicara na revista *G* uma tradução do ensaio de Tristan Tzara – poeta romeno que participou da fundação do movimento dadaísta de Zurique em 1916 – sobre as fotografias sem câmara de Man Ray. As ideias de Benjamin sobre as artes só podem ser compreendidas no contexto das vanguardas. No artigo "Pequena História da Fotografia", de 1931, Benjamin já se mostra como parte do círculo de teóricos e especialistas em imagens técnicas, que englobava Lázló Moholy-Nagy, professor da Bauhaus, teórico e prático da fotografia sem câmera[6]. A recepção do ensaio de Benjamin sobre a obra de arte muitas vezes o retira desse contexto do debate vanguardista sobre a arte, no qual, sobretudo nos anos 1920 e 1930, imperava um otimismo em relação ao potencial revolucionário das artes. Moholy-Nagy em ensaios como *Produção: Reprodução* (publicado em 1922 na revista *De Stijl*) ou em seu texto *Fotograma*, de 1926, apresentava algumas das ideias que Benjamin desenvolveria. Por exemplo, Moholy-Nagy discutia a fotografia como um meio que não apenas se afirmava a partir da reprodução, mas que também tinha uma performance produtiva[7].

Outra referência que influenciou de modo decisivo sua visão de arte foi o seu amigo e jornalista Siegfried Kracauer. O ensaio *O Ornamento da Massa*, de 1927, e *Der Kult der Zerstreuung* (O Culto da Dispersão), do ano anterior, realizam uma análise da moderna "cultura do corpo" e das "fábricas americanas de dispersão" que adiantam os estudos benjaminianos sobre a arte moderna, nos quais a associava a uma recepção dispersa e distraída (apesar de em Benjamin não percebermos mais o tom condenatório de Kracauer). Como Kracauer nota, essa massa organizada é a mesma que vem das fábricas e escritórios. O elemento ótico do modo de pensar e escrever de Kracauer, que o conectava a Benjamin, fica claro nos textos de descrição e reflexão sobre a cidade, nos quais observamos como é possível se filosofar a partir do gesto do *flâneur*. Suas "Observações de Paris", de 1927, marcaram definitivamente *Diário de Moscou* de Benjamin, escrito no ano seguinte. Seu ensaio sobre a fotografia, de 1927, influenciou a teoria da publicidade de Benjamin, na qual lemos uma descrição da sociedade que se protege de si mesma – e da morte – por meio de uma avalanche de imagens.

As tentativas de opor, na teoria das artes, a reprodução à produção eram um tema clássico. Desde a Antiguidade e, com mais ímpeto, a partir do Renascimento e até o século XVIII, discutia-se se as obras e os artistas deveriam imitar e reproduzir a natureza e as obras de arte clássicas, ou, por outro lado, se deveriam buscar uma obra distinta, ela mesma digna de ser imitada. Na Antiguidade, o culto da originalidade se manifestava no tratado anônimo *Sobre o Sublime*. Sob o signo da assim chamada "querela dos antigos e dos modernos", esse tema foi debatido a partir do século XVII, por autores como Charles Perrault e Johann Joachim Winckelmann. Discutia-se a capacidade de os modernos conseguirem se tornar melhores, ou, ao menos, dignos de serem copiados. Winckelmann fornece, no seu texto programaticamente denominado de "Gedanken über die Nachahmung der griechischen Werke in der Malerei und Bildhauerkunst" (Reflexões Sobre a Imitação das Obras Gregas na Pintura e na Escultura), de 1755, a formulação que se tornou emblemática nesse debate: "O único meio de nos tornarmos grandes e, se possível, inimitáveis é imitar os antigos."[8]

Com a técnica fotográfica, no entanto, a arte como reprodução passou a ser pensada, com Benjamin, de um modo inteiramente diverso; não mais como re-produção de um objeto ou tema, mas como produção da própria obra. Para ele, o fundamental é que a fotografia é intrinsecamente reprodutível. Isso implicou um abalo e rompimento com a tradição, lançando, portanto, a modernidade em um outro paradigma, quando o que conta não é mais imitar (a natureza ou os grandes modelos) ou ser original (paradigma romântico), mas o fato de não existir mais uma identidade única, fechada, da obra, do seu produtor e daquilo que eventualmente ela venha a representar.

Detlev Schöttker, comentando as possíveis influências que atuaram sobre o conceito de reprodução de Benjamin, recorda que na revista *Literarische Welt*, na qual Benjamin contribuía regularmente, foi publicado em 31 de julho de 1931 (no mesmo número em que apareceu o pequeno texto de Benjamin "Desempacotando a Minha Biblioteca") um debate entre o editor Willy Haas e o pintor Fritz Pollak. Enquanto o último condenava as reproduções, o outro as defendia. Haas sustentava a opinião de que o conceito de original perdera seu sentido social. Nos termos de sua função social, para Haas as reproduções seriam mais originais do que os originais que estão nos museus[9]. Esse ponto de vista remete ao debate de mais de cem anos antes realizado pelos românticos de Iena, e conhecidos por Benjamin, pois foram estudados em sua tese de doutorado[10]. Entre os autores desse grupo, os irmãos Schlegel e Novalis, defendiam uma reversão crítica da ideia de original em favor das cópias, que se desenvolveu sobretudo no contexto da teoria romântica da tradução. August W. Schlegel defendia uma valorização desconstrutora do que normalmente era visto como sendo secundário. No fragmento 110 da revista *Athenäum* ele afirma: "É um gosto sublime sempre preferir as coisas à segunda potência. Por exemplo, cópias de imitações [*Kopien von Nachahmungen*], julgamentos de resenhas, adendos a acréscimos, comentários a notas." Ao invés de os românticos de Iena trabalharem de modo rígido com a ideia de fidelidade, submetida ao paradigma tradicional da representação, eles preferiam pensar a partir de conceitos como o de *Schweben* (oscilar), ironia, parábase, autorreflexão, desdobramento, *Verstellung* (dissimulação), alegoria e tradução como operadores para pensar toda a cultura. Esse universo de ideias é importante ao tratarmos das teses defendidas por Benjamin, em 1936, sobre a reprodução como superação da tradição.

No segundo capítulo do ensaio sobre a obra de arte, Benjamin apresenta uma de suas teses centrais: "Por volta de 1900 a reprodução técnica tinha atingido um padrão que lhe permitiu não somente tornar a totalidade das obras de arte convencionais em seu objeto, submetendo seus efeitos às mais profundas modificações, mas também conquistar um lugar próprio entre os procedimentos artísticos."[11]

Ao ler essa passagem com olhos do século XXI, a tentação é (e creio que devemos ceder a ela) substituir a data de 1900 pela de 2000 – substituindo também, é claro, as mídias: ao invés da fotografia e do cinema, hoje falamos da computação e do universo da *web*. Esses dois novos fenômenos permitem uma repaginação de toda história da arte, pois eles incorporam e ressignificam a tradição e seu *status*. Além disso, devemos considerar a arte computacional e a web como fenômenos estéticos em si – que incidem sobre a história da arte e da técnica, bem como sobre nossos conceitos de arte e de literatura. É pela qualidade dessas reflexões que o ensaio de Benjamin continua *atual*. Ele nos ensina a ler a história do ponto de vista da técnica e de sua determinação sobre nosso modo de ver e perceber o mundo.

Antes dessa passagem, Benjamin formulara o seguinte sobre os novos aparatos de captação do mundo: "Como o olho apreende mais rápido do que a mão desenha, o processo de reprodução figurativa foi acelerado de modo tão intenso que agora ele podia acompanhar o ritmo da fala."[12] Nesse passo, ele está atualizando uma teoria das mídias, tal como Lessing, em 1766, havia feito em *Laocoonte*. Lessing tentara pensar a especificidade de cada arte e, para tanto, teve que fazer uma reflexão sobre a relação de cada modalidade artística com os sentidos de nosso aparelho perceptório:

> Se é verdade que a pintura utiliza nas suas imitações um meio ou signos totalmente diferentes dos da poesia; aquela, a saber, figuras e cores no espaço, já essa sons articulados no tempo; se indubitavelmente os signos devem ter uma relação conveniente com o significado: então signos ordenados um ao lado do outro também só podem expressar objetos que existam um ao lado do outro, ou cujas partes existem uma ao lado da outra, mas signos que se seguem um ao outro só podem expressar objetos que se seguem um ao outro ou cujas partes se seguem uma à outra.
>
> Objetos que existem um ao lado do outro ou cujas partes existem uma ao lado da outra chamam-se corpos. Consequentemente são os corpos com as suas qualidades visíveis que constituem o objeto próprio da pintura.
>
> Objetos que se seguem um ao outro ou cujas partes se seguem uma à outra chamam-se em geral ações. Consequentemente as ações constituem o objeto próprio da poesia.[13]

Benjamin estabelece uma nova reflexão acerca da relação entre as artes e o corpo para o indivíduo do século XX. Ele apresenta como proceder para (nos) pensarmos diante da revolução midiática contemporânea. A situação de abalo da tradição que ele descreve só fez se agravar com o tempo, nos cerca de 85 anos que nos separam de seu ensaio. Benjamin tece, no terceiro capítulo do ensaio sobre a obra de arte, uma relação entre a reprodução técnica e a superação do elemento único da obra. Diante da obra/reprodução não cabe mais falar de sua autenticidade:

> A autenticidade de uma coisa é a quintessência de tudo que nela é originalmente transmissível, desde sua duração material até o seu testemunho histórico. Como este testemunho está fundado sobre a duração material, no caso da reprodução, onde esta última tornou-se inacessível ao homem, também o primeiro – o testemunho histórico da coisa – torna-se instável.[14]

A era da reprodutibilidade nos lança abruptamente no tempo após a era do testemunho histórico. Talvez seja por conta desse fato que, podemos pensar hoje, tanto se discute o testemunho. O século XX, como um século de catástrofes, guerras e genocídios, exigiu o testemunho, mas também revelou os seus limites. Paradoxalmente, nas últimas três décadas é a fotografia analógica que tem servido como um dos modelos do testemunho histórico, pois de um modo geral temos a impressão de que a era digital, com mais razão do que a da fotografia e do filme analógicos, bloqueia qualquer relação com o evento inscrito na escrita eletrônica dos pixels[15]. Entretanto, vale a pena retomar o texto de Benjamin: ele nos mostra como a era das imagens reproduzidas e reprodutíveis traz em si a ideia de violento abalo da *geschichtliche Zeugenschaft* (testemunho histórico). Temos que lembrar que *zeugen*, do qual deriva testemunhar em alemão, remete a gerar, procriar, reproduzir, ser pai. Se entramos, com a reprodução técnica, em uma era sem reprodução no sentido de gerar, é também porque geramos sem a fecundação, ao produzirmos robôs ou clones. Para Benjamin, o "abalo da tradição", provocado pela reprodução técnica, não é nada senão "o outro lado da crise e da renovação atuais da humanidade"[16]. E essa crise, creio, não deixou de se aprofundar desde Benjamin. Não por acaso a sociedade pós geração natural de seres humanos se tornou um *tópos* na ficção científica – desde a novela fundadora do gênero de Mary Shelley, *Frankenstein*.

A arqueologia dessa crise é feita por Benjamin em seus estudos sobre Baudelaire. Em Baudelaire, ele pôde perceber, para além do crítico da fotografia que via nela uma proximidade das massas (aspecto que julgava positivo), alguém que notou sua tendência a se aproximar da ciência, ideia muito cara a Benjamin, que via na fotografia uma espécie de triunfo do aspecto técnico da obra de arte. Anotou Baudelaire no seu *O Público Moderno e a Fotografia*:

> Poesia e progresso são duas pessoas ambiciosas que se odeiam com ódio instintivo e, quando se encontram no mesmo caminho, uma delas deve servir a outra. Se a fotografia puder substituir a arte em algumas de suas funções, logo a terá suplantado ou corrompido totalmente, graças à aliança natural que encontrará na estupidez da multidão. Ela deve, portanto, retornar ao seu dever real, que é ser a serva das ciências e das artes, mas a serva muito humilde, como a impressão e a estenografia, que não criaram nem suplementaram a literatura. Que ela enriqueça rapidamente o álbum do viajante e devolva aos olhos dele a precisão que faltava em sua memória, que enfeite a biblioteca do naturalista, amplie os animais microscópicos, até reforce as hipóteses do astrônomo com algumas informações; que ela seja finalmente a secretária e a anotadora de quem precisa em sua profissão de um rigor material absoluto, até este ponto nada de melhor.[17]

Essa passagem continua de modo surpreendente, pois Baudelaire atribui à fotografia qualidades que vão além do campo científico.

Ele ressalta tanto suas qualidades de arquivo, como sua capacidade de salvação, em imagem, daquilo que vai se transformar em ruínas. Essa ideia também era cara a Benjamin. Continuemos a passagem de Baudelaire: "Que ela salve do esquecimento as ruínas que desmoronam, os livros, as gravuras e os manuscritos que o tempo devora, as coisas preciosas cuja forma vai desaparecer e que requerem um lugar nos arquivos da nossa memória, ela será reconhecida e aplaudida."[18]

Não podemos esquecer que Baudelaire era um idólatra das imagens. A multiplicação quantitativa de imagens da qual foi contemporâneo, pode ser explicada não só pela facilidade técnica, mas por uma necessidade quase que patológica de o indivíduo contemporâneo registrar tudo em imagens. "Glorificar o culto das imagens (minha grande, minha única, minha primitiva paixão)", escreveu Baudelaire em seus *Journaux intimes* (Diários Íntimos). Essas palavras caracterizam também o indivíduo contemporâneo com sua sede de construir uma casa em um mundo onde tudo se liquefaz. Como suas imagens também são líquidas, ele não para de inscrevê-las. Nossa era de museus e arquivos é uma filha de nosso descolamento da tradição e, mais recentemente, de nossa crise quanto aos limites do próprio humano. Se Benjamin constatou que *aquilo que está para desaparecer assume a forma de uma imagem*, nas fotografias das ruas de Paris de Atget reconhecemos uma total consciência desse fato. Como já vimos, no verso das suas fotografias o fotógrafo anotava: "Va disparaître" (Vai desaparecer).

A partir de Baudelaire e de sua lírica que incorpora o choque da vida moderna, Benjamin desenvolve, com recurso a Bergson, Proust e Freud, uma teoria da onipresença dos choques. Ele considera o gesto da captação da fotografia como parte de uma série de novos pequenos gestos que se associam a mudanças complexas, como o de riscar o fósforo (invenção que ele considera paradigmática):

> Entre os inúmeros gestos de comutar, inserir, acionar etc., especialmente o "click" do fotógrafo trouxe consigo muitas consequências. Uma pressão do dedo bastava para fixar um acontecimento por tempo ilimitado. O aparelho como que aplicava ao instante um choque póstumo. Paralelamente às experiências ópticas desta espécie, surgiam outras táteis, como as ocasionadas pela folha de anúncio dos jornais, e mesmo pela circulação na cidade grande. O mover-se através do tráfego implicava uma série de choques e colisões para cada indivíduo.[19]

Benjamin destaca o papel da fotografia como técnica de fixar a identidade do indivíduo moderno, que vive em um mundo onde cada vez se sente menos em casa, onde ele não reconhece as marcas de sua existência. Essas marcas agora são vistas como vestígios no sentido jurídico das marcas de um crime. A sociedade na qual o choque impera, é também aquela em que o indivíduo está submetido a uma nova cadeia de controles. A fotografia contribuiu de modo fundamental para essa nova situação:

> Nos primórdios dos procedimentos de identificação, cujo padrão da época é dado pelo método de Bertillon, encontramos a definição da pessoa através da assinatura. Na história desse processo, a descoberta da fotografia representa um corte. Para a criminalística não significa menos que a invenção da imprensa para a literatura. Pela primeira vez, a fotografia permite registrar vestígios duradouros e inequívocos de um ser humano.[20]

No entanto, em oposição a um lado que poderíamos chamar de melancólico, Benjamin comemora no choque a possibilidade de uma refundação da cultura. Ele saúda a nova barbárie, como vimos ao citar o ensaio "Experiência e Pobreza", e a sua teoria do caráter destrutivo. A sua teoria do choque não só apresenta um sujeito que não é mais dono de si e que vive, como escrevia Freud, no *Unbengehagen in der Kultur* (Mal-Estar na Cultura), ou seja, no desabrigo da cultura, na ausência de casa, como também anuncia a era nova de um pensamento pós dualismos. Benjamin como que previu aquilo que Primo Levi descreveu como sendo a *zona cinzenta*. Como Kafka, ambos antes de Auschwitz, Benjamin também nos fornece elementos para o que resta da filosofia após aquele evento. Trata-se da pós-metafísica. O projeto de Benjamin não era o de simplesmente criticar, condenando a onipresença dos choques, mas era desviar a carga desses choques no sentido de um aproveitamento revolucionário, e nesse gesto, uniu-se às vanguardas. Entretanto, ele percebe que a forma acabada da proposta das vanguardas ocorre por meio dos novos aparelhos técnicos: a fotografia e, sobretudo, o cinema. Contra o futurismo de Marinetti com seu culto da técnica como máquina de guerra, Benjamin desenvolve a teoria de uma *segunda técnica*, que se oporia à técnica destruidora.

O cinema e a fotografia estariam entre as concretizações mais evidentes da segunda técnica; conceito que analisarei no próximo capítulo. Eles incorporam o choque em seus procedimentos. A fotografia, com o tiro ou olhar de Medusa que congela o tempo e o conecta a outros aqui e agora, e o cinema, com seus cortes e a montagem que potencializa a sua capacidade de penetrar e revelar o real. O choque, lembra Benjamin a partir de Freud em *Para Além do Princípio do Prazer*, rompe o *Reizschutz*, a carapaça psíquica que nos envolve e revela o indivíduo como um corpo frágil. Por outro lado, o indivíduo moderno precisa estar adestrado para enfrentar esses choques. Benjamin compreende o cinema como um meio de educação. Essa mídia também incorpora o princípio do teste: os atores são testados para serem contratados e, além disso, a performance do ator diante da máquina ensina seu público a enfrentar, no trabalho, a máquina que suga a sua humanidade. A fotografia e o cinema são vistos como dois dispositivos que nos ensinam a impedir a revolta prometeica da técnica. Neles, ao invés da técnica nos dominar, ela serve para uma reconquista não violenta da natureza.

Na sociedade pós-aurática o seu habitante está sendo posto a prova todo tempo, está submetido ao perigo, e é por meio desse perigo radical que ele faz a sua "experiência". "Articular o passado historicamente não significa conhecê-lo 'como ele foi de fato'. Significa apoderar-se de uma recordação, tal como ela relampeja no instante de um perigo. Para o materialismo histórico, trata-se de capturar uma imagem do passado tal como ela, no instante do perigo, configura-se inesperadamente ao sujeito histórico"[21], anotou Benjamin no contexto de suas teses sobre a filosofia da história, e ainda, como lemos nas *Passagens*, no fragmento N3, 1 que já mostramos acima, mas que vale a pena retomar aqui:

> A imagem é aquilo em que o ocorrido encontra o agora num lampejo, formando uma constelação. Em outras palavras: a imagem é a dialética na imobilidade. Pois, enquanto a relação do presente com o passado é puramente temporal, a do ocorrido com o agora é dialética – não de natureza temporal, mas imagética. [...] A imagem lida, quer dizer, a imagem no agora da cognoscibilidade, carrega no mais alto grau a marca do momento crítico, perigoso, subjacente a toda leitura.[22]

O perigo é a destruição aniquiladora que leva de roldão os esmagados pela história e sua memória, que também é apagada. As escritas encobridoras da narrativa tradicional – épica, linear – que apresenta na visão benjaminiana apenas o triunfo dos vencedores – ameaça apagar outras inscrições e memórias do ocorrido. Na *imagem*, ao invés do narrado, encontramos uma densificação do histórico que o arranca do fluxo da dominação. O crítico cultural materialista agarra o ocorrido e o mergulha no agora, como um fotógrafo que rapta um aqui e agora e o arrasta para outros *cronotopoi*. Não se trata mais de apanhar e reproduzir a tradição, isso era o registro a que a cultura se submeteu na era que Benjamin denomina de *aurática*, ou seja, na qual domina a recepção distante e respeitosa da obra de arte, vista como portadora de uma tradição. Benjamin faz uma teoria da nova experiência, ou da experiência possível, na era da onipresença dos choques, pós-tradicional. Sua teoria da história e antropologia do novo habitante da era moderna é imagética e possui amplas ramificações com sua filosofia e teoria das imagens técnicas. O momento do conhecimento deve ser pensado sob o signo da ação transformadora, da construção da imagem e de sua leitura libertadora. Trata-se de transformar os choques em um dínamo da mudança social efetiva. *A imagem é dialética na imobilidade*, local de encontro do conceito com a imagem, de tradução de uma na outra. A imagem deixa de ser vista como memória encobridora, como sugeria Kracauer escrevendo sobre a fotografia, e se torna *medium-de-reflexão*[23].

Para Benjamin – dentro de uma visão muito cara à psicanálise – nossa língua é sobrevivente da catástrofe e é a única que *porta* tanto o ocorrido, como a possibilidade de trazê-lo para o nosso agora. Essa atualização é ela mesma violenta. "A intervenção [*Zugriff*] segura, aparentemente brutal pertence à imagem da 'salvação'"[24]. Essa salvação é o corte no *continuum* da história que é visto como a continuidade da opressão. ("O contínuo é o dos opressores"[25]). Nada mais revelador tanto para a história da humanidade, como para a de cada indivíduo. "Marx afirma que as revoluções são as locomotivas da história do mundo. Mas talvez isso seja totalmente diferente. Talvez as revoluções sejam o acionar do freio de emergência pela humanidade que viaja neste trem"[26]. A interrupção da história corresponde ao gesto do historiador/alegorista que também congela o passado *em imagens*. O conceito de imagem dialética é o resultado dessa concepção da historiografia como destruição da "falsa aparência da totalidade", ou seja, de nossas narrativas e imagens encobridoras:

> Pertencem ao pensamento tanto a suspensão [*Stillstellen*] quanto o movimento dos pensamentos. Onde o pensamento paralisa-se numa constelação carregada de tensões aí aparece a imagem dialética. Ela é a cesura no movimento do pensamento [*Es ist die Zäsur in der Denkbewegung*]. Naturalmente o seu local não é arbitrário. Ela deve ser procurada, com uma palavra, onde a tensão entre os opostos dialéticos encontra-se no máximo. Assim, a imagem dialética é o objeto mesmo construído na exposição histórica materialista. Ela é idêntica ao objeto histórico; ela justifica o seu arrancar para fora do *continuum* do percurso da história.[27]

Assim como para o alegorista, o mundo desvencilhado de todo significado ontologicamente determinado transformava-se num conjunto de imagens que deveriam ser reinvestidas de sentido, do mesmo modo o historiador/colecionador vê a história desmoronar em imagens carregadas de tensões: ele as desperta a partir do seu agora[28]. Não é exagero enfatizar aqui o paralelo com a situação do *tête-à-tête* na clínica psicanalista. Sem contar que ele define as imagens dialéticas como "a memória involuntária da humanidade redimida"[29]. Ou seja, o agora que está na base do conhecimento da história estrutura o *re*conhecimento de uma imagem do passado que, na verdade, é uma "imagem da memória involuntária, uma imagem que se apresenta de repente ao sujeito da história no instante de um perigo"[30]. Ao invés da busca da representação (mimética) do passado "tal como ele foi", como as posturas tradicionais historicistas e positivistas (em uma palavra: representacionistas) da história o postulavam, ele quer articular o passado historicamente apropriando-se "de uma reminiscência". *Como um fotógrafo do tempo*, o historiador deve ter *Geistesgegenwart* (presença de espírito) para apanhar as imagens nos momentos em que elas se oferecem, assim ele pode salvá-las, paralisando-as: "A presença de espírito como salvação; presença de espírito na apreensão de imagens fugidias; presença de espírito e suspensão."[31] A história construída com base na memória involuntária despreza e liquida o "momento épico da exposição da história", ou seja, a sua representação segundo uma narração ordenada monologicamente. "A recordação involuntária nunca oferece – e nisso ela se distingue da voluntária – um processo, mas em vez disso apenas uma imagem. (Daí a 'desordem' como [...] o espaço imagético [*Bildraum*] da memória involuntária.")[32] Essa imagem é lida pelo historiador (psicanalista da história) e, portanto, é uma imagem hieroglífica: misto de palavra e imagem. A história é traduzida em um espaço imagético intenso, não ordenado, lógico, como a memória voluntária, mas antes associado às demandas do tempo de agora, ou do tempo-agora, *Jetztzeit*. Como lemos acima no capítulo sobre *Passagens*: "Uma espécie de desordem produtiva é o cânone da 'memória involuntária' assim como do colecionador. [...] A *mémoire volontaire*, ao contrário, é um fichário que fornece um número de ordem ao objeto, atrás do qual ele desaparece."[33]

Benjamin nos textos dos anos 1930 deixa claro que, para ele, a tarefa do crítico era liberar o que poderíamos denominar "teor escritural" – ou seja, catastrófico – do real. Mais do que nunca, em uma época trágica como a vivida por Benjamin, essa essência traumática do real torna-se palpável – e, como em Freud, a sua teoria do conhecimento é derivada da vivência do choque que marca a modernidade, sobretudo desse período de sua dissolução. As suas análises críticas da sociedade se desdobram na sua teoria das novas mídias, tais como o cinema e a fotografia, cujos aparelhos são vistos a um só tempo como potenciais libertadores – do peso da tradição e do passado –, e como agentes de destruição. Eles incorporam o princípio do choque para aplicá-lo de volta ao real. Se em Freud – como ocorre em seu texto sobre o bloco mágico – a metáfora fotográfica é uma constante para apresentar a nossa psique como um aparelho mnemônico que registra traços da realidade, o psiquiatra Ernst Simmel, autor de *Kriegsneurosen und psychisches Trauma* (Neuroses de Guerra e o Trauma Psíquico, 1918), também descreveu o trauma de guerra por uma fórmula que estabelece a relação entre técnica, trauma, violência e o registro de imagens: "Das Blitzlicht des Schreckens prägt einen photographisch genauen Abdruck" (A luz do *flash* do terror cunha/estampa uma impressão/cópia fotograficamente exata) [34]. A fotografia se tornou uma imagem/metáfora potente para apresentar a nossa paisagem psicológica marcada pelos traumas. A modernidade, como história de gigantescas violências, coloniais, e contra Gaia, que esmaga o corpo dos trabalhadores e de toda categoria de subalternizados, produz imagens do trauma que clamam por ser "reveladas", ou seja, apanhadas, colecionadas e postas em uma espécie de curadoria. As imagens se tornam imagens ativas de memória, e tornam-se capazes de produzir um novo *Bildraum* (espaço imagético), um novo *Spielraum* (campo de forças lúdico e político).

Benjamin era adepto de uma passagem de André Monglond, que citou mais de uma vez. Nela, vemos que deixou claro que não só podemos, mas *devemos* aproximar a sua teoria da dialética em suspensão e das imagens dialéticas (que são imagens para serem lidas) do dispositivo fotográfico:

> Se se quiser observar a história como um texto, então vale para ela o que diz um novo autor sobre a literatura: o passado fixou nela imagens que podem ser comparadas com as das placas fotossensíveis. "Somente o futuro tem à sua disposição reveladores suficientemente fortes para trazer à tona a imagem com todos os seus detalhes. Muitas páginas de Marivaux ou de Rousseau trazem um sentido oculto, que os seus leitores contemporâneos não podiam decifrar inteiramente." (Monglond [...]) O método histórico é um método filológico que se baseia no livro da vida. "Ler o que nunca foi escrito", afirma Hofmannsthal. O leitor que se considera aqui é o verdadeiro historiador.[35]

Entrelaçam-se uma visão fotográfica e escritural da história. Cabe ao historiador benjaminiano atuar como fotógrafo do tempo e revelador do passado. Cada momento demanda imagens específicas que podem ser reveladas apenas nesse agora. A teoria benjaminiana da história institui a *legibilidade* de outras histórias a partir das lutas que ocorrem em cada agora. Uma nova legibilidade permite que a história dos oprimidos seja lida e (re) inscrita. A metáfora fotográfica é mais potente em Benjamin na medida em que crítico e aparelho fotográfico se voltam para o momento da catástrofe da cultura, ou seja, para a "recordação como ela relampeja no momento do perigo". Como observa ele em sua *Pequena História da Fotografia*: "A câmera torna-se cada vez menor, cada vez mais apta a fixar imagens efêmeras e secretas, cujo efeito de choque paralisa o mecanismo associativo do espectador"[36] e, desse modo, o contamina com o choque. Mas a tarefa do crítico materialista não é só a de fotografar o choque e de interromper o fluxo da narrativa: "Aqui deve intervir a legenda, introduzida pela fotografia para favorecer a literalização de todas as relações da vida e sem a qual qualquer construção fotográfica corre o risco de permanecer vaga e aproximativa."[37] No ensaio sobre a obra de arte, ao tratar das consagradas fotos de Atget da cidade de Paris, Benjamin volta a essa tese[38]. As fotos urbanas, esvaziadas de figuras humanas, surgem como *o local de um crime*. As fotos ganham o significado de provas, de conjunto de *indícios*, no processo histórico. Cabe ao crítico da cultura legendar as imagens, dando-lhes o seu sentido político. Novamente, a imagem dialética é o fruto do curto circuito do acorrido com o agora e emerge na interação entre o verbal e o imagético. É imagem lida tanto quanto imagem reinscrita. A inscrição a libera da esfera do culto e da magia, e, ao falar da importância dos sonhos, ele valoriza a sua reapropriação no momento do despertar, e não a valorização do sonho em si mesmo. A fotografia na qual se inscreve a violência tem a capacidade de gerar um escudo de Perseu que permite olhar para cenas que nos paralisariam, e adquirem a capacidade de nos chocar e marcar por toda vida; como Susan Sontag narra a impressão que as fotos de campos de concentração nazistas deixaram nela quando as contemplou pela primeira vez. O crítico materialista, com a sua legendagem das imagens, rompe o encanto petrificante do choque e permite a elaboração crítica e transformadora do ocorrido, como vimos acima nos casos exemplares de Carrie Mae Weems e de Marcelo Brodsky.

"Spielraum"

A Arte Como Conquista de um Novo Campo de Ação Lúdico em Benjamin e Flusser

Walter Benjamin, ao escrever em "Pequena História da Fotografia" que a "diferença entre a técnica e a magia é uma variável totalmente histórica"[1], ressignificava a noção clássica de uma técnica da dissimulação da técnica. O mago surge como aquele que domina as forças da natureza, ele é o ideal do técnico/artista, e a arte tem por fim a sua superação na forma da natureza. Mais do que isso, como pretendo mostrar neste capítulo: tanto para Walter Benjamin como para Vilém Flusser as artes devem ser religadas à técnica (e vice-versa), pois as artes são concebidas como o ideal da técnica, sua vanguarda e a possibilidade de restituição de uma natureza que sofreu um banimento.

WALTER BENJAMIN: CRÍTICA DA TÉCNICA CAPITALISTA E SONHO COM UMA TÉCNICA REDENCIONISTA

A questão da técnica em Benjamin surge com força em seus textos após a Primeira Guerra Mundial. Antes disso, no entanto, ele já refletia, em uma chave bastante romântica, sobre o tema da separação com a natureza, como lemos em seu ensaio de 1916,

"Sobre a linguagem em geral e sobre a linguagem do homem", bem como em vários de seus fragmentos filosóficos. Todavia, foi no contexto do impacto da guerra e das leituras de cunho materialista histórico que se desenvolveu a sua teoria da técnica associada a uma reflexão sobre o papel do trabalho, e a uma teoria da revolução como incorporação da técnica.

Na crítica do volume coletivo *Krieg und Krieger* (Guerra e Guerreiros), editado por Ernst Jünger, publicada com o título "Teorias do Fascismo Alemão", de 1930, Benjamin esboça sua teoria da técnica e a vincula à revolução. Partindo da frase de Léon Daudt, "O carro é a guerra", ele desdobra a concepção de uma "sobretécnica", ou seja, de um transbordamento das capacidades técnicas da sociedade que produzem destruição e morte:

> O que estava na raiz dessa surpreendente associação de ideias era a noção de uma aceleração dos instrumentos técnicos, seus ritmos, suas fontes de energia etc., que não encontram em nossa vida privada nenhuma utilização completa e adequada e, no entanto, lutam por justificar-se. Eles justificam-se, renunciando a todas as interações harmônicas, pela guerra, que prova, com suas devastações, que a realidade social não estava madura para transformar a técnica em seu órgão, e que a técnica não era suficientemente forte para dominar as forças elementares da sociedade. Pode-se afirmar, sem qualquer pretensão de incluir nessa explicação suas causas econômicas, que a guerra imperialista é codeterminada, justamente no que ela tem de mais duro e de mais fatídico, pela discrepância abissal entre os meios gigantescos de que dispõe a técnica, por um lado, e seu débil esclarecimento em questões morais, por outro.[2]

Por um lado, a sociedade que produz a guerra não estava à altura da técnica. Em segundo lugar, a própria técnica não havia sido suficiente para conter as *Elementarkräfte* (forças elementares)[3] da sociedade. A guerra imperialista é fruto da discrepância abissal entre as virtualidades dos meios técnicos e o nosso raquítico nível moral. Nesse ponto, o raciocínio retoma a noção de uma sobre ou mais-técnica (pensando no termo mais-valia) que causa o desequilíbrio técnica/moralidade. Para o autor, a sociedade burguesa desacopla a técnica da espiritualidade, assim como descarta a relação com o controle da ordem social. Ele decreta, em seu modo imperativo e profético: "Cada guerra que se anuncia é ao mesmo tempo uma revolta escrava da técnica."[4] A técnica é percebida por uma dupla interface: por um lado deve ser pensada na sua relação com as forças sociais (elementares), por outro, ela nos conecta com a natureza, também carregada de forças elementares que precisam ser mediatizadas.

Na Primeira Guerra, tentou-se imprimir na técnica bélica os traços heroicos do semblante alemão, entretanto, para o autor, o que se inscreveu foram os "traços hipocráticos, os traços da morte". A técnica "cunhou o semblante apocalíptico da natureza e reduziu-a ao silêncio, embora pudesse ter sido a força capaz de dar-lhe uma voz". A guerra é a manifestação da técnica como produção da morte e, mais ainda, como silenciamento da natureza[5]. Contra a visão da guerra de Jünger e seus companheiros como "mística da morte universal", Benjamin propugna que ela seria "a única, terrível e derradeira oportunidade de corrigir a incapacidade dos povos para ordenar suas relações mútuas segundo o modelo da relação que estabelecem com a natureza por meio de sua técnica". E, em mais uma frase tristemente profética: "Se o corretivo falhar, milhões de corpos humanos serão – inevitavelmente – despedaçados e devorados pelo gás e pelo aço."[6]

Em seu livro de aforismos *Rua de Mão Única*, publicado em 1928, ele já apresentava o tom de urgência que lemos na resenha de 1930 sobre Jünger. O fragmento "Alarme de Incêndio", que analisa a ideia ou representação (*Vorstellung*)[7] da luta de classes, fecha-se com estas palavras: "se a eliminação da burguesia não estiver efetivada até um momento quase calculável do desenvolvimento econômico e técnico (a inflação e a guerra de gases o assinalam), tudo está perdido. Antes que a centelha chegue à dinamite, é preciso que o pavio que queima seja cortado. Ataque, perigo e ritmo do político são técnicos – não cavalheirescos"[8].

Como seguir esse conselho? Como impedir a destruição da humanidade e da natureza? Nós aqui, ainda vivendo as graves consequências da pandemia iniciada em 2020 e sofrendo com necropolíticas associadas também à mercantilização mórbida da saúde lemos estarrecidos a atualidade dessas palavras de Benjamin.

É no último texto de *Rua de Mão Única*, ironicamente chamado de "A Caminho do Planetário", que Benjamin desenvolve essa filosofia da técnica e introduz o conceito de *Rausche* (embriaguez)[9] como peça central na equação técnica-política. O texto parte de uma dicotomia cultura/natureza, ao modo do ensaio de Schiller "Über naive und sentimentalische Dichtung" (Sobre a Poesia Naïf e a Sentimental), de 1796. Nesse texto, Schiller afirmava que, se os gregos na Antiguidade estavam imersos na natureza, nós nos relacionamos com a natureza como um doente com a saúde: "Assim como paulatinamente a natureza começou a desaparecer como *experiência* [Erfahrung] e como o *sujeito* (ativo e sensível), assim a vemos adentrar no mundo dos poetas como *ideia* e como *objeto*."[10] Os poetas surgem aí como os *Bewahrer* (guardiões) da natureza. Resumindo sua tese, Schiller formula: "O poeta, eu dizia, é natureza, ou ele vai *buscá-la*. Aquilo perfaz o poeta *naïf*, isso o poeta sentimental."[11] E Benjamin escreve em seu aforismo: "Nada distingue tanto a pessoa antiga da moderna quanto sua entrega a uma experiência cósmica que este último mal conhece. O naufrágio dela anuncia-se já no florescimento da astronomia, no começo da Idade Moderna". Mas a relação com o cosmos não se dá apenas via o nobre sentido da visão: ela também é corpórea, se dá na "embriaguez", introduz Benjamin. Essa embriaguez não significa uma dionisíaca destruição das fronteiras, pelo contrário, ela guarda algo de apolíneo: "É embriaguez, decerto, a experiência na qual nos asseguramos unicamente do mais próximo e do mais distante, e nunca de um sem o outro. Isso quer dizer, porém, que somente na comunidade o ser humano pode se comunicar em embriaguez com o cosmos."[12] Trata-se de uma embriaguez na comunidade, *Gemeinschaft*, e que nos permite a relação com o mais próximo (o outro) e com o mais distante (o cosmos). Mas os modernos rebaixaram essa experiência ao nível da individualidade e romperam o seu elemento ético. E aqui, surge novamente a revolta da mediadora entre a humanidade e a natureza: a técnica. A primeira guerra é interpretada por Benjamin como uma manifestação violenta e terrível (*füchterlich*) dos nossos "esponsais com as potências cósmicas":

> Massas humanas, gases, forças elétricas foram lançados ao campo aberto, correntes de alta frequência atravessaram a paisagem, novos astros ergueram-se no céu, espaço aéreo e profundezas marítimas ferveram de propulsores, e por toda parte cavaram-se poços sacrificiais na Mãe Terra. Essa grande corte feita ao cosmos cumpriu-se pela primeira vez em escala planetária, ou seja, no espírito da técnica.[13]

De modo bastante atual para nossa era de pandemia e de incêndios no bioma amazônico e no Pantanal, de transformação do país em um pasto, para além da invasão de garimpeiros em terras indígenas, com a chancela de Brasília nos anos 2019-2022, podemos perceber como se repete o que Benjamin detectava nos anos 1920-1930, a saber, que a técnica se revoltou por ter sido rebaixada, deixando de ser mediadora com a natureza, tornando-se meio da "avidez de lucro da classe dominante". Assim, continua o filósofo, ela transformou um leito de núpcias em um mar de sangue (no Brasil de 2019, com o crime de Brumadinho gerado pelo rompimento de uma barragem da Companhia Vale do Rio Doce, diríamos: em um mar de lama...). E aqui ele introduz uma diferença fundamental para a sua visão da técnica: se o capitalismo imperialista vê na técnica apenas a dominação da natureza, uma noção inaceitável, que Benjamin compara a um professor que reduz a educação à dominação das crianças (comparação muito esclarecedora, aliás), deve-se afirmar a existência de uma outra técnica que "não é dominação da natureza: é dominação da relação entre natureza e humanidade"[14]. A humanidade como espécie estaria apenas dando seus primeiros passos, e para existir precisa lançar mão da técnica que organize a *physis* na qual o contato com o cosmos se realizará de modo diverso do que na relação de famílias e povos. Benjamin adentra uma especulação feérica sobre novas tecnologias que adestrarão a humanidade na relação com o cosmos. Provavelmente inspirado na teoria da relatividade, ele escreve sobre viagens ultrarrápidas no interior do tempo como cura; os modernos parques de diversão são percebidos como antecâmaras de futuros sanatórios; o jogo e a brincadeira incidem como parte dessa técnica libertadora, que cura, traz a vida, ao invés dos mares de sangue (e de lama). Ele interpreta as revoltas que se sucederam à primeira guerra como um "primeiro ensaio de colocar o novo corpo [*Leib*] em seu poder". Como no fragmento "Aviso de Incêndio", é o proletariado e sua força que permitem acompanhar esse processo de "cura". A frase final reintroduz a noção de embriaguez como estado de fusão no mundo e sobrevivência: "O vivente só sobrepuja a vertigem do aniquilamento na embriaguez da procriação."[15]

Em seu ensaio de 1929 sobre o surrealismo, Benjamin volta ao tema da embriaguez em sua articulação com uma teoria da técnica e de um certo acionismo revolucionário (anárquico, por suposto: "Essa tarefa é idêntica à tarefa anárquica.")[16]. A sua palavra de ordem agora é dupla: "Mobilizar para a revolução as energias da embriaguez" e para a "organização do pessimismo"[17]. A relação entre política e moral deve ser reelaborada a partir dessa mobilização. Benjamin adere ao que ele acredita ser a alternativa dada pelos surrealistas em consonância com o comunismo. Nessa visão, em oposição ao otimismo da social-democracia e ao *Bilderschatz* (arcabouço imagético)[18] dos seus poetas, prega-se um *pessimismo de princípio* como guia para a mudança. E, sobretudo, trata-se de uma clara consciência de que o único avanço alcançável no atual modelo capitalista é o da *técnica que leva à destruição*. De forma irônica, ele afirma:

> pessimismo absoluto. Sim, e sem exceção. Desconfiança acerca do destino da literatura, desconfiança acerca do destino da liberdade, desconfiança acerca do destino da humanidade europeia, e principalmente desconfiança, desconfiança e desconfiança com relação a qualquer forma de entendimento mútuo: entre as classes, entre os povos, entre os indivíduos. E confiança ilimitada apenas na I.G. Farben e no aperfeiçoamento pacífico da Força Aérea. Mas e agora, e então?[19]

Para organizar o pessimismo seria necessário "simplesmente extirpar a metáfora moral da esfera da política, e descobrir no espaço da ação política o espaço completo da imagem [*den hundertprozentigen Bildraum*]. Mas esse espaço da imagem não pode mais absolutamente ser medido de forma contemplativa"[20]. Benjamin formula aqui o embrião de uma técnica do artista que consiste em extrair da ação um novo e poderoso espaço de imagem, *Bildraum* correspondente a um mundo "em sua atualidade completa e multifacetada" que leva a uma destruição da imagem do indivíduo que ele denomina de "destruição dialética". É essa destruição (que também leva consigo o arcabouço imagético social-democrata) que garante esse *Bildraum*, novo espaço de imagem, que ele descreve de modo mais concreto também como um "espaço de corpo", *Leibraum*, que tem um sentido coletivo nesse autor: "Também o coletivo é corpóreo"[21]. Assim, ele reivindica um novo *materialismo antropológico* inspirado nos surrealistas e descendente de autores queridos seus, como Johann Peter Hebel, Georg Büchner, Nietzsche e Rimbaud. Nesse materialismo é o espaço da imagem que permite que a técnica organize novamente a *physis*. Os surrealistas com suas "iluminações profanas" nos iniciaram também em um novo campo ou espaço de imagens: "Somente quando o corpo e o espaço de imagens se interpenetrarem nessa *physis*, tão profundamente que todas as tensões revolucionárias se tornem inervações do corpo coletivo, e todas as inervações do corpo coletivo se tornem tensões revolucionárias; somente então terá a realidade conseguido superar-se no grau exigido pelo *Manifesto Comunista*."[22]

Tanto no seu trabalho sobre as passagens de Paris (1927-1940), como no ensaio sobre a obra de arte (1935, um desdobramento desse estudo sobre o século XIX), Benjamin estava preocupado em estudar os novos regimes de visualidade e de percepção do mundo, diretamente determinados pelas aceleradas mudanças técnicas, pois, para ele, o homem moderno não poderia ser compreendido sem uma análise da técnica. A técnica determina novos modos de percepção e, como vimos, é responsável pela organização de nossa relação com a natureza.

A cada técnica de reprodução corresponde também uma certa visão da história e de nossa relação com o tempo e a morte. Walter Benjamin deixa transparecer essa ideia em seu ensaio *A Obra de Arte na Era de Sua Reprodutibilidade Técnica*, que constitui, até hoje, o ensaio mais profundo sobre o gesto da reprodução.

> Durante a Idade Média somam-se à xilogravura também a gravura em cobre com ponta seca e a água-forte, assim como a litografia, no início do século XIX.
>
> Com a litografia, a técnica reprodutiva atinge um patamar fundamentalmente novo. [...] Por meio da litografia, as artes gráficas tornaram-se capazes de acompanhar o dia a dia de maneira ilustrativa. Elas começaram a acompanhar o ritmo da impressão. Nisso, porém, já foram superadas, poucas décadas após a invenção da impressão sobre pedras, pela fotografia.[23]

A litografia corresponde à era da imprensa, dos jornais, ao encontro das técnicas de reprodução escrita e imagética, era da *informação* com tudo o que isso significa: uma nova ordem política marcada pela divisão entre esfera pública e privada, a temporalidade da produção capitalista e da circulação de mercadorias, o ritmo cada vez mais acelerado, as relações humanas pautadas por contratos, e o indivíduo marcado pela situação de alienação, cuja vida orbita em torno do trabalho. Trata-se de um processo de distanciamento e de ruptura com a tradição, que nos jogou na pós-tradição, em um tempo cada vez mais sem densidade e qualidade, o tempo do cronômetro, da produtividade (do trabalho), sem transcendência ou sentido.

Por outro lado, a superação da ideia de um tempo que nos contém, e que preenche de significado a vida, vem junto com a superação da ideia de autenticidade, atrelada ao credo na unicidade inabalável das obras. A reprodutibilidade técnica faz ruir as noções associadas a uma concepção unívoca de verdade, seja ela metafísica idealista, seja calcada no positivismo e na crença da representação total da natureza. O abalo da tradição traz *a* liberdade da criação como reprodução sem fim que se associa à noção, advinda do cinema, de obra como montagem, de caráter aberto, sempre passível de aperfeiçoamento. Existe, portanto, uma interessante dialética nesse processo de despedida da cultura da unicidade e autenticidade:

> Os gregos conheciam apenas dois métodos de reprodução técnica de obras de arte: a fundição e a cunhagem. Bronzes, terracotas e moedas eram as únicas obras de arte que podiam ser criadas massivamente por eles. Todas as outras eram únicas e tecnicamente não reprodutíveis. *Por isso* elas precisavam ser feitas para a eternidade. *Os gregos foram levados pelo estado de sua técnica a produzir valores de eternidade na arte.* É a essa situação que eles devem seu lugar excepcional na história da arte, em comparação ao qual a posteridade pode determinar a sua própria posição. Não há dúvida de que o nosso se encontre no polo oposto ao dos gregos. Nunca antes obras de arte foram tecnicamente reprodutíveis num grau tão elevado e em proporções tão vastas quanto hoje. No filme temos uma forma cujo caráter artístico é pela primeira vez determinado completamente por sua reprodutibilidade.[24]

No segundo capítulo do ensaio sobre a obra de arte, Benjamin apresenta uma de suas teses centrais: "Por volta de 1900, a reprodução técnica tinha atingido um padrão que lhe permitiu não somente tornar a totalidade das obras de arte convencionais em seu objeto, submetendo seus efeitos às mais profundas modificações, mas também conquistar um lugar próprio entre os procedimentos artísticos."[25]

A reprodução técnica lançou as artes em uma nova era que podemos chamar de pós-representacionista, na qual a técnica passa a ser vista como preponderante sobre seu aspecto artístico/

estético. Benjamin desenvolve ao longo do ensaio justamente os modos como essa arte/técnica vai organizar a *physis* e as forças coletivas.

A reprodução técnica aniquila a aura da obra e a sua relação com a tradição. A partir dela não se pode esperar unicidade, autenticidade ou testemunho histórico. Portanto, a liquefação das obras, acelerada em nossa era digital, foi detectada por Benjamin com base na técnica reprodutiva da fotografia e do cinema:

> A autenticidade de uma coisa é a quintessência de tudo o que nela é originalmente transmissível, desde sua duração material até seu testemunho histórico. Como esse testemunho está fundado sobre a duração material, no caso da reprodução, na qual esta última tornou-se inacessível ao homem, também o primeiro – o testemunho histórico da coisa – torna-se instável. E somente isso. Mas aquilo que desse modo se desestabiliza é a autoridade da coisa, seu peso tradicional.[26]

Resumindo o significado dessa virada, a técnica "desliga o reproduzido do campo da tradição" conectando a obra à sua existência massiva e produzindo uma "gewaltige Erschütterung des Tradierten" (um abalo violento no que é transmitido). Dá-se uma "liquidação do valor de tradição na herança cultural"[27].

Se a aura é definida como "uma trama peculiar de espaço e tempo: a aparência única de uma distância, por mais próxima que esteja"[28], com o advento das massas na economia capitalista não há mais espaço para a aura, pois a paixão das massas é por aproximar as coisas de si. Hoje, quando o mundo todo passa nas telas de silício debaixo de nosso nariz podemos dizer que, mais uma vez, Benjamin acertou ao apontar essa tendência. As massas querem também possuir tudo: o que implica uma quebra no regime estético inaugurado no século XVIII. Lembremos que Kant alardeava, em sua terceira crítica, uma necessária ausência de interesse com relação às obras de arte. Nada mais distante da teoria da arte de Benjamin.

Outro ponto fundamental na teoria da arte como associada umbilicalmente à técnica da reprodução é a passagem da arte da esfera do ritual, no qual imperam o culto e a magia, para a esfera de sua exposição pública. Benjamin formula uma diferença fundamental entre dois momentos da arte, tal como Schiller o fizera no ensaio que mencionamos. Todavia, agora o essencial não é uma reflexão estética sobre a relação com a natureza, mas, antes, é a própria técnica. Existe uma variante na formulação desses dois universos técnicos em Benjamin, o antigo (mágico, ritual) e o moderno, marcado pela reprodução. Na versão do ensaio sobre a obra de arte que a mais nova edição do *Werke und Nachlass* de Benjamin publicada pela Suhrkamp denomina de "segunda versão" (até então e, segundo penso, de modo acertado, tratado como primeira versão), vemos Benjamin recorrer aos conceitos de primeira e de segunda natureza para refletir sobre essa virada na história da técnica:

> Essa sociedade constitui o polo oposto da contemporânea, cuja técnica é a mais emancipada. Essa técnica emancipada, porém, apresenta-se à sociedade contemporânea como uma segunda natureza e, como o comprovam crises econômicas e guerras, como uma natureza não menos elementar do que aquela dada à sociedade originária.[29]

Inicialmente, Benjamin afirma que existe uma emancipação na técnica moderna, mas, em seguida, ele dialetiza essa afirmação: sob a forma de uma segunda natureza, a técnica leva a guerras e crises econômicas, resultado que o autor já explorara em outros ensaios, como vimos acima. E por fim, a segunda natureza se torna tão elementar quanto se apresentava a primeira natureza aos homens de antigamente. Para domar a segunda natureza, Benjamin indica que é a arte, com destaque para o cinema, que pode nos ajudar:

> Diante dessa segunda natureza, o ser humano, que, embora a tenha inventado, há muito não a domina mais, é levado a um aprendizado, do mesmo modo que um dia o levou a primeira. E novamente a arte coloca-se a seu serviço – especialmente o cinema. O cinema serve para exercitar o ser humano nas novas apercepções e reações necessárias para lidar com uma aparelhagem cujo papel em sua vida aumenta quase que diariamente.[30]

Benjamin reintroduz a metáfora, desenvolvida em seu materialismo antropológico, da interpenetração do corpo e do espaço de imagens na *physis* promovendo a transformação das inervações do corpo coletivo em tensões revolucionárias e, por sua vez, dessas tensões em novas inervações: "Fazer da monstruosa aparelhagem técnica de nossos tempos o objeto da inervação humana – é essa a tarefa histórica em cujo serviço o cinema tem seu verdadeiro sentido."[31]

Essa passagem da primeira natureza para a segunda, na qual por intermédio do cinema adestramos nosso corpo para lidar com as novas técnicas/segunda natureza, foi desenvolvida na versão seguinte do ensaio (chamada agora de "terceira") com base em dois conceitos que, infelizmente, depois não foram mais desenvolvidos. Refiro-me aos conceitos de primeira e de segunda técnica. Benjamin vai destacar a diferença tendencial entre a primeira técnica (associada à arte cultual) e a segunda técnica (associada à reprodução). Para ele, essa diferença

> consiste no fato de a primeira empregar o ser humano o máximo, e a segunda, o mínimo possível. Em certo sentido, podemos considerar o ato máximo da primeira técnica como sendo o sacrifício humano; o da segunda encontra-se no horizonte dos aviões de controle remoto, que dispensam tripulação. A primeira técnica orienta-se pelo "de uma vez por todas" [*Das Ein für allemal*] (nela trata-se do sacrilégio irreparável ou do sacrifício eternamente exemplar); a segunda, pelo "uma vez é nenhuma vez" [*Das Einmal ist keinmal*] (ela trata do experimento e das variações incansáveis dos procedimentos de teste)[32].

Há uma clara definição da primeira técnica como sendo voltada ao sacrifício e à morte e, por outro lado, uma segunda técnica que seria responsável pela emancipação do trabalho; por mais que Benjamin não pudesse imaginar que *drones* se tornariam a marca de uma técnica violenta que permite o assassinato frio e à distância...[33] Por outro lado, a primeira técnica tem uma temporalidade terminal em oposição àquela que pode ser associada ao esporte e à brincadeira: como Benjamin expressa ao descrever uma criança no carrossel, uma criança decerto nietzschiana (ou o contrário): "Há muito o eterno retorno de todas as coisas tornou-se sabedoria de criança e a vida, uma antiquíssima embriaguez de dominação, com a retumbante orquestra, no centro, como tesouro da coroa."[34] Por outro lado, em um fragmento de suas "Imagens do Pensamento", Benjamin articula as duas temporalidades de modo distinto: o "de uma vez por todas" ele associa ao jogo, ao exame e ao duelo (a saber, à morte). Já a temporalidade da repetição ele associa ao trabalho manual preciso, e cita Trótski descrevendo seu pai ceifando como exemplo[35]. O exemplo é o de um trabalho idílico, com plena harmonia entre corpo, gesto e natureza. Desse modo, voltando ao ensaio sobre a obra de arte,

Benjamin se apressa em definir que na arte encontramos seriedade e jogo, rigor e descomprometimento, ou seja, o que define como primeira e segunda técnicas se relacionam com as artes. Entretanto, o fato de seriedade e jogo estarem na obra de arte "em proporções muito distintas"[36] não pode ser ignorado. A ênfase na aproximação entre jogo e segunda técnica é clara: "A origem da segunda técnica deve ser buscada onde o ser humano, com uma astúcia inconsciente, chegou pela primeira vez a tomar uma distância em relação à natureza. Em outras palavras, ela encontra-se no jogo."[37] E, em contraste com a tomada de distanciamento lúdica da segunda técnica, ele acrescenta que é à primeira técnica apenas que se deve associar o ideal de *Naturbeherrschung* (dominação da natureza) e arremata:

> A primeira [técnica] realmente pretende dominar a natureza; a segunda prefere muito antes um jogo conjunto [*Zusammenspiel*] entre natureza e humanidade. A função socialmente decisiva da arte de hoje é exercitar esse jogo conjunto. Isso vale sobretudo para o cinema. *O filme serve para exercitar o homem nas apercepções e reações que são exigidas para se lidar com uma aparelhagem cujo papel em sua vida aumenta quase que diariamente.*[38]

Se na versão anterior desse texto Benjamin afirmava que a arte deveria atuar para enfrentarmos a segunda natureza que passou a nos dominar, nesta outra versão ele associa o cinema à segunda técnica e repete a ideia sobre a sua capacidade de nos *treinar* para enfrentar os *aparelhos* cada vez mais onipresentes.

Todavia, Benjamin introduz uma ideia de necessária adaptação da condição humana às novas forças produtivas desencadeadas pela segunda técnica, que traria uma libertação. Em uma nota que consta apenas nessa "terceira versão" e na versão em francês desse texto, ele retoma a ideia de *inervação do coletivo* novo, que ele associa às revoluções que teriam como objetivo acelerar essa adaptação. Vale a pena confrontar essa nota com os fragmentos preparatórios de Benjamin à terceira versão, dentre os quais encontramos a elaboração da teoria da revolução utilizando os conceitos de primeira e segunda naturezas. Nesse fragmento lemos: "Revoluções são inervações do coletivo, tentativas de dominação [*Berherrschung*] daquela segunda natureza, na qual o controle [*Bewältigung*] das forças sociais elementares se tornou indispensável como pressuposto de uma dominação técnica mais elevada das [forças] naturais."[39]

Nessa formulação, na revolução os aparelhos são dominados. Nessa sociedade as forças sociais controladas são necessárias para uma melhor dominação técnica das forças naturais. Na terceira versão encontramos: "Revoluções são inervações do coletivo, mais precisamente: tentativas de inervação do coletivo novo, historicamente sem precedentes, o qual tem seus órgãos na segunda técnica. Essa segunda técnica é um sistema em que o controle das forças sociais elementares aparece como precondição para o jogo com as forças elementares naturais."[40]

A revolução se tornou uma inervação do coletivo pela segunda técnica. Não existe mais a ideia de dominação da segunda natureza. A própria (segunda) técnica se torna órgão, é incorporada ao coletivo. As forças sociais estão controladas na segunda técnica como pressuposto para o *jogo* (e não mais para a dominação) com as forças elementares da natureza[41]. Nesse ponto poderíamos, em um *looping*, retornar ao nosso primeiro capítulo, quando procuramos mostrar as afinidades eletivas entre a teoria benjaminiana da técnica/ da revolução e da vida em comum, com os outros e com o nosso meio, e as epistemologias ameríndias apresentadas por Krenak e Davi Kopenawa. Tanto em Benjamin como nessas epistemologias não existe local para a dominação da natureza; as "energias da embriaguez", como fusão cósmica, assim como o aprendizado com os sonhos passam a alimentar a "segunda técnica", ou seja, o jogo com o nosso meio. Mas continuemos aprofundando a visão poderosa de Benjamin sobre a segunda técnica.

A segunda técnica desdobrada nas revoluções permite, de início, colher frutos próximos, e ambiciona atingir os mais distantes, utópicos:

> Assim como uma criança, aprendendo a agarrar, estica o braço em direção à lua como que em direção a uma bola, a humanidade, em suas tentativas de inervação, ambiciona, juntamente com o agarrável, também objetivos que ainda permanecem utópicos. Pois não é apenas a segunda técnica que anuncia suas reivindicações à sociedade nas revoluções. Justamente porque essa segunda técnica pretende liberar progressivamente o ser humano do trabalho forçado, o indivíduo vê, de outro lado, seu campo de ação[42] aumentar de uma vez para além de todas as proporções.[43]

Na medida em que o órgão da segunda técnica é incorporado e realiza esse jogo com as forças naturais, ele não apenas realiza o sonho prometeico da libertação do trabalho, mas nos introduz um novo campo de ação, espaço de jogo, *Spielraum*. Esse espaço de jogo implica uma libertação do campo de forças antes dominado pela primeira técnica: forças elementares da natureza e da humanidade. Como lemos na versão dos fragmentos à terceira versão do ensaio: "Pois não é apenas a segunda natureza, da qual o coletivo se apodera na técnica como sua primeira [natureza], que põe suas reivindicações revolucionárias. Também a primeira natureza, a orgânica, e em primeiro lugar o organismo corporal [*leiblich*] do ser humano singular, ainda está longe de obter o que lhe cabe."[44] Na terceira versão propriamente dita, que refaz os conceitos de primeira e segunda naturezas em primeira e segunda técnicas, lemos:

> Pois quanto mais o coletivo se apropria da segunda técnica, tanto mais perceptível torna-se para os indivíduos que pertencem a ele o quão pouco podiam, sob o jugo da primeira, chamar de seu. Em outras palavras, é a pessoa individual emancipada por meio da liquidação da primeira técnica que faz suas exigências. Mal a segunda técnica garantiu suas primeiras conquistas revolucionárias, as questões vitais do indivíduo – amor e morte – já exigem novas soluções.[45]

Para Benjamin, a obra de Fourier seria o primeiro documento histórico da reivindicação de uma revolução orgânica, corpórea[46]. No falanstério de Fourier, Benjamin reconhece a superação do trabalho na forma positiva do jogo infantil, superação essa que traria consigo uma libertação da natureza[47]. Para ele, de modo bastante avançado para a sua época, estava claro que a exploração social via trabalho não podia ser desvinculada da exploração da natureza:

> A caracterização do processo de trabalho em relação com a natureza traz a marca da concepção social que se tem dele. Se o homem não fosse *propriamente* explorado [*ausgebeutet*], poder-se-ia poupar o discurso *impróprio* da exploração [*Ausbeutung*] da natureza. Este último reforça a aparência do "valor" que as matérias-primas adquirem apenas pelo sistema de produção fundado na exploração do trabalho humano. Se esta termina, o trabalho, por sua vez, despe-se do caráter de exploração da natureza pelo homem e se realizaria, então, segundo o modelo do jogo infantil que serve de base ao "trabalho apaixonado" dos "harmonianos"

em Fourier. Ter apresentado o jogo como cânone do trabalho que não é mais explorado foi um dos méritos de Fourier. Um trabalho animado assim pelo jogo não visa a produção de valores e sim o melhoramento da natureza. Também para ela a utopia de Fourier propõe um modelo tal como encontrado de fato nos jogos infantis. Trata-se da imagem de uma terra na qual todos os lugares se tornaram *Wirtschaften*.[48]

Benjamin joga com a duplicidade da palavra *Wirtschaften*: "Lugar de produção" e "taverna". O trabalho lúdico permite a união do útil com o "belo", da ação com o sonho. Esse trabalho aprimora tanto a natureza externa como a interna, corpórea. Por isso, Benjamin vislumbra afinidades entre Fourier e a experiência do sádico descrita por Sade: idílio e crueldade são extremos que se encontram na busca da felicidade orgânica[49]. "Sade e Fourier têm em vista a efetivação da vida humana feliz."[50] Esse elemento de uma espécie de utopia orgânica corpórea também pode ser percebido nos comentários entusiastas que Benjamin fez das ficções científicas do escritor Paul Scheerbart[51]. Ele comemora os corpos plásticos dos palladianos, os habitantes do asteroide Pallas, do romance *Lesabéndio* de Scheerbart. Ou seja, a técnica não apenas permite reencenar as bodas com a natureza, abrindo um novo *Spielraum*, campo de ação e de jogo, mas ainda implicaria uma conquista do *Bildraum* (espaço de imagem) e do *Leibraum* (espaço de corpo), como havíamos visto no materialismo antropológico desenvolvido em seu ensaio sobre o surrealismo. A inervação do coletivo por meio da segunda técnica realiza a proposta do ensaio surrealista, ou seja, fazer com que o corpo e o espaço de imagens se interpenetrem com a *physis* de modo tão profundo a ponto de transformar todas as tensões revolucionárias em "inervações do corpo coletivo, e todas as inervações do corpo coletivo" em "tensões revolucionárias"[52].

A refundação do espaço de imagens e do espaço do corpo ocorre por meio do cinema. Ele serve de vacina contra uma psicose derivada da primeira técnica, e permite uma "risada coletiva", que simultaneamente "proporciona a erupção precoce e salutar de tal psicose de massas" e produz "uma explosão terapêutica do inconsciente"[53]. Nos filmes pastelão da Disney, Benjamin identifica a figura do *clown*, que teria sido "o primeiro a se sentir em casa nos novos campos de ação [*Spielräume*] abertos pelo filme: o seu improvisado primeiro morador. Nesse contexto, Chaplin tem o seu lugar enquanto figura histórica"[54]. Percebe-se aqui a presença de um modelo catártico das artes: à loucura coletiva provocada pela primeira técnica, ele indica a cura através da segunda, como terapia de choque que protege nosso corpo e a coletividade. Nas notas posteriores ao ensaio sobre a obra de arte lemos um resumo das duas principais funções da arte (tratada por Benjamin como uma técnica) que indicam sua ação na luta de imagens, o campo ou espaço das imagens (*Bildraum*) e, por outro lado, no espaço do corpo, *Leibraum*, coletivo e individual: "Duas funções da arte: 1. Familiarizar a humanidade com certas imagens, antes que sejam dados à consciência os fins em cuja perseguição tais imagens são criadas; 2. Auxiliar tendências sociais, cuja realização no próprio ser humano seria destrutiva, a se concretizarem no mundo das imagens."[55]

O cinema é aproximado, enquanto técnica, da ciência, especialmente na quinta versão do ensaio sobre a obra de arte. Ele compara o cinema à psicanálise. Na *Psicopatologia da Vida Cotidiana*, Freud encampou o ato falho como elemento a ser analisado sob o escrutínio da ciência: "O filme teve por consequência, em toda a vastidão do mundo da percepção óptica, e agora também acústica, um aprofundamento similar da apercepção."[56] O cinema permitiria uma aproximação da arte e da ciência em uma revitalização dessa última, já que também a ciência em seus primórdios estaria mais próxima do jogo:

> A primeira técnica excluía a experiência independente do indivíduo. Toda experiência mágica da natureza era coletiva. O primeiro sinal de uma experiência individual ocorre no jogo. Dela desenvolve-se então a científica. As primeiras experiência[s] científicas ocorrem sob proteção do jogo descompromissado. É, pois, essa experiência que faz desaparecer, em um processo de duração milenar, a representação e talvez também a realidade dessa natureza que correspondia à primeira técnica.
>
> Elementos de jogo da nova arte: futurismo, música atonal, *poésie pure*, romance policial, filme.[57]

É importante notar que Benjamin tenta se distanciar de uma visão romântica e essencialista da natureza. Em um fragmento do manuscrito da terceira versão ele deixa claro que a primeira natureza é uma criação da segunda[58]. Por outro lado, ele nota as tentativas de se absorver a segunda natureza na primeira por meio das doutrinas fascistas[59]. A doutrina nazista do "sangue e solo" (*Blut und Boden*) é citada por Benjamin neste contexto: o corpo nessa doutrina é reduzido à estirpe do sangue/raça e o solo visto como meio de construção da nação ariana. Afirma ele:

> Se nos voltarmos, neste contexto, ao dito "sangue e solo", apresenta-se de um só golpe o fascismo, em sua busca por bloquear o caminho para ambas as utopias [da primeira e da segunda naturezas]. "Sangue" – isso vai contra a utopia da primeira natureza, que deseja tornar todos os micróbios em arena de sua medicina[60]. "Solo" – isso vai contra a utopia da segunda natureza, cuja realização deve ser um privilégio do tipo de ser humano que se eleva à estratosfera para dali arremessar bombas.[61]

A segunda natureza corresponde ao mundo dos aparelhos contra os quais a segunda técnica se desenvolve e, dentro dela, o cinema tem um largo papel. Contra essa redução pseudo naturalizante do social ao "sangue e solo", ele introduz um conceito diferenciado de técnica (segunda natureza), mais próximo de seu conceito de segunda técnica: "Diante disso, trazer necessariamente à tona a forma de jogo da segunda natureza: opor a jovialidade do comunismo à seriedade animalesca do fascismo."[62]

Ao menos desde o ensaio sobre o surrealismo, de 1929, a crítica e resistência ao fascismo estavam no coração das teorias benjaminiana da arte e da técnica. O seu projeto, portanto, não era o de simplesmente criticar condenando a onipresença dos choques na modernidade, mas de desviar a carga desses choques no sentido de seu aproveitamento revolucionário. Ele, nesse gesto, uniu-se às vanguardas. Entretanto, contra o futurismo de Marinetti, e o seu culto da técnica como máquina de guerra, ele desenvolve uma crítica baseada em sua teoria de uma segunda técnica em oposição à técnica destruidora. Para Benjamin, na conclusão de seu ensaio sobre a obra de arte,

> a estética da guerra dos dias de hoje apresenta-se do seguinte modo: se o uso natural das forças produtivas é bloqueado pela distribuição da propriedade, a elevação dos meios técnicos, em termos de ritmo, de fontes de energia, pressiona em direção a uma utilização antinatural dessas forças. Esta é encontrada na guerra, que dá, com suas destruições, a prova de que a sociedade não estava madura o suficiente para transformar a técnica em seu órgão, de que a técnica não estava desenvolvida o suficiente para subjugar as forças elementares da sociedade[63].

Como lemos no texto "Teorias do Fascismo Alemão", existiria uma mais-técnica. Ela é produzida pelo bloqueio na distribuição da propriedade. A inervação do coletivo não acontece e, no lugar dela, temos a guerra – e hoje, podemos pensar tanto nas guerras periféricas, como na destruição de Gaia pela técnica do agronegócio e da mineração, ou ainda, nos magnatas se lançando para Marte com a sua mais-técnica enquanto o resto da humanidade afunda na fome e nas pandemias:

> A guerra imperialista é uma insurgência da técnica que cobra, em "material humano", exigências cuja satisfação o material natural foi negado pela sociedade. No lugar de usinas de força ela coloca em ação a força humana, na forma de exércitos. No lugar do trânsito aéreo, ela instaura o trânsito de balas, e na guerra química ela tem um novo meio para extirpar a aura.[64]

Apesar de Benjamin apostar em um culto da técnica fáustica, com suas barreiras, diques e represas (que no decorrer da história se mostraram destruidoras das populações mais frágeis e da natureza), e mostrar certo fascínio com o incremento da velocidade do transporte, o tom antifascista e antibelicista da passagem é claro. Ele concluiu o ensaio sobre *A Obra de Arte na Era da Sua Reprodutibilidade Técnica* com uma afirmação que se tornou um mote, sobretudo desde sua apropriação pelo movimento estudantil de 1968:

> "*Fiat ars – pereat mundus*", diz o fascismo e espera, como o reconhece Marinetti, da guerra a satisfação artística da percepção sensível alterada pela técnica. É esta claramente a última instância do *l'art pour l'art*. A humanidade, que em Homero foi um dia objeto de contemplação para os deuses olímpicos, tornou-se objeto de sua própria contemplação. Sua autoalienação atingiu tal grau que se lhe torna possível vivenciar a sua própria aniquilação como um deleite estético de primeira ordem. *Assim configura-se a estetização da política operada pelo fascismo. A ele o comunismo responde com a politização da arte.*[65]

É digna de nota essa observação segundo a qual o futurismo via na guerra uma espécie de paroxismo do estético – o que poderia ser associado à observação do músico Kalheinz Stockhausen, que cinco dias após o ataque às torres gêmeas de Nova York em 2001, declarou em uma entrevista em Hamburgo, que o ataque foi "the greatest work of art imaginable for the whole cosmos".

Nessa declaração cínica, confluem a teoria do sublime com a ideia de *Gesamtkunstwerk*. O *ethos* dessa frase não deixa de comungar com a atitude típica da sociedade do espetáculo que contempla com gozo a sua autodestruição. Podemos pensar na explosão de filmes-catástrofe das últimas décadas como um modo ambíguo de realizar esse gozo mórbido e, ao mesmo tempo, como uma tentativa de enfrentar nossos medos, por demais calcados no real. Na linha oposta a essa estetização do real, o conceito benjaminiano de autor como produtor defende uma relação entre a técnica e o aparelho que deve ser modificado em função das mudanças sociais necessárias, com seu elogio do *jogo* como meio de aproximação com a natureza e dos conflitos sociais, apontou para uma *virada política das artes*, na contramão da estetização da política que culmina na guerra e no sacrifício de vidas.

Segundo Benjamin (que aqui relê a *Poética* aristotélica) "na mimese dormitam, dobradas estreitamente uma sobre a outra, como os cotilédones de um broto, os dois lados da arte: aparência e jogo [*Schein und Spiel*]"[66]. Para ele, no cinema – que desdobra de modo potencializado as energias da fotografia – a "natureza ilusória é uma natureza de segundo grau"[67], obtida por meio do corte, da interrupção, como na montagem do teatro brechtiano. A teoria estética de Benjamin dá um basta ao reino da ilusão, assim como a sua teoria da história explode com a epicidade e a falsa continuidade das representações da história. A realidade livre dos aparelhos aparece agora, segundo Benjamin, apenas por meio do próprio aparelho.

Daí Benjamin fazer sua famosa – e mal compreendida – afirmação: "a visão da efetividade imediata tornou-se a flor azul no país da técnica"[68]. A flor azul é uma metáfora romântica para a totalidade, o absoluto como fusão com a natureza, fim da tristeza do estar no mundo. Benjamin traduz esse sonho romântico para a era das imagens técnicas: nela, a flor azul nasce do aparelho. Não há mais mimese da natureza como aparência, mas, antes, mimese como jogo: trata-se de um jogar junto com a natureza, atuar com ela. O bisturi, que Benjamin compara à câmera, penetra na realidade mais fundo do que a pintura, que ficava apenas no âmbito da (bela) aparência, como um curandeiro que não toca seus pacientes (mantendo a distância aurática). Hoje, na era dos pixels e das imagens eletrônicas, vemos esse fenômeno da flor azul como fruto da técnica intensificar-se. O mundo no qual humanos e a natureza conversam pode ser visto no cinema, de um modo bem distinto como aparecia no sonho da personagem de Novalis, Heinrich von Ofterdingen, em sua busca da flor azul.

VILÉM FLUSSER: IMAGENS TÉCNICAS COMO TRIUNFO DA ARTE CONTRA O FASCISMO

Vilém Flusser faz várias menções ao ensaio de Benjamin sobre a obra de arte, entretanto, fora esse ensaio não sabemos quanto ele se aprofundou nesse autor[69]. De modo geral, suas referências a Benjamin são positivas. Como Flusser faleceu em 1991, imagino que não chegou a conhecer a teoria da segunda técnica de Benjamin (mesmo tendo sido publicada em 1989), que possui afinidades, como veremos, com as suas ideias. De qualquer modo, o livro *Ins Universum der technischen Bilder* (O Universo das Imagens Técnicas), que contém uma das formulações mais radicais de sua teoria das imagens, já havia sido publicado em 1985. Portanto, não se trata de comprovar uma influência direta dos escritos e ideias de Benjamin sobre a visão e obra de Flusser, mas, antes, de marcar uma confluência que pode ser bem percebida a partir do conceito benjaminiano de *Spielraum*[70].

Flusser via a história, assim como Benjamin em seu ensaio sobre a obra de arte, como uma história de revoluções técnicas: "Ich glaube, die Geschichte ist die Geschichte der Technik."[71] (Creio que a história é a história da técnica.) E ainda: "Every revolution, be it political, economic, social or aesthetic, is, in the last analysis, a technical revolution."[72] (Toda revolução, seja política, econômica, social ou estética. é, em última análise, uma evoução técnica.) Mais do que isso, não apenas as revoluções neolítica, da era do bronze e industrial foram técnicas, mas a que ocorre no nosso presente também é: ela leva a uma *inervação do corpo coletivo*, como expressava Benjamin no artigo sobre o surrealismo no qual desenvolveu a articulação entre o *Bildraum* (espaço de imagem) e o *Leibraum* (espaço de corpo). Afirma Flusser: "Até então, as técnicas sempre simularam o corpo, mas pela primeira vez, nossas novas técnicas simulam o sistema nervoso. De tal modo que, de fato, pela primeira vez, por assim dizer, ocorre uma verdadeira revolução imaterial e, para usar uma expressão antiga, uma revolução espiritual."[73] As novas redes propiciam essa inervação. Nelas, arte e técnica se interpenetram e se superam.

Isso ocorre porque "a fronteira entre a técnica e a arte é [...] artificial; uma invenção do Renascimento"[74]. As artes práticas foram denominadas técnica e as associadas ao prazer são pensadas como representando a arte. Ele utiliza "arte" no sentido anterior à sua separação da técnica[75]. A técnica reabsorve a arte e restabelece "a unidade precedente entre 'ars' e 'techné'. Tal tendência é observável em toda parte: design, arte publicitária, e sobretudo imagens técnicas do tipo fotografia e filme"[76].

E continua: "É um dado passageiro o fato de usarmos a palavra latina para arte e a grega para técnica. Farei um esforço para mostrar que entre arte e técnica não há diferença fundamental. Se vocês quiserem estabelecê-la, eu diria que aquilo que chamamos de arte é uma técnica sem teoria. No entanto, como nada mais é sem teoria, nesse sentido não existe mais arte."

Essa ideia ele formulou em suas preleções em Bochum, em 1991[77]. Podemos ver agora "a arte como ciência aplicada ou a ciência como uma teoria da arte"[78]. Para ele, não podemos mais traçar uma linha divisória entre epistemologia, ética e estética:

> Todo objeto informado por homem (todo objeto cultural), revelará, sob análise, parâmetros epistemológicos, éticos e estéticos intimamente interligados. E que o homem nada conhece sem valorá-lo e vivenciá-lo, nada valoriza sem conhecê-lo e vivenciá-lo, e nada vivencia sem conhecê-lo e valorá-lo. De modo que todo objeto cultural é, sob certo ângulo "obra de arte", sob outro "objeto útil", (ético), e sob mais outro "objeto atestando a determinado conhecimento". E todo homem engajado em fazer cultural, quer se chame homem político ou cientista, é, sob certo ângulo, artista. Até obras tão "feias" como são as cidades industriais, revelarão, sob análise, seu lado artístico, embora frustrado. A arte não permite ser expulsa do fazer quotidiano, sob pena do homem perder a sua humanidade. [...] Neste sentido é pois possível afirmar-se que todo membro da sociedade pós-histórica será, quase espontaneamente, artista.[79]

O ser artista do homem pós-histórico é determinado por "Eine neue Eibildungskraft" (Uma Nova Imaginação), título de um artigo de 1990 em que distingue duas modalidades de imaginação. A *Imagination*[80] é capaz de traduzir o que vemos em imagens e permite que vivamos no mundo: nela ocorre um recuo abstrativo no qual o sujeito toma contornos em sua relação com o mundo. Todavia, essas imagens tornam-se obstáculos diante do mundo. A crítica dessas imagens levou, por sua vez, ao domínio da escrita alfabética. No entanto, a nova imaginação, a *Einbildungskraft*[81], que marcará a virada pós-histórica e a passagem para o triunfo do *homo aestheticus*, resulta da passagem da escrita alfabética para o cálculo. "Imagens tradicionais são decalques [*Abziehbilder*] (abstrações), imagens técnicas são projeções (concretizações)."[82] O código numérico invade o código alfabético e permite a sintetização. Não apenas a representação (tanto como *Repräsentation*, o duplo do mundo, como *Vorstellung*, ideia). Essas imagens não significam mais o mundo, mas o *criam*. Saem da abstração e entram no mundo concreto. As imagens computacionais, para Flusser, implicam autonomização da imaginação[83]. É interessante que, em meio à teoria da imaginação técnica, ele toque em um ponto central como aparece na conclusão do ensaio benjaminiano sobre a obra de arte. Se Benjamin criticava Marinetti por sua estetização da política como realização da *l'art pour l'art*, Flusser reverte essa crítica por meio de sua nova teoria da imaginação, que nos leva à conquista de um novo campo de jogo:

> A própria intencionalidade por trás da nova imaginação é aquilo que a tradição chamava de "estética pura" (*l'art pour l'art*). Por isso pode-se dizer, então, que o que diferencia a nova imaginação da antiga é o fato de que nela se desdobra a "estética pura" que se encontra instalada na antiga, e de que ela pode fazer isso porque a nova imaginação se encontra num ponto de vista de abstração insuperável, a partir do qual as imagens podem ser criticadas e analisadas. Dito de outro modo: somente quando as imagens são feitas a partir de cálculos, e não mais de circunstâncias [...] é que a "estética pura" (o prazer no jogo com "formas puras") pode se desdobrar; somente assim é que o *Homo faber* pode se desprender do *Homo ludens*.[84]

Flusser, assim como Hannah Arendt descrevera em seu ensaio *A Condição Humana*, analisa a sociedade pós-trabalho, na qual as máquinas passam a operar todo o fazer. Resta aos seres humanos a criatividade, ou seja, a

> elaboração dos modelos a serem imprimidos automaticamente sobre os objetos. O homem passa a ser "programador da história", e seu fazer passará a ser a manipulação das informações a serem impressas sobre o mundo, o "software". Pela primeira vez, desde que o homem é homem, poderá ele

dedicar-se à tarefa negativamente entrópica de preservar informações em memórias, e criar informações novas, isto é: ser plenamente homem[85].

Se para esse historiador e teórico da escrita após o ápice da cultura escrita no século XIX o mundo caminha em direção às imagens, a questão é como evitar a estetização fascista do mundo. Os artistas e os teóricos das imagens devem se voltar para construir uma sociedade na qual não devem imperar os valores estabelecidos pelos programadores dos aparelhos. Utilizando a teoria da fotografia como teoria social dos aparelhos, Flusser destaca a figura do fotógrafo experimental que tenta desviar do programa da câmera[86]. Ele é prova da inexistência da separação entre técnica e arte, sobretudo quando levamos em conta a fotografia digital, teorizada por Flusser em 1985. E, aprofundando, argumenta na perspectiva da teoria da ciência:

> De modo mais significativo, não há distinção básica entre pesquisa científica e artística: ambas são ficções em busca da verdade (hipóteses científicas sendo ficções). Imagens eletromagnéticas abolem esse divórcio porque são o resultado da ciência e estão a serviço da imaginação. São o que Leonardo da Vinci costumava chamar *fantasia essata*. Uma imagem sintética de uma equação fractal é ao mesmo tempo trabalho artístico e modelo para o conhecimento. Assim, a nova fotografia não apenas abole a classificação tradicional de várias artes (é pintura, música, literatura, dança e teatro emaranhadas numa só), mas também abole a distinção entre duas culturas (é ao mesmo tempo arte e ciência). Torna possível uma arte total que Wagner jamais sonhou.[87]

Esse sonho de uma sociedade de artistas/cientistas criativos capazes de fazer uma *Gesamtkunstgesellschaft* (sociedade da obra de arte total) não está livre do pesadelo fascista, que assombrava Benjamin na citada passagem sobre Marinetti. Para Flusser, a sociedade das imagens digitais deveria lutar contra a sociedade totalitária, na qual imperam os *discursos* (unidirecionais e monológicos), em busca de uma sociedade dialógica. O pensamento puramente técnico e científico é para ele *wertfrei*, sem sensibilidade valorativa e absolutamente pragmático, voltado para a solução técnica de problemas. Nesse mundo, a câmara de gás é solução, mesmo que de um pseudoproblema[88]. Apenas a crítica constante dos funcionários que dominam os aparelhos evitaria mergulhar no horizonte fascista. Em seu ensaio *O Universo das*

Imagens Técnicas, originalmente de 1985, assim como no ensaio "The Photograph as Post-Industrial Object" predomina a visão otimista dessa sociedade informatizada dialógica:

Cabos e outros canais reversíveis irão levar informação nos dois sentidos. A nova fotografia pode ser alterada por seu receptor e enviada de volta, então, alterada, para o remetente. Todo mundo será capaz de colaborar na elaboração da informação (dentro dos limites impostos pela automação). A democracia tornou-se tecnicamente possível pela primeira vez desde a Revolução Industrial.

Em suma: a nova fotografia se diferenciará daquela química no fato de que será praticamente eterna, vai tornar possível a arte total e permitir funcionar a democracia.[89]

O indivíduo dessa sociedade telemática ao se ver livre do trabalho poderá dedicar-se ao ócio produtivo. Esse ócio não é o mesmo do ideal grego de uma moral do ócio, mas se trata do "ócio como jogo [*Muße als Spiel*]. O jogo é, segundo a definição, sem sentido, sem objetivo. Mas esse ser sem objetivo projeta significados, sentidos"[90]. Flusser via o fim do trabalho como a libertação (o desempregado como uma espécie de vanguarda[91]) e a liberdade para mergulharmos na sociedade dialógica da informação pura. "É claro, isso chama-se 'jogo' e a revolução cultural de hoje pode ser vista como uma mutação do *homo faber* no *homo ludens*. Todos os negócios sérios serão relegados ao aparelho e a nova geração vai jogar seus jogos e olhar para trás com desprezo para a sisudez animal de gerações passadas."[92] Frase, aliás, que não deixa de recordar a formulação que vimos acima de Benjamin ao falar da "seriedade animalesca do fascismo", em *A Obra de Arte na Era de Sua Reprodutibilidade Técnica*.

A chegada da inteligência artificial do ChatGPT não deixa de confirmar, mesmo que com todas as ambiguidades, essa privisão de Flusser. O filósofo paulista acredita em "uma verdadeira explosão de criatividade" derivada dessa revolução. "De modo algum podemos imaginar a quantidade de novas criações que fluirão sobre nós, vindas de nossos aparelhos graças aos artistas."[93] O artista *homo ludens* estaria liberto de sua dependência com relação aos objetos que o condiciona e o aliena. Nasceria uma comunidade informacional para além do espaço e do tempo: sem objeto, o tempo deixa de incidir sobre a cultura. A informação *imaterial* estaria no centro da cultura pós-industrial e pós-objetiva, e os indivíduos viveriam intensamente uma existência intersubjetiva que se inscreveria em memórias imperecíveis: "*Será a arte total, e todo ser humano ser tornará, potencialmente, um artista universal.* O ser humano não mais existirá como sujeito a um universo objetivo, mas como um nó em uma rede social que transcenderá o espaço-tempo. Sem dúvida, isto é utópico. Catástrofes podem incumbir-se de prevenir isso. Ainda assim, tornou-se uma utopia tecnicamente viável."[94]

No ensaio *O Universo das Imagens Técnicas*, ele indica a coexistência de dois tipos de imagens técnicas: uma aponta em direção às sociedades totalitárias. Nelas, as pessoas são reduzidas à categoria de funcionários das imagens. A outra aponta para a sociedade "telemática dialogante dos criadores de imagens e dos colecionadores de imagens"[95]. A primeira utopia tem tons negativos, a segunda, positivos. As imagens técnicas são marcadas por uma espécie de retorno ao concreto, uma vez que as imagens tradicionais se davam sob a batuta da razão e da abstração. Para Flusser "apenas a imagem é o concreto"[96]. Se para Freud, os sonhos são uma porta para nosso mais profundo real, Flusser preconiza uma sociedade telemática na qual "os sonhos serão o concreto"[97]. Nesse sentido, podemos lembrar de Benjamin, para quem são as imagens técnicas que penetram o real, ao invés de manter distância dele.

É como se para Benjamin e Flusser, a realidade se tornasse uma série de peças de lego que podem ser reconstruídas *ad libitum*: "A sociedade utópica telemática torna-se a rede na qual a vertigem da queda se transforma em vertigem da aventura. Os participantes dessa sociedade apertarão teclas como as apertam atualmente os escritores, os pianistas, os 'imaginadores'."[98] Heidegger afirma que estamos sempre caindo na morte e o *Dasein* projeta-se para longe da morte no projeto (*Entwurf*). No entanto, Flusser pensa esse projeto a partir da técnica/arte. Como o vídeo, por exemplo: seu herói, para Flusser, é o filósofo[99]. Sua temporalidade é a do instantâneo, o tempo de agora, fora da história. Se a história foi sugada pelas imagens, agora são "as imagens que produzem história"[100]: *Bildraum*, espaço imagético detonando o campo de imagens que procuram manter as massas dominadas, infantilizadas e sem fala, *un-mündig*[101]. Trata-se de conquistarmos os *gadgets* e "submetê-los à nossa liberdade", ao invés de nos submetermos a eles. A futura sociedade será deliberadamente "artificial: obra de arte. Nada haverá nela de 'orgânico', de 'natural', de 'espontâneo'"[102]. Ela será pura superficialidade, imanência e suas regras serão lúdicas, regras de jogo. A vida será arte no sentido lúdico: "um fazer limitado por regras que são modificadas pelo fazer mesmo"[103], como nos juízos reflexionantes de Kant. Cada um se torna jogador de um jogo no qual todos são vencedores: "a cada lance o universo do jogo fica enriquecido"[104]. A arte é a palavra-chave nessa sociedade lúdica: "A arte é uma fonte de conhecimento. [...] A arte se mostra como o lado experimental da ciência."[105]

No entanto, voltemos à possibilidade da catástrofe aventada na citação do ensaio de 1986 sobre fotografia como objeto pós-industrial. Se Flusser tem no centro de seu pensamento a memória de Auschwitz (toda sua família e seus amigos da época de sua juventude em Praga foram vítimas do nazismo) e uma crítica da sociedade que resultou daquele evento, nem por isso ele se tornou um *Kulturpessimist*, um pessimista cultural. Em 1988 ele formulou: "Não compreendo os *Kulturpessimisten* de modo algum, que não param de olhar para trás e reclamar do que foi destruído. Evidentemente muita coisa é destruída, mas o belo é, evidentemente, que nós podemos estar presentes na chegada do novo."[106] Os "deuses vindouros" de Hölderlin se transformam em imagens técnicas: "Nada se interpõe ao caminho do progresso."[107] Dois anos depois, em outra entrevista, ele volta ao tema, ao afirmar que não só judeus (como Hannah Arendt, Derrida, Marcuse e Levinas) perceberam em Auschwitz o fim da história. Mas a versão que ele apresenta desse corte é original: ele parte do vazio de Auschwitz para criticar os que falam de catástrofes *vindouras*. Ele afirma que a catástrofe está atrás de nós: "Auschwitz está, claro, atrás de nós." "Eu estou fora da história, mas existem pessoas que ainda se encontram dentro. Repentinamente tomei consciência: as pessoas que falam dessas besteiras de Chernobyl e coisas do gênero estão, é claro, dentro da história. É claro que isso é besteira. Pois para mim foi Treblinka. Depois nada mais pode acontecer."[108] Esse corte ontológico está na base de sua filosofia da história e da técnica. Assim, diferentemente de Benjamin, cujo anjo da história também via a catástrofe no passado, mas era soprado pela tempestade do progresso (técnico), em Flusser o anjo da história vê a catástrofe no passado, mas aposta (como Pascal no deísmo) no deus da técnica: "Tenhamos confiança na técnica, trata-se da única coisa na qual podemos confiar ainda. As pessoas tornam-se piores, mas a técnica torna-se melhor."[109] Podemos colocar essa afirmação ao lado da ironia de Benjamin em relação a confiar na I.G. Farben (célebre conglomerado alemão que incluía Basf, Bayer entre outras empresas), no ensaio sobre o surrealismo. Entretanto, se observarmos com calma, perceberemos que Flusser estabelece um limite ao seu otimismo com a técnica: para ele, o humanismo e a confiança na capacidade de uso pacífico da técnica morreram. Ou seja: ambos filósofos constatam a concretude do progresso técnico e seu risco potencial. Ambos apostam em uma vertente técnica progressista e emancipadora. Ambos pensaram na necessidade de um freio no percurso da técnica e em uma temporalidade não linear da catástrofe. Benjamin resumiu sua crítica do progresso com essa forte imagem que vimos acima: "Marx afirma que as revoluções são as locomotivas da história do mundo. Mas talvez isso seja totalmente diferente. Talvez as revoluções sejam o freio de emergência da humanidade que viaja neste trem."[110] Para Flusser, o marxismo sofria com sua consciência histórica linear, sendo "incapaz de penetrar esse pensamento analítico formal, não histórico, que agora está no poder"[111]. Portanto, Flusser não diverge quanto à ideia de frear a história, mesmo se para ele a suspensão do progresso equivale a uma luta contra (e não a favor) da revolução. Em seu ensaio sobre a *pós-história*, do início dos anos 1980, ele não apenas escreve sobre uma provável guerra atômica aniquiladora que "surgirá inevitavelmente", descrevendo um final de jogo, como deduz "o nosso profundo *contrarrevolucionarismo*. Porque o que receamos é o progresso inexorável da cultura. *Engajar-se em liberdade*, e mais radicalmente ainda, na simples sobrevivência do homem na face da Terra, *implica* atualmente estratégias para *retardar o progresso.* A reação é atualmente a única atitude digna"[112]. Ou seja, temos que, como em Benjamin, organizar nosso pessimismo.

Traduzindo essa tarefa crítica em termos de uma filosofia do design em "Uma Ética do Design Industrial?":

Se não formos capazes – além de toda ideologia – de encontrar minimamente um caminho de aproximação a uma solução dos problemas éticos do design, então o nazismo, a guerra do Golfo e fenômenos parecidos haverão de representar unicamente os primeiros estágios da destruição e da autodestruição. O fato de que começamos a fazer perguntas é motivo de esperança.[113]

Nas últimas preleções, em Bochum, no mesmo ano, ele trata longamente da técnica e sobre suas ambíguas virtualidades, partindo do pressuposto de estarmos na pós-história: "Progresso, retrocesso, nada disso faz sentido."[114] Afirma ele de modo peremptório (o que faz sentido, pensando-se na teoria benjaminiana da segunda técnica):

liberdade é técnica. [...] Para minha completa incompreensão, os alemães, e em parte também os franceses, creem que técnica seja algo secundário. Não veem a técnica, nos aparelhos técnicos, nenhum triunfo da existência humana. A visão de Heidegger sobre a composição (*Gestell*), por exemplo, torna-o para mim mais antipático que muitas outras coisas. [...] A técnica é propriamente liberdade. Em que é que a técnica difere do conhecimento aplicado das causas? A técnica é a possibilidade de manipular as causas de forma que elas tenham as consequências que eu queira[115].

A técnica permite ir contra a lei de entropia (em termos benjaminianos: a segunda técnica permite ir contra o programa tanatológico da primeira técnica), implica a possibilidade do triunfo da vida sobre a morte. Se liberdade é técnica, ou seja, se ambas andam juntas, é porque Flusser também indica uma conquista de um espaço lúdico com a técnica-liberdade: "Nasce um novo conceito de liberdade. É a primeira vez que começamos a elaborar um conceito de liberdade consistente e a liberdade se torna então, [...] a antecipação intencional do acaso. A liberdade é uma estratégia, um tipo de jogo. A liberdade só tem sentido dentro de uma visão lúdica de mundo, de modo que o jogo é visto como um tornar-se necessário do acaso."[116]

Se Mallarmé escreveu que "Um lance de dados jamais abolirá o acaso", Flusser responde dizendo que a sociedade na qual impera a lógica lúdica, uma *ludológica*, implica o triunfo do e sobre o acaso.

LIBERDADE COMO CAMPO LÚDICO DE AÇÃO

Vemos como Flusser leva a sério a proposta de Benjamin: "Mal a segunda técnica garantiu suas primeiras conquistas revolucionárias, as questões vitais do indivíduo – amor e morte – já exigem novas soluções."[117] Pouco antes de seu fatídico acidente de carro (o acaso aí teve o valor de encontro com o real e não de desvio lúdico), Flusser, tratando da imaginação técnica, escreveu de modo bastante próximo: "Todos nossos conceitos de arte, ciência, política, de liberdade, de condicionamento [*Bedingung*], de acaso, de necessidade, sim, de vida e morte, devem ser repensados."[118] Todos esses conceitos são rearticulados no campo imagético-lúdico das imagens técnicas: "Tudo isso está implícito na constatação de que iniciamos a imaginar [*einzubilden*]." A dignidade deve ser conquistada a cada dia, e o ideal mais empolgante de todos, que pode nos garantir tal dignidade, é a luta pela liberdade, que, para Flusser, era a máxima tarefa da vida. Contra "o aparelho em sua cretinice infra-humana"[119], que parece nos cercar cada vez mais, vale a máxima do *Fausto* de Goethe: "Ja, diesem Sinne bin ich ganz ergeben,/ Das ist der Weisheit letzter Schluß:/ Nur der verdient sich Freiheit wie das Leben,/ Der täglich sie erobern muss"[120]: "Sim, a isto estou inteiramente dedicado, isto é a derradeira conclusão da sabedoria: apenas aquele merece liberdade e vida, quem precisa conquistá-las diariamente."[121]

O PARQUE DE DIVERSÕES COMO REENCONTRO COM A NATUREZA NA TÉCNICA

Se em Benjamin podemos deduzir uma contemporânea filosofia da natureza e uma base para a luta socioambiental, o mesmo vale para a obra de Flusser, ainda que, em alguns momentos, sejam entusiastas da técnica. Eles veem na técnica uma hidra de duas cabeças: uma voltada para a autodestruição da humanidade e a outra capaz de abrir caminhos para uma sociedade na qual as relações interpessoais, e a relação da humanidade com a natureza, não são mais de dominação, mas são um "jogo de soma positiva"; para utilizar uma expressão de Flusser, um jogo no qual todos ganham[122]. Assim, Benjamin sonha com as imagens de falanstérios de Fourier e com as personagens com corpos plásticos de Scheerbart. O parque de diversões, como vimos, ele vislumbra como modelo da humanidade pacificada com a técnica e a natureza[123]. Flusser, por sua vez, sonha um mundo transformado em um parque construído por artistas que são também biólogos moleculares. Como na mágica, tudo seria possível nesse parque. "O técnico genético pode manipular a paleta dos corpos animais como se fosse pintor que mistura tintas em tela."[124] Como nas obras do artista Eduardo Kac, Flusser prevê um encontro de ecologia e arte. A arte transformada em método para "soprar vida na natureza" contra a ameaça mortal do cinza. Benjamin e Flusser se aproximam na ausência de solo determinada pela catástrofe da Guerra Mundial, e se reencontram nessa *féerie* da utopia do parque de diversões como espaço de curadoria e reencontro com a *physis*. Da morte ao triunfo da vida – por meio e para além da técnica.

Para concluir retomo algumas palavras de Ailton Krenak que vêm ao encontro da filosofia da natureza e da técnica lúdica de Benjamin e de Flusser. Em seu último livro, *Futuro Ancestral*, Krenak reflete sobre os limites do modelo de técnica ocidental. Ele se refere nesse sentido a ideias muito próximas ao que Benjamin denominou de primeira técnica. Em oposição à continuidade necropolítica dessa técnica ele propõe uma concepção de valorização da "vida selvagem", que aprendamos a escutar as "falas dos rios" e que reflorestemos nosso imaginário. Como na imagem do anjo da história benjaminiano, que se volta para o passado para alimentar as forças do presente, Krenak valoriza também um "futuro ancestral" como resposta à nossa aporia. Citemos as palavras desse pensador ameríndio:

> Sempre estivemos perto da água, mas parece que aprendemos muito pouco com a fala dos rios. Esse exercício de escuta do que os cursos d'água comunicam foi produzindo em mim uma espécie de observação crítica das cidades, principalmente as grandes, se espalhando por cima dos corpos dos rios de maneira tão irreverente a ponto de não termos quase mais nenhum respeito por eles.
>
> […]
>
> A arquitetura moderna ampliou a máxima de que a civilização precisa de cimento e ferro. Esse é um pensamento que se relaciona com o

mundo nos termos de consumo de matérias não renováveis: usou ferro, acabou; usou cimento, acabou. Se você faz um projeto que precisa de cimento, pedra, ferro, vidro e o escambau, isso é a mesma coisa que usar combustível fóssil. Eu não conheço nenhuma montanha que volte a produzir cimento e pedra depois de extraídos do corpo dela.

[...]

Um pensamento [...] tem me provocado: "Como a ideia de que a vida é selvagem poderia incidir sobre a produção do pensamento urbanístico hoje?". É uma convocatória a uma rebelião do ponto de vista epistemológico, de colaborar com a produção da vida.

[...]

Temos que reflorestar o nosso imaginário e, assim, quem sabe, a gente consiga se reaproximar de uma poética de urbanidade que devolva a potência da vida, em vez de ficarmos repetindo os gregos e os romanos. Vamos erguer um bosque, jardins suspensos de urbanidade, onde possa existir um pouco mais de desejo, alegria, vida e prazer, ao invés de lajotas tapando córregos e ribeirões. Afinal, a vida é selvagem e também eclode nas cidades.[125]

Ao invés da técnica espoliadora, a escuta da voz da natureza, cuja energia *in nuce* pode voltar a ser ativada por uma humanidade menos arrogante. Nada mais próximo da filosofia da natureza de Benjamin. Ao invés da imitação do modelo clássico (e essa crítica também acompanhamos aqui na teoria benjaminiana da arte pós-aurática) que leva à repetição traumática da destruição, novos ancestrais modelos de vida e talvez menos angústia diante da morte.

Notas

APRESENTAÇÃO

1. Ver W. Benjamin, *Sobre o Conceito de História*.
2. Ibidem, p. 37-38.
3. Ibidem, p. 39-40.

PARA UMA NOVA CRÍTICA DA RAZÃO COLONIAL

1. Ver D. Danowski; E. Viveiros de Castro, *Há Mundo Por Vir?*
2. W. Benjamin, *Sobre o Conceito de História*, p. 46.
3. J. Dietzgen, *Sämtliche Schriften*, p.175.
4. Ibidem, p. 99.
5. W. Benjamin, op. cit., p. 78.
6. Ibidem, p. 44.
7. Idem, Eduard Fuchs, der Sammler und der Historiker, *Gesammelte Schriften, Band* 2, p. 474.
8. Idem, *Rua de Mão Única*, p. 70. Para um estudo mais detalhado do conceito de técnica em Walter Benjamin remeto o leitor a "Spielraum: A Arte Como Conquista de um Novo Campo de Ação Lúdico em Benjamin e Flusser", infra.
9. Idem, *A Obra de Arte na Era de Sua Reprodutibilidade Técnica*, p. 63.
10. J. Rocha, Biodiversidade é a Chave Para Prever e Evitar Novas Pandemias, *Jornal da Ciência*. Em relatório produzido pela Organização Mundial de Saúde, afirma-se que ainda são desconhecidas as origens da pandemia de coronavírus SARS-COV-2, o que não contradiz o fato exaustivamente pesquisado que mostra a origem dessas pandemias em zoonoses virais. Ver A.E. de S. Pinto, Não Há Evidência de Que Mercado de Wuhan Foi Epicentro da Pandemia, *Folha de S. Paulo*, 9 fev. 2021.
11. Ver A. Césaire, *Discurso Sobre o Colonialismo*.
12. Ver F. Fanon, *Peau noire, masques blancs*.
13. Ver L. Gonzalez, *Por um Feminismo Afro-Latino-Americano*.
14. Ver P. Gilroy, *O Atlântico Negro*.
15. Ver A. Nascimento, *O Genocídio Negro*.
16. Ver A. Mbembe, *Crítica da Razão Negra*; idem, *Sair da Grande Noite*.
17. Ver G. Kilomba, *Memórias da Plantação*.
18. A. Césaire,op. cit., p. 19.
19. E. Renan apud A. Césarie, op.cit., p. 19-20.
20. Hannah Arendt no livro *Origens do Totalitarismo*, p. 274-275, publicado em 1951, ou seja, no ano seguinte ao manifesto de Césaire, afirmou uma ordem de ideias que podem ser aproximadas do *Discurso Sobre o Colonialismo*: "As possessões coloniais africanas tornaram-se o solo mais fértil para que florescesse o grupo que viria

a ser mais tarde a elite nazista. Viram ali como era possível transformar povos em raças e como, pelo simples fato de tomarem a iniciativa desse processo, podiam elevar o seu próprio povo à posição de raça dominante. A África serviu para curá-los da ilusão de que o processo histórico é necessariamente 'progressista' […]. Conscientes disso, estavam perfeitamente dispostos a pagar o preço necessário, a retroceder ao nível de uma organização racista, desde que com isso pudessem conseguir o domínio de outras 'raças'". A violência colonial na África serviria de escola para a formação dos futuros nazistas. Na colonialidade, dormita Hitler, do século XIX ao XXI.

21. A. Serraut apud A. Césaire, op. cit., p. 20.
22. C. Agostine, Bolsonaro Diz Que Índios "São Latifundiários Pobres em Cima de Terras Ricas", *Valor Econômico*, 10 out. 2019.
23. A. Césaire, op. cit., p. 21.
24. Como formulou o escritor e sobrevivente de campo de concentração nazista Robert Antelme, em um pequeno e precioso artigo de 1948, "Pauvre-Prolétaire-Déporté" (Pobre-Proletário-Deportado): "Quando o pobre torna-se proletário, o rico torna-se SS." Essa máxima pode constar como epígrafe (ou epitáfio) de nossa era, com seus Trumps e clones dessa escória.
25. Ver A. Quijano, Colonialidade do Poder, em E. Lander (orgs.), *A Colonialidade do Saber*.
26. A. Césaire, op. cit., p. 25, também o afirma: "Também estou falando dos abusos, mas pra dizer que aos antigos – muito reais – sobrepuseram outros – muito detestáveis. Sou informado sobre tiranos locais que foram enquadrados; mas constato que, em geral, eles se dão muito bem com os novos e que, destes aos antigos e vice-versa, um circuito de bons serviços e cumplicidade foi estabelecido em detrimento dos povos."
27. Ibidem, p. 24.
28. M.D. de Souza, Denúncias de Intolerância Religiosa Aumentaram 56% no Brasil em 2019, *Brasil de Fato*, 21 jan. 2020.
29. A. Cesáire, op. cit., p. 25.
30. Ibidem, p. 26.
31. W. Benjamin, *Sobre o Conceito de História*, p. 117.
32. A. Krenak, *Ideias Para Adiar o Fim do Mundo*, p. 30.
33. Ibidem, p. 31.
34. C. Lévi-Strauss, *Saudades do Brasil*, p. 13.
35. Ibidem, p. 16.
36. A. Krenak, op. cit., p. 52.
37. Ibidem, p. 65.
38. G. Kilomba, op. cit., p. 69.
39. Ibidem, p. 69. Walter Benjamin, em um artigo de 1929 sobre o surrealismo, afirmava ser necessário "organizar o pessimismo" a partir da construção de um novo espaço de imagens, *Bildraum*. Apenas assim seria possível livrar o debate político de sua falsa moralização pela direita fascista (em sua eterna e meramente hipócrita luta contra a "corrupção"). Ele propunha uma guerra de imagens e de imaginações. Ver "Spielraum: A Arte Como Conquista de um Novo Campo de Ação Lúdico em Benjamin e Flusser", infra.
40. Ver A. Krenak, *A Vida Não é Útil*.
41. Ibidem, p. 83.
42. Ibidem, p. 81-82.
43. Quanto a essa ideia de uma redenção associada a uma destruição salvadora remeto ao ensaio de G. Scholem, *Erlösung durch Sünde* (Redenção Pelo Pecado).
44. W. Benjamin, *Sobre o Conceito de História*, p. 202.
45. V. Flusser também sonhou em "nos projetarmos fora do projeto" do Ocidente que, para ele, tinha como *télos* a morte, o genocídio, a repetição de Auschwitz. *Pós-História*, p. 27.
46. A. Krenak, *A Vida Não É Util*, p. 91.
47. W. Benjamin, *Gesammelte Schriften, v. 1*, p. 682-683; idem, *Charles Baudelaire, um Lírico no Auge do Capitalismo*, p. 173.
48. Idem, *Sobre o Conceito de História*, p. 175.
49. D. Kopenawa; B. Albert, *A Queda do Céu*, p. 357.
50. "O que chamamos de *xawara* são o sarampo, a gripe, a malária, a tuberculose e todas as doenças de brancos que nos matam para devorar nossa carne". Ibidem, p. 366.
51. Ibidem, p. 363-364.
52. Ibidem, p. 368.
53. Ibidem, p. 370.
54. "O que aprendi ao longo dessas décadas é que todos precisam despertar, porque, se durante um tempo éramos nós, os povos indígenas, que estávamos ameaçados de ruptura ou da extinção dos sentidos das nossas vidas, hoje estamos todos diante da iminência de a Terra não suportar a nossa demanda." A. Krenak, *Ideias Para Adiar o Fim do Mundo*, p. 45.
55. A. Césaire, op. cit., p. 55.

ACERCA DO ANARQUIVAMENTO

1. Ver J. Derrida, *Mal de Arquivo*.
2. Ver M. Mauss, *Ensaios Sociológicos*.
3. C. Baudelaire apud W. Benjamin, *Charles Baudelaire, um Lírico no Auge do Capitalismo*, p. 78. Com relação às semelhanças deste procedimento do catador com o trabalho do próprio Benjamin, ver o fragmento do seu livro sobre as passagens de Paris: "Método deste trabalho: Montagem literária. Eu não tenho nada a dizer. Apenas a mostrar. Eu não vou furtar nada de valioso ou apropriar-me de formulações espirituosas. Mas sim os trapos, o lixo: eles eu quero não inventariar, mas, antes, fazer justiça a eles do único modo possível: utilizando-os." W. Benjamin, *Gesammelte Schriften, Band* 5, p. 574. No livro de Benjamin sobre o drama barroco alemão os conceitos de alegoria e de melancolia são articulados ao desejo barroco de armazenamento das coisas e ruínas do mundo. Ver M. Seligmann-Silva, *O Local da Diferença*, p. 123-140. Com relação à dialética entre o alegorista e o colecionador ver W. Benjamin, *Gesammelte Schriften, Band* 5, p. 279.
4. Ver um aforismo de seu *Rua de Mão Única*: "Criança Desordeira. Cada pedra que ela encontra, cada flor colhida e cada borboleta capturada já é para ela princípio de uma coleção única. Nela esta paixão mostra a sua verdadeira face, o rigoroso olhar índio, que, nos antiquários, pesquisadores, bibliômanos, só continua ainda a arder turvado maníaco. Mal entra na vida, ele é caçador. Caça os espíritos cujo rastro fareja nas coisas; entre espíritos e coisas ela gasta anos, nos quais seu campo de visão permanece livre de seres humanos." W. Benjamin, *Rua de Mão Única*, p. 39. Lembremos de Bispo do Rosário, que cada vez mais se isolou entre os objetos de sua coleção do mundo.
5. W. Benjamin, *Gesammelte Schriften, Band* 3, p. 216. (Grifo nosso.)
6. Ver M. Brodsky, *Buena Memoria*; idem, *Nexo*. Nesses catálogos o leitor pode se informar sobre as suas múltiplas produções, entre as quais suas obras em torno das ruínas da AMIA (Asociación Mutua Israelita Argentina), da rua Pasteur, em Buenos Aires, que sofreu o atentado terrorista em 18 de julho de 1994 com 85 vítimas, bem como seu engajamento na construção do "Parque de la Memoria" em Buenos Aires.
7. Ver M. Seligmann-Silva, Fotografia Como Arte do Trauma e Imagem-Ação, *Temas em Psicologia*, n. 2, p. 311-328.
8. W. Benjamin, *Magia e Técnica, Arte e Política*, p. 115.
9. Em "O Autor Como Produtor", Benjamin articula essa teoria positiva da legendagem a uma passagem do escritor à atividade de fotógrafo. A foto surge como meio de superação da divisão de trabalho da sociedade burguesa: "Temos que exigir do fotógrafo a capacidade de colocar em suas imagens legendas explicativas que as arranquem da clausura da moda e lhes confiram um valor de uso revolucionário. Mas só poderemos formular convincentemente essa exigência quando nós, escritores, começarmos a fotografar. Ou seja, também aqui, para o autor como produtor o progresso técnico é um fundamento do seu progresso político. Em outras palavras: somente a superação daquelas competências no processo da produção intelectual, que, segundo a concepção burguesa, constituem a base de sua organização, torna essa produção politicamente apropriada." *Magia e Técnica, Arte e Política*, p. 138-139.
10. H. Arendt, *Origens do Totalitarismo*, p. 274.
11. W. Benjamin, *A Obra de Arte na Era de Sua Reprodutibilidade Técnica*, p. 184.
12. Ibidem, p. 63. Colchetes no original.
13. M. Foucault, *Philosophie, Antropologie*, p. 822-857.
14. J. Gerz, *La Question secrète*, p. 9; p. 154.
15. W. Benjamin, *Sobre o Conceito de História*, p. 118.
16. Marshall McLuhan formulou o conceito de *global village* que Flusser comentou ironicamente em 1985: "O que McLuhan chamou, de maneira otimista, de 'aldeia cósmica', será uma massa de indivíduos solitários unidos entre si pela identidade cósmica dos programas." V. Flusser, *O Universo das Imagens Técnicas*, p. 56.
17. F. Yates, *Art of Memory*, p.113.
18. O ensaio de Freud "Das Unheimlich" (O Estranho), de 1919, é uma peça chave na sua busca de compreensão dos mecanismos do inconsciente, em que discute a partir tanto de uma passagem de Schelling (segundo a qual *Unheimlich* "denomina-se tudo aquilo que deveria ter ficado escondido, mas veio à tona"), como de contos fantásticos de E.T.A. Hoffmann. Ele manifestaria aquilo que está como que enterrado, foi censurado e recalcado em nosso inconsciente. Dois dos elementos mais evidentes dentre estes corpos enterrados em nós, são a morte e o complexo de castração, com a angústia ligada a este

2

complexo. Outro exemplo de Freud é o útero materno e o corpo da mãe: um corpo que nos foi familiar e depois virou "Unheimlich", sendo que este "un" é a marca do recalcamento. S. Freud, Das Unheimlich, *Studienausgabe*, p. 241-274. Em fenômenos estéticos ou na vida real que provocam o sentimento de "estranho", manifesta-se uma "compulsão à repetição" que é a marca destes elementos recalcados que querem voltar à luz do dia. Este texto foi fundamental para a análise que Freud depois faria, no ano seguinte, em *Para Além do Princípio do Prazer*, de nossa psicologia como um campo de tensão entre Eros e Tânatos. Acredito que o conceito de *Unheimlich* deve servir como uma das chaves para entendermos nosso "mal de arquivo".

19. J. Derrida, *Mal de Arquivo*, p. 22; M. Foucault, L'Écriture de soi, *Philosophie, Antropologie*, p. 826.
20. Cabe notar que uma das principais obras da Biennale de 2013 foi o livro com a versão em história em quadrinhos do *Gênesis*, de Robert Crumb, que estava reproduzido em sua íntegra em meio à exposição. Crumb realiza uma impactante releitura da primeira parte do livro dos livros, da *Bíblia*. Uma arca de milênios, traz um arquivo que vem sendo incessantemente reinterpretado por artistas e reescrito. Crumb, com sua tradução intersemiótica (ou intermidiática) livre e criativa, realiza um impressionante *tour de force* e atualiza de modo brutal, como no gesto do colecionador benjaminiano, o arquivo bíblico, que sofre sob o peso da tendência à cooptação pela teologia, pela religião e pela filologia, verdadeiras porteiras da *Bíblia*.
21. Lembro aqui do projeto Mnemosyne de A. Warburg,, que o acompanhou nos últimos anos de sua vida, e propunha um recolecionamento da história da arte, contra os arquivamentos feitos em pastas calcadas seja em eras ou em estilos, como ocorria desde Winckelmann.
22. J.W. Goethe, *Faust*. Essa frase foi citada por S. Freud no final de seu *Totem e Tabu*, servindo como chave para sua conclusão, a saber, que o assassinato do pai da horda primeva de fato aconteceu, p. 444.

AS PASSAGENS DE WALTER BENJAMIN

1. Ver W. Benjamin, *Passagens*.
2. W. Benjamin, *Das Passagen-Werk*, 1079-1215.
3. Os códigos de letras e números correspondem neste capítulo ao sistema de numeração dos fragmentos de *Passagens*.
4. W. Benjamin, *Rua de Mão Única*, p. 14.
5. Ver A. Warburg, *Der Bilderatlas Mnemosyne*.
6. W. Benjamin, *Sobre o Conceito de História*, p 176.

O "DIÁRIO DE MOSCOU"

1. P. Lejeune, Le Journal comme "antifiction", *Poétique*, n. 149, p. 3-4.
2. Em outra passagem, Lejeune afirma de modo peremptório, deixando entrever o verdadeiro "perigo" que ele projeta na ficção: "Au contact de la fiction le journal s'étiole, s'évanouit, ou fait une crise d'urticaire. Au contact de la fiction les autobiographies, les biographies, les livres d'histoire sont contaminés, ils ont la fiction dans le sang." (Em contato com a ficção, o diário murcha, desaparece ou sofre um surto de urticária. No contato com a ficção, as autobiografias, as biografias, os livros de história se contaminam, têm a ficção no sangue.) Ibidem, p. 8. A metáfora biológica é *sintomática* da visão do universo literário defendida por Lejeune. Blanchot, na sua conhecida crítica do diário, lembrada por Lejeune, acusa esse gênero de "proteger-se da escrita". *O Livro por Vir*, p. 270. O pacto do diário seria com o calendário e com a verdade: o que resultaria na superficialidade dessa escrita. O diário exigiria a constatação e a prova e se oporia à profundidade da narrativa, submetida ao acaso. Blanchot com esta concepção acaba se mostrando vítima de uma visão positivista do diário – neste ponto ele concordaria com Lejeune – já que atribui a esta forma uma factografia com grau zero de ficcionalidade. Por outro lado, é justamente a estética da superficialidade, do acúmulo de escombros, de ruínas, o que restou de mais "nobre" da literatura no século XX. Blanchot ainda tentou salvar uma noção de nobreza do *récit*. Ele defendeu o modelo romântico da inspiração do autor, Ibidem, p. 293, e o "espaço fechado, separado e sagrado que é o espaço literário", p. 302. Nada disto pode ser mais sustentado sem uma ponta de cinismo no século XX, após as vanguardas e a revelação do suposto nobre périplo do Espírito pelo Tempo como manifestação e vir à tona do abjeto (ou seja: depois do desmascaramento da cumplicidade entre o logos e a necropolítica). Por outro lado, é importante notar que tanto o diário e o testemunho *querem*

ser narrativa: mas se batem na impossibilidade da narrativa. Derrida, de modo genial e irônico, percebeu como o próprio Blanchot em sua narrativa foi um exímio autor de testemunhos. Ver J. Derrida, *Demeure*.

3. Para uma história erudita do diário ver G.R. Hocke, *Europäische Tagebücher aus vier Jahrhunderten*.
4. O conceito de "teor testemunhal" desenvolvi em outros textos; M. Seligmann-Silva, Catástrofe, História e Memória em Walter Benjamin e Chris Marker, *História, Memória, Literatura*. Para tanto parti dos conceitos benjaminianos de "teor de verdade" (*Wahrheitsgehalt*) e de "teor coisal" (*Sachgehalt*), que ele desenvolveu em seu ensaio sobre *As Afinidades Eletivas* de Goethe e, por outro lado, da sua famosa frase segundo a qual "es ist niemals ein Dokument der Kultur, ohne zugleich ein solches der Babarei zu sein". (Nunca existiu um documento da cultura que não fosse ao mesmo tempo um [documento] da barbárie.) W. Benjamin, *Gesammelte Schriften, v. 1*, p. 696. Considero mais produtivo estudar os traços característicos desse teor testemunhal, que pode ser encontrado em qualquer produção cultural, do que falar em um gênero "literatura de testemunho". Esta expressão, por outro lado, tem sido aplicada àquelas obras programaticamente nascidas para testemunhar catástrofes no século xx. Não considero errado falar em literatura de testemunho, mas creio que não devemos reduzir o estudo do teor testemunhal a esta produção específica. O testemunho deve ser compreendido no contexto da virada testemunhal do saber.
5. J. Derrida, *Circonfession*, p. 198.
6. Leo Spitzer, em um pequeno artigo sobre o termo "témoin" (testemunho), publicado em 1938, destacara que com ele "Nous sommes donc en présence d'un des nombreux cas ou celui qui exerce une fonction est confondu avec celle-ci (cfr. esp. un *cura*, fr. *guide* [...]). Peut-être pourrait-on inférer de la coexistence des deux sens, qu'il ne s'agit pas à proprement dire de deux sens, mais que le personnage et son rôle ne sont pas distincts dans la conscience de l'individu parlant". (Estamos, portanto, perante um dos numerosos casos em que aquele que exerce uma função se confunde com ela [ver esp. un *cura*, fr. *guide* [...]]. Talvez se possa inferir da coexistência dos dois sentidos, que não se trata estritamente de dois sentidos, mas que a personagem e seu papel não são distintos na consciência do indivíduo falante.) L. Spitzer, Témoin, *Archivum Romanicum*, v. 22, p. 374. Um dos exemplos de Spitzer é o português, em que testemunho e testemunha indicam a confusão entre personagem (que testemunha) e seu papel de portadora de um testemunho, e uma confusão entre a personagem e o testemunho em si; como tendemos a ver o diário como uma parte de seu autor e das marcas da sua presença, assim como em uma fotografia.
7. S. Freud, *A Correspondência Completa de Sigmund Freud Para Wilhelm Fliess*, p. 209.
8. P. Lejeune, op. cit., p. 5 e 10.
9. F. Schlegel, *Kritische Friedrich-Schlegel-Ausgabe*, p. 252.
10. Ibidem, p. 154.
11. Ver M. Seligmann-Silva, *Ler o Livro do Mundo*.
12. F. Schlegel, *Literary Notebooks 1797-1801*, p. 17.
13. G. Scholem, Prefácio em W. Benjamin, *Diário de Moscou*, p. 11.
14. W. Benjamin, *Gesammelte Schriften, Band 6*, p. 781.
15. Idem, *Diário de Moscou*, p. 14, 17.
16. Idem, *Gesammelte Schriften, Band 4*, p. 988; *Briefe*, p. 444.
17. Com relação à autobiografia, ver o ensaio de K. Weintraub, Autobiography and Historical Consciousness, *Critical Inquiry*, n. 4, p. 821-848.
18. W. Benjamin, *Diário de Moscou*, p. 42.
19. W. Benjamin, *Gesammelte Briefe, Band 3*, p. 235.
20. Ibidem, p. 233; idem, *Diário de Moscou*, p. 146.
21. W. Novalis, *Tagebücher und Briefe*, p. 282.
22. Uma das seções das "Pariser Beobachtungen" de Kracauer tinha por título esta expressão retomada por Benjamin nessa carta.
23. W. Benjamin, *Gesammelte Briefe, Band 3*, p. 23; Idem, *Diário de Moscou*, p. 146, tradução modificada.
24. W. Benjamin, *Diário de Moscou*, p. 13, tradução modificada; Idem, *Gesammelte Briefe, Band 3*, p. 232.
25. M. Seligmann-Silva, *O Local da Diferença*, p. 286.
26. Ver W. Benjamin, *Das Passagen-Werk*, p. 574.
27. Idem, *Gesammelte Schriften, Band 2*, p. 618.
28. W. Benjamin, *Gesammelte Schriften, Band 4*, p. 989; *Gesammelte Briefe, Band 3*, p. 278.
29. Idem, *Diário de Moscou*, p. 88.
30. Ibidem, p. 89.
31. Ibidem.
32. W. Benjamin, *Gesammelte Schriften, Band 4*, p. 987s; *Gesammelte Briefe, Band 3*, p. 221s. Como vimos acima, Benjamin procurava não julgar, mas mergulhar no espaço ótico deste mundo que estava conquistando. De modo totalmente

oposto a Benjamin, dez anos depois dele, André Gide, escreveu *Retour de l'URSS* com a pena totalmente embebida na sua função judicante. De um lado, lemos o fascínio do autor pelo que acontecia por lá: "Dans nos cœurs et dans nos esprits nous attachions résolument au glorieux destin de l'URSS l'avenir même de la culture." (Em nossos corações e em nossas mentes, associávamos firmemente ao glorioso destino da URSS o próprio futuro da cultura), p. 15; e "En URSS le peuple est admirable [...] Tout était splendide." (Na URSS, as pessoas são admiráveis [...] Tudo era esplêndido.), p. 26. Por outro lado, vemos também a crítica aos "desvios" que se passavam na revolução. Estas críticas custaram muito a Gide na época. O livro é escrito a partir do retorno, ou seja, de um ponto de vista daquele que já está "em casa", no caso, na França, no tempo passado e não no presente e sobre um país, a URSS, e não sobre uma cidade. Gide fora convidado pelo partido comunista para fazer a viagem. Seu texto não poderia ser mais distante dos diários de Benjamin, pois ele não tem a pulsão fisiognomica nem o projeto ensaístico de Benjamin. No texto de Gide, tampouco vemos a mistura do privado com o público.

33. Idem, *Gesammelte Schriften, Band 6*, p. 782.
34. Idem, *Gesammelte Briefe, Band 3*, p. 257; *Gesammelte Schriften, Band 4*, p. 989.
35. É. Benveniste, *O Vocabulário das Instituições Indo-Europeias*, p. 287.
36. W. Benjamin, *Diário de Moscou*, p. 32.
37. Ibidem, p. 82 e 131-132, respectivamente.
38. G. Anders, *Kafka*.
39. W. Benjamin, *Diário de Moscou*, p. 33-34.
40. Ibidem, p. 46.
41. Ibidem, p. 82.
42. Ibidem, p. 83.
43. Ibidem, p. 87, p. 101.
44. Idem, Zur Kritik der Gewalt, *Gesammelte Schriften, Band 2*.
45. Idem, *Diário de Moscou*, p. 89, 109, 49, 97, 104.
46. Ibidem, p. 119.
47. Ibidem, p. 92.
48. Ibidem, p. 29.
49. Ibidem, p. 81. Ver também a passagem na qual descreve a proximidade, no comércio, de imagens religiosas e de Lênin: "as barracas com imagens religiosas estão localizadas ao lado daquelas que vendem artigos de papelaria, de maneira que estão cercadas de retratos de Lênin por toda parte, como um prisioneiro por policiais". Ibidem, p. 83.
50. Ibidem, p. 76.
51. Ibidem, p. 25.
52. Ibidem, p. 112.
53. Ibidem, p. 45.
54. Ibidem, p. 72.
55. Ibidem, p. 142.

WALTER BENJAMIN E AS CIDADES/ HISTÓRIAS "POROSAS"

1. W. Benjamin, *Gesammelte Schriften, Band 4*, p. 364.
2. Idem, *Gesammelte Schriften, Band 3*, p. 194.
3. P. Szondi, Benjamins Städtebilder, *Schriften 2*, p. 297.
4. Ver nos fragmentos de *Rua de Mão Única*, "Arquitetura de Interiores" e "Mercadoria: Expedição e Empacotamento", p. 111, 133, e no fragmento "Paris, A Cidade no Espelho", de suas Imagens do Pensamento: Paris, die Stadt im Spiegel, *Gesammelte Schriften, Band 4*, p. 356-359. Uma das formulações mais eloquentes de Benjamin, *Gesammelte Schriften, Band 4*, p. 26, nesse sentido está em *Rua de Mão Única, p. 28*, no fragmento "Guarda-Livros Juramentado": "A escrita, que no livro impresso havia encontrado um asilo onde levava sua existência autônoma, é inexoravelmente arrastada para as ruas pelos reclames e submetida às brutais heteronomias do caos econômico. Essa é a rigorosa escola de sua nova forma." Sobre o tema da leitura do mundo em Benjamin, remeto a M. Seligmann-Silva, *Ler o Livro do Mundo*.
5. F. Hessel, Die Kunst spazieren zu gehn, *Ermunterungen zum Genuss, Teigwaren leicht gefärbt, Nachfeier*, p. 340.
6. W. Benjamin, *Rua de Mão Única*, p. 44.
7. Idem, *A Obra de Arte na Era de Sua Reprodutibilidade Técnica*, p. 90.
8. *Ekphrasis*, gênero de escrita específico e codificado, que teve seu auge no século XVIII e foi então elevado a método historiográfico por Winckelmann.
9. W. Benjamin, *Rua de Mão Única*, p. 47.
10. Ibidem, p. 48.
11. W. Benjamin, *Gesammelte Schriften, Band 4*, p. 987.
12. Idem, Paul Scheerbart: Lesabéndio, *Gesammelte Schriften, Band 2*, p. 618.
13. Idem, *Rua de Mão Única*, p. 149-150.
14. Ibidem, p. 152.
15. Idem, Paul Scheerbart: Lesabéndio, op. cit., p.316; idem, *Rua de Mão Única*, p. 156.

16. E. Bloch, *Italien und die Porosität*, p. 508.
17. É importante lembrar que Benjamin vê também em San Gimignano, na Toscana, fenômenos de interpenetração onde o "fora" tende ao "interior": "Quando se atravessa a *Porta San Giovanni*, sente-se num pátio e não na rua. Mesmo as praças são pátios e em todas parecemos abrigados." W. Benjamin, *Rua de Mão Única*, p. 208.
18. E. Bloch, op. cit., p. 513-514.
19. C. Ujma, Zweierlei Porosität, Walter Benjamin und Ernst Bloch beschreiben italienische Städte, *Rivista di Letteratura e Cultura Tedesca*, a. 7.
20. W. Benjamin, *Rua de Mão Única*, p. 161.
21. Ibidem, p. 166.
22. Ibidem, p. 168.
23. Ibidem, p. 184.
24. W. Benjamin, *Magia e Técnica, Arte e Política*, p. 33.
25. Idem, Doutrina das Semelhanças, *Magia e Técnica, Arte e Política*, p. 117-122.
26. W. Benjamin, *Rua de Mão Única*, p. 262.
27. Idem, *A Obra de Arte na Era de Sua Reprodutibilidade Técnica*, p. 57.
28. Idem, *Gesammelte Schriften, Band 1*, p. 670.
29. Idem, *A Obra de Arte na Era de Sua Reprodutibilidade Técnica*, p. 57.
30. W. Benjamin, *Passagens*, p. 40.
31. Em 15 de fevereiro de 1929, tendo recebido um exemplar de cortesia desse volume, enviado por Giedion, Benjamin escreve uma carta de agradecimento na qual não deixa dúvidas quanto ao seu entusiasmo com relação a essa publicação e sobre quanto ela o abalou positivamente: "Quando recebi seu livro, as poucas passagens que eu li eletrificaram-me a tal ponto que eu decidi não continuar a leitura antes de ter mais contato com minhas próprias pesquisas a respeito, o que, devido a circunstâncias externas, não pude fazer naquele momento. Já há alguns dias as coisas se organizaram por aqui e eu passo horas com seu livro, em admiração. [...] o senhor consegue iluminar ou, melhor, descobrir, a tradição a partir do presente. Daí a nobreza do seu trabalho, que eu mais admiro, ao lado do seu radicalismo." W. Benjamin, *Gesammelte Briefe, Band 3*, p. 443-444.
32. W. Benjamin, *Passagens*, p. 40.
33. Ibidem. Benjamin tomou conhecimento da obra de Scheerbart a partir do seu livro de ficção científica, *Lesabéndio*, que ganhou de presente de casamento, em 1917, da parte de seu melhor amigo, Gershom Scholem, ele mesmo um admirador de Scheerbart, que conta que Benjamin escreveu um texto em 1920 sob o impacto da leitura das obras de Scheerbart intitulado "Der wahre Politiker" (O Verdadeiro Político), que infelizmente se perdeu. Ver G. Scholem, *Walter Benjamin: The Story of a Friendship*, p. 38.
34. S. Giedion, *Building in France, Building in Iron, Building in Ferroconcrete*, p. 153
35. Ibidem, p. 168, 169.
36. Ibidem, p. 90 e 93, respectivamente.
37. Ibidem, p. 169. Giedion desenvolveu a teoria da transparência e interpenetração, típicas da arquitetura moderna, no livro monumental *Space, Time and Architecture*. Ele estabelece um paralelo entre a interpenetração arquitetural e o que se passou no cubismo, cujas obras seriam marcadas também pela transparência, suspensão e interpenetração: nesses quadros, interior e exterior podem ser vistos simultaneamente, como em uma casa de Le Corbusier, ou como na Torre Eiffel. A partir de 1945, no entanto, Giedion abandona muitas de suas ideias anteriores e passa a defender, por exemplo, a necessidade de uma nova monumentalidade, autêntica, oposta à pseudomonumentalidade de sua época. Ver idem, *Arquitetura e Comunidade*.
38. W. Benjamin, *Passagens*, p. 41.
39. Ibidem; ver fragmento A3a,5 de Benjamin, p. 85.
40. O mesmo vale para a leitura entusiasta e acrítica que Benjamin fez da obra de Le Corbusier. Xavier de Jarcy, em um livro polêmico sobre o fascismo de Le Corbusier, afirma uma série de ideias que vão ao encontro da minha leitura. Cito uma passagem: "Frequentemente aproximou-se a cidade corbusiana das cidades utopistas, como do falanstério de Charles Fourier, precursor do socialismo. Segundo os desenhos, esse prédio pareceria com o castelo de Versalhes. Mas Le Corbusier pouco se interessou por essa interpretação e ela acabou atrasando por décadas a compreensão da sua obra. Inseriu-se menos esses projetos no contexto de uma linha de arquitetura coletiva racionalista que vai da escola ao convento, da oficina ao hospital, da prisão ao campo de concentração. Células de habitação monásticas, grade de ruas e simetria perfeita, a Cidade contemporânea, o Plan Voisin, a Ville radieuse que Le Corbusier elabora no início dos anos 1930, não estão distantes, em uma escala gigantesca, dessas instituições austeras das quais nos fala Foucault em *Surveiller et punir*." X. Jarcy, *Le Corbusier, un fascisme français*. p. 80.
41. Ver M. Foucault, *Vigiar e Punir*, p. 186-214.
42. Ibidem, p. 194.
43. Ibidem, p. 211. Ver, nesse sentido, J.C. Perrot, Despotische Vernunft und ökonomische Utopie,

em W. Voßkamp (ed.). *Utopie-Forschung*, p. 353. Bentham também chamou o panóptico de "minha própria utopia" e afirmou que ele deveria ser feito com ferro e não com madeira. Ver J. Bentham, *El Panoptico*, p. 21 e 74, respectivamente.

44. W. Benjamin, *Magia e Técnica, Arte e Política*, p. 24.
45. Reporto-me aqui a um pequeno texto em francês de Benjamin sobre o escritor. Benjamin nota que é improvável que Scheerbart tenha lido Fourier. Os dois são tratados como utopistas por ele. W. Benjamin, Paul Scheerbart: Lesabéndio, *Gesammelte Schriften, v.* 2, p. 632.
46. Scheerbart e Taut conheceram-se pouco antes de empreenderem o projeto de realizar uma casa de vidro no contexto da exposição da Werkbund alemã em Colônia, em 1914. Taut dedicou essa construção a Scheerbart. (Ver J.A. Stuart, *Unweaving Narrative Fabric*, p. 61.) Stuart destaca que o arquiteto Walter Gropius, da Bauhaus, foi um leitor entusiasta de Scheerbart, assim como marcou a visão de vários outros arquitetos.
47. P. Scheerbart, *Glasarchitektur*, p. 5-6. Como Bentham, P. Scheerbart, p. 9, também desaconselha o emprego da madeira em favor do ferro. Apesar de afirmar que a Terra será um paraíso com a introdução da arquitetura transparente (que, para ele, teria o acréscimo das cores nos vidros) ele condena chamá-la (como o faz Benjamin referindo-se ao próprio Scheerbart) de utópica: "Arquitetura de vidro nunca deveria ser chamada de utópica", ibidem, p. 17. Sobre o tema da relação com Giedion, da transparência e da porosidade em Benjamin, ver J.L. Déotte, *La Ciudad Porosa*.
48. W. Benjamin, *Passagens*, p. 45.
49. Ibidem, p. 255. Conferir também p. 507, este outro fragmento bem à la Giedion, Scheerbart e Le Corbusier: "É próprio das formas técnicas de construção (em oposição às formas artísticas) que seu progresso e seu êxito sejam proporcionais à transparência de seu conteúdo social. (Daí a arquitetura em vidro.)"
50. W. Benjamin, *Rua de Mão Única*, p. 274.
51. Ibidem.
52. Essa passagem permite estabelecer uma relação entre a teoria freudiana do *Unheimlich* (o conceito de estranho que guarda em si a ideia de "lar", "Heim") com o mistério, que Benjamin associa à propriedade. É como se a sociedade em que tudo gira em torno da mercadoria e de seu culto fosse o palco para o indivíduo psicanalítico refém do mistério, ou seja, do *Unheimlich*, de sua alienação. A transparência significaria o fim do mistério e desse indivíduo psicanalisável. Ver também p. 167n18, supra.
53. W. Benjamin, *Magia e Técnica, Arte e Política*, p. 126. X. de Jarcy, em seu livro sobre Le Corbusier, recorda um artigo de P. Winter, amigo de Le Corbusier, sobre o bairro operário de Pessac, construído pelo arquiteto. Ele nota que para Le Corbusier, uma casa é como um organismo, "os dejetos desaparecem e não deixam nenhum traço" (X. Jarcy, op.cit., p. 33, tradução minha). Também o largo elogio de Le Corbusier à pintura branca das casas, internamente e no seu exterior, que, para ele, levaria a uma limpeza moral e transformação da vida, pode ser posto ao lado da doutrina benjaminiana do apagamento positivo dos traços, ibidem, p. 77.
54. W. Benjamin, *Magia e Técnica, Arte e Política*, p. 127. Sobre a arquitetura de vidro e Benjamin, conferir ainda P. Missac, A Arquitetura de Vidro, *Passagens de Walter Benjamin*.
55. W. Benjamin, *Sobre o Conceito de História*, p. 175.
56. Ver *A Obra de Arte na Era de Sua Reprodutibilidade Técnica*.
57. Idem, *Rua de Mão Única*, p. 242.
58. Ibidem.
59. W. Benjamin, *A Obra de Arte na Era de Sua Reprodutibilidade Técnica*, p. 141-142.
60. Idem, *Rua de Mão Única*, p. 242.
61. Ibidem, p. 243.
62. Ibidem, p. 242.
63. Ibidem, p. 243.
64. Ibidem.
65. Idem, *Passagens*, p. 47.
66. Ibidem, p. 588.
67. Idem, *Sobre o Conceito de História*, p. 55.
68. Ibidem, p. 124-125.
69. Idem, *Gesammielte Schriften, Band 6*, p. 467-468.

O ETERNO RETORNO E O SEMPRE-IGUAL

1. L.A. Blanqui, *A Eternidade Conforme os Astros*, p. 102.
2. G. Achcar, 1871: A Comuna de Paris, em M. Löwy (org.), *Revoluções*, p. 23.
3. Ibidem, p. 28.
4. Ibidem, p. 35.
5. W. Benjamin, *Charles Baudelaire, um Lírico no Auge do Capitalismo*, p. 13.
6. Ibidem, p. 15.
7. Em uma nota do outono de 1883, escreveu

5
6

Nietzsche, sem acrescentar qualquer comentário, o nome e o título da publicação de Blanqui: "A. Blanqui l'éternité par les astres Paris 1872.", F. Nietzsche, *Nachgelassene Fragmente: 1882-1884*, p. 560. Não podemos saber se de fato leu o texto de Blanqui. Digno de nota é que Nietzsche estava formulando a sua doutrina do eterno retorno justamente na época em que se deparou com o livro de Blanqui. Sua primeira formulação, no entanto, é anterior a essa nota e data de 1881: "Die Wiederkunft des Gleichen. Entwurf. [...] Das neue Schwergewicht: die ewige Wiederkunft des Gleichen." (O retorno do mesmo. Esboço. [...] O novo ponto central: o eterno retorno do mesmo.) F. Nietzsche, *Nachgelassene Fragmente: 1880-1881*, p. 494.

8. L.A. Blanqui, op. cit., p. 79.
9. Ibidem, p. 82. Borges, em sua sucinta e sedutora *História da Eternidade*, comenta como esse tipo de pensamento remonta aos pitagóricos e estoicos, e ao mesmo tempo em que contesta essa doutrina, sente-se atraído por ela. Começa um capítulo com essas palavras: "Essa doutrina (que seu mais recente inventor [i.e. Nietzsche] chama de Eterno Retorno) é formulável assim: 'O número de todos os átomos que compõem o mundo é, embora descomunal, finito, e só capaz, como tal, de um número finito (embora também descomunal) de permutações. Num tempo infinito, o número das permutações possíveis deve ser alcançado, e o universo tem de se repetir. Novamente nascerás de um ventre, novamente crescerá teu esqueleto, novamente chegará esta mesma página às tuas mãos iguais, novamente percorrerás todas as horas até à de tua morte incrível.' Esta é a ordem habitual desse argumento, do prelúdio insípido ao enorme desenlace ameaçador. É comum atribuí-lo a Nietzsche." J.L. Borges, A Doutrina dos Ciclos, *História da Eternidade*, p. 59. No entanto, finaliza o capítulo referindo-se à segunda lei da termodinâmica que postula a entropia de todo sistema e do processo energético, que impediria o eterno retorno do mesmo de ocorrer: "A luz se vai perdendo em calor, o universo, minuto por minuto, se faz invisível. Faz-se mais leve também. Um dia, já não será senão calor: calor equilibrado, imóvel, igual. Então terá morrido." (Ibidem, p. 66) Na verdade o texto de Blanqui e a teoria do eterno retorno de Nietzsche são frutos dos debates derivados justamente da postulação da lei de entropia desenvolvida por autores como William Thomson, na Inglaterra, e por Clausius, na Alemanha. Ver P. D'Iorio, Cosmologie de L'éternel retour, *Nietzsche-Studien* 24, p. 65. Para esses autores, o fim de toda a vida e do universo era uma consequência inevitável da perda de energia que ocorre em qualquer sistema: a morte térmica seria inevitável. Essa corrente se contrapunha aos monistas e materialistas que fincavam pé na primeira lei da termodinâmica (o calor se transforma em movimento) e se agarravam à tese da infinidade da matéria, exatamente como o faz Blanqui. Para eles, o universo se moveria em um eterno ciclo. Em 1857, quinze anos antes da publicação do livro de Blanqui, portanto, o biólogo Ludwig Büchner já propunha no ensaio "Indestructibilité de la force" um modelo materialista que se contrapunha à entropia: "Quanto mais a ciência natural avança em suas pesquisas, mais ela aprende que nada se cria e nada desaparece, mas que tudo permanece em um círculo eterno que se provê, no qual todo começo é um fim e todo fim é um novo começo.", apud P. D'Iorio, op. cit., p. 71. O historiador da ciência D'Iorio nota, em um ensaio erudito sobre o tema do "eterno retorno" à época de Nietzsche, que um dos principais defensores da cosmologia materialista da segunda metade do século XIX, David Friedrich Strauss, no mesmo ano de 1872 defendeu também com base no infinitismo a ideia de um círculo eterno do universo se recriando. No entanto, diferentemente de Blanqui, Strauss rejeitou como absurda a noção, que ele atribui aos estoicos, segundo a qual os mundos se repetem de modo idêntico e com as mesmas pessoas os habitando (ideia, como veremos, defendida por Blanqui). Também Gustav Reuschle, em artigo do mesmo ano, defendeu a tese de que o espaço infinito e a quantidade de matéria ilimitada impedem a morte térmica, destacando, no entanto, que não se pode falar em repetição de corpos idênticos, mas apenas em novas criações produzidas após a morte de cada corpo celeste, ibidem, p. 81, 88.
10. L.A. Blanqui, op. cit., p. 83.
11. W. Benjamin, *A Obra de Arte na Era de Sua Reprodutibilidade Técnica*, p. 57.
12. L.A. Blanqui, op. cit., 89-90.
13. Ibidem, p. 84. Paolo D'Iorio destaca que essa doutrina era defendida por outros pensadores dessa época, como o naturalista Carl von Nägeli que, em 1877, cinco anos após a publicação do livro de Blanqui, anotou: "Quando esse número [de grandezas e graus de evolução possíveis] se esgota, as mesmas combinações devem

ser repetidas. Por outro lado, não podemos argumentar que centilhões de corpos espaciais ou sistemas de corpos espaciais não são suficientes para formar o número de combinações possíveis. Porque, no infinito, centilhões são menos que uma gota d'água no oceano. Assim, chegamos à conclusão matematicamente correta, mas absurda para nossa razão, de que nossa Terra, assim como é agora, ocorre várias, até incontáveis vezes no universo sem fim e que o jubileu que estamos celebrando agora, da mesma forma está sendo comemorado exatamente agora em muitas outras Terras.", apud P. D'Iorio op. cit., p. 96. Nietzsche, vale notar, leu essa obra de Nägeli e a anotou. D'Iorio, no entanto, chega à conclusão de que a obra que realmente pode ter influenciado diretamente Nietzsche na formulação da sua teoria do eterno retorno foi o livro de O. Caspari *Der Zusammenhang der Dinge* (O Nexo das Coisas), de 1881, e lido por ele na mesma época de suas primeiras anotações sobre o tema.

14. L.A. Blanqui, op. cit., p. 86. Vale lembrar, mesmo que sucintamente, que a crença na vida em outros planetas recua até autores da Antiguidade. No século XVII, por exemplo, o tratado de Fontenelle, *Entretiens sur la pluralité des mondes* (Diálogos Sobre a Pluralidade dos Mundos) de 1686, foi um *best-seller* que foi traduzido por toda a Europa e teve as suas ideias replicadas por muitos outros autores. O próprio Descartes, modelo de Fontenelle, nunca descartou essa hipótese. Mas é digno de nota que nos séculos XVII e XVIII os teóricos das vidas em outros planetas (incluindo aí grandes cientistas astrônomos de peso, como o Herschell citado por Blanqui) costumavam negar que esses seres extraterrestres seriam idênticos a nós. Para tanto, evidentemente, pesava também o medo da censura e perseguição por parte da Igreja que negava qualquer variação com relação à versão de nossa origem que consta no *Gênesis*.
15. Ibidem, p. 100.
16. Ibidem, p. 100-101.
17. Ibidem, p. 102. Essa mesma metáfora da ampulheta aparecerá em uma importante nota de Nietzsche de outono de 1881: "O universo das forças não sofre nenhuma redução: caso contrário ele teria se tornado fraco no tempo infinito e sucumbido. O universo das forças não sofre nenhuma suspensão: caso contrário ela teria acontecido e o relógio do existir estaria parado [...]. Qualquer estado que este mundo possa atingir, ele deve ter sido atingido e isso não apenas uma, mas incontáveis vezes. Assim este momento: ele já esteve aqui uma vez e muitas vezes e do mesmo modo irá retornar, todas as forças exatamente divididas como agora: e o mesmo se dá com o momento que gerou aquele e com aquele que é filho do agora. É isso! Toda a tua vida será sempre novamente virada como uma ampulheta e sempre novamente fluirá – um grande tempo de minuto entrementes, até que todas as condições, que te possibilitaram ser, no ciclo do mundo, novamente retornem.", F. Nietzsche, *Nachgelassene Fragmente: 1880-1882*, p. 498. Em *A Gaia Ciência*, Nietzsche retoma a imagem: "A perene ampulheta do existir será sempre virada novamente – e você com ela, partícula de poeira!", p. 230.
18. L.A. Blanqui, op. cit., p. 103.
19. Apud ibidem, p. 27-41.
20. Ibidem, p. 46.
21. W. Benjamin, *Briefe*, p. 741-742.
22. Como vimos, também pode-se ler essa doutrina, de modo diverso, não necessariamente associado à temporalidade repetitiva do castigo infernal. Em Nietzsche, ela surge como a capacidade do "super-homem" por ele pensado, de suportar a imortalidade. Nietzsche associa a sua doutrina do enfático dizer sim à realidade, o *amor fati*, a essa doutrina do eterno retorno. Em um de seus primeiros esboços do livro sobre Zaratustra, ele escreveu (no outono de 1881): "Desejo de vivenciar tudo mais uma vez e eternas vezes.", F. Nietzsche, *Nachgelassene Fragmente: 1880-1882*, p. 520. Pensando nesse eterno retorno nietzschiano, Borges escreveu: "Nietzsche queria homens capazes de aguentar a imortalidade.", J.L. Borges, op. cit., p. 63.
23. W. Benjamin, *Gesammelte Schriften, Band 5*, p. 1166.
24. Ibidem, p. 1255.
25. Ibidem, p. 1171.
26. W. Benjamin, *Charles Baudelaire, um Lírico no Auge do Capitalismo*, p. 156-157. (Grifo nosso.)
27. Idem, *A Obra de Arte na Era de Sua Reprodutibilidade Técnica*, p. 99.
28. W. Benjamin, *Charles Baudelaire, um Lírico no Auge do Capitalismo*, p. 163. Em um fragmento das *Passagens*, Benjamin elabora essas mesmas ideias, mas de um modo distinto: "Em Blanqui, o espaço cósmico tornou-se abismo. O abismo de Baudelaire não possui estrelas. Não deve ser definido como espaço cósmico. Nem tampouco o abismo exótico da teologia. É um abismo secularizado: o do saber e dos significados. O que constitui o seu índice histórico? Em Blanqui, o abismo tem o índice histórico da física

mecânica. Será que em Baudelaire o abismo não possui o índice social da *nouveauté?*", idem, *Passagens*, p. 316, tradução modificada.

29. Idem, *Passagens*, p. 53.
30. Ibidem, p. 54.
31. Ibidem, p. 66.
32. Benjamin escreve sobre o manifesto de Marinetti a favor da guerra da Etiópia palavras que esclarecem o que digo aqui: "Para ele, a estética da guerra dos dias de hoje apresenta-se do seguinte modo: se o uso natural das forças produtivas é bloqueado pela distribuição da propriedade, a elevação dos meios técnicos, em termos de ritmo, de fontes de energia, pressiona em direção a uma utilização antinatural dessas forças." (Idem, *A Obra de Arte na Era de Sua Reprodutibilidade Técnica*, p. 93-94.) Nas *Passagens*, de resto, Benjamin com uma pequena frase permite fazer a ponte entre esse raciocínio extraído de seu ensaio sobre *A Obra de Arte na Era de Sua Reprodutibilidade Técnica* e Blanqui: "Com amarga ironia, Blanqui demonstra o que seria uma 'humanidade melhor' em uma natureza que não pode ser melhorada", ibidem, p. 408.
33. Idem, *Charles Baudelaire, um Lírico no Auge do Capitalismo*, p. 165.
34. Ibidem, p. 177. Blanqui escreve de modo ambíguo sobre o progresso no seu modelo do eterno retorno: "Mas há um defeito, e grande: não há progresso. Ai de mim! Não, o que há são reedições vulgares, repetições. Tais os exemplares de mundos passados, tais serão os de mundos futuros. Somente o capítulo das bifurcações resta aberto à esperança. Não esqueçamos, tudo o que podemos ser aqui embaixo, somos em alguma outra parte. O progresso está reservado aos nossos sobrinhos. Eles têm mais chances do que nós. Todas as belas coisas que nosso globo verá, que nossos futuros descendentes já viram, as veem neste momento, e as verão sempre, bem entendido, sob a forma de sósias que os precederam e que os sucederão." L.A. Blanqui, op. cit., p. 103.
35. W. Benjamin, *Charles Baudelaire, um Lírico no Auge do Capitalismo*, p. 178.
36. Idem, *Passagens*, p. 386.
37. Idem, *Rua de Mão Única*, p. 49.

A FOTOGRAFIA EM WALTER BENJAMIN

1. W. Benjamim, *Passagens*, p. 720.
2. Ver G. Freund, *La Photographie en France au dix-neuvième siècle*.
3. W. Benjamin, op. cit., p. 724.
4. Idem, Pariser Brief 2, Malerei und Photographie, *Gesammelte Schriften, Band 3*, p. 499.
5. Idem, *Gesammelte Schriften, Band 1*, p. 1050.
6. Moholy-Nagy publicou em 1927 uma obra fundamental nesse contexto, que era conhecida por Benjamin: *Malerei, Photographie, Film* (Pintura, Fotografia, Filme). Nessa época, são publicados muitos livros de fotografia, como: Eugène Atget, artista venerado por Man Ray e demais membros do surrealismo, analisado por Benjamin no seu ensaio sobre a obra de arte; August Sander, o maior retratista alemão, que publicou em 1929 seu *Antlitz der Zeit* (Rosto da Época); Karl Blossfeld, o famoso fotógrafo de *closes* da natureza, cuja exposição de 1926 foi resenhada pelo próprio Benjamin; e Albert Renger-Patzsch, que trabalhou na publicidade e na indústria e foi um dos fundadores da Nova Objetividade. Seu livro *Die Welt ist schön* (O Mundo É Belo), é marcado por fotos que acentuam o aspecto repetitivo do mundo tecnológico e massificado moderno. Benjamin critica essa obra em suas cartas de Paris, por sucumbir ao culto burguês do belo, *Gesammelte Schriften, Band 3*, p. 504, bem como em "O Autor como Produtor" (1934), onde condena a "Nova objetividade" por "transformar a própria miséria em objeto de fruição". *Magia e Técnica, Arte e Política*, p. 138.
7. Várias formulações de Moholy-Nagy antecipam teoremas de Benjamin. Cito dois exemplos: "a fotografia possui a sua justificativa não apenas enquanto técnica reprodutiva, pois ela já levou a realizações produtivas" (*Diskussion über Ernst Kállai's Artikel "Malerei und Fotografie"*, p. 154). No artigo sobre fotograma (fotografias sem câmera, obtidas com a exposição à luz do papel fotográfico sobreposto por objetos), ele nota que os fotogramas de Man Ray tinham por objetivo "compreender o enigmático, sinistro [*Unheimlich*], não cotidiano do cotidiano, criar uma aura para o habitual, trazer à consciência o invisível (metafísico, oculto) daquilo que parecia desapercebido", ibidem, p. 155. Vemos aqui a tese do inconsciente ótico, de que Benjamin trata em seu ensaio sobre a obra de arte, mas a visão de aura defendida aqui por Moholy-Nagy é bem distinta da de Benjamin, que quase sempre a opõe à reprodutibilidade técnica. De A. Huxley, Benjamin copiou em suas notas uma passagem de um artigo (também citado por ele na quinta versão de

seu ensaio sobre a obra de arte) na qual Huxley trata dos efeitos qualitativos que a reprodução tem para as artes: "'Com cópias na ordem de milhões', escreveu Huxley, 'também o objeto o mais belo torna-se feio.'" *Gesammelte Schriften, Band 1*, p. 1050. Abandonar o conceito estético-ontotipológico de "feio" e considerar a posição de Huxley "claramente não progressista" (*Werke und Nachlaß. Kritische Gesamtausgabe. Band 16*, p. 234), é fundamental para o seu argumento. Benjamin deriva da crise instaurada na aura por conta da reprodutibilidade técnica uma crise na visão da arte como imitação e reprodução do belo, *Charles Baudelaire, um Lírico no Auge do Capitalismo*, p. 139. Se as obras de arte não poderiam ser esgotadas e traduzidas devido à profusão de sensações e ideias que desencadeavam, a fotografia seria uma espécie de alimento que estancaria o desejo que projetamos nas obras de arte auráticas: "O que separa a fotografia da pintura, e o motivo de não haver um princípio único e extensível de criação para ambas, está claro, portanto: para o olhar que não consegue se saciar ao ver uma pintura, uma fotografia significa, antes, o mesmo que o alimento para a fome ou a bebida para a sede", ibidem, p. 138-139.

8. J.J. Winckelmann, *Von der Nachahmung der griechischen Werke in der Malerei und Bildhauerkunst*, p. 14.
9. W. Benjamim, *Das Kunstwerk im Zeitalter seiner technischen Reproduzierbarkeit*, p. 116.
10. Ver, de Benjamin, *O Conceito de Crítica de Arte no Romantismo Alemão*.
11. Idem, *A Obra de Arte na Era da Sua Reprodutibilidade Técnica*, p. 53; *Das Kunstwerk im Zeitalter seiner technischen Reproduzierbarkeit*, p. 98.
12. Ibidem, p. 53; ibidem, p. 98.
13. G.E. Lessing, *Laocoonte, ou Sobre as Fronteiras da Poesia e da Pintura*, p. 195.
14. W. Benjamin, *A Obra de Arte na Era de Sua Reprodutibilidade Técnica*, p. 55; *Das Kunstwerk im Zeitalter seiner technischen Reproduzierbarkeit*, p. 100.
15. Quanto ao aprofundamento do paradigma pós-testemunhal e histórico na contemporaneidade ver M. Seligmann-Silva, Fotografia é a Destruição da História, *Pandaemonium Germanicum*, n. 33.
16. W. Benjamin, *A Obra de Arte na Era de Sua Reprodutibilidade Técnica*, p. 55; *Das Kunstwerk im Zeitalter seiner technischen Reproduzierbarkeit*, p. 100-101.
17. C.Baudelaire, *Œuvres complètes*, p. 618.
18. Ibidem. Benjamin alude a essa passagem em "Sobre Alguns Temas em Baudelaire": "[Para Baudelaire] A fotografia pode se apoderar, sem ser molestada, das coisas transitórias, que têm o direito 'a um lugar nos arquivos de nossa memória', desde que se detenha ante os 'domínios do abstrato, do imaginário'", W. Benjamin, *Charles Baudelaire, um Lírico no Auge do Capitalismo*, p. 138.
19. W. Benjamin, *Charles Baudelaire, um Lírico no Auge do Capitalismo*, p. 124.
20. Ibidem, p. 45.
21. Idem, *Sobre o Conceito de História*, p. 115.
22. Idem, *Passagens*, p. 505; *Gesammelte Schriften, Band 5*, p. 578.
23. Idem, *O Conceito de Crítica de Arte no Romantismo Alemão*.
24. Idem, *Gesammelte Schriften, Band 1*, p. 677.
25. Idem, *Sobre o Conceito de História*, 175.
26. Ibidem, p. 202.
27. Ibidem, *Gesammelte Schriften, v.* 5, p. 595.
28. Ibidem, p. 578.
29. Idem, *Gesammelte Schriften, Band 1*, p. 1233.
30. Idem, *Sobre o Conceito de História*, p. 168.
31. Ibidem, p. 175.
32. Ibidem, p. 169.
33. Idem, *Passagens*, p. 246, trad. modificada; idem, *Gesammelte Schriften, Band 5*, p. 280.
34. Apud A. Assmann, *Erinnerungsräume*, p. 157 e 247.
35. W. Benjamin, *Sobre o Conceito de História*, p. 159-160.
36. Idem, *Magia e Técnica, Arte e Política*, p. 115.
37. Ibidem.
38. Em O Autor Como Produtor, *Magia e Técnica, Arte e Política*, p. 138-139, como vimos em "Acerca do Anarquivamento", supra, Benjamin articula essa teoria positiva da legendagem à uma passagem do escritor à atividade de fotógrafo. A foto surge como meio de superação da divisão de trabalho da sociedade burguesa. Benjamin demanda dos escritores que empunhem suas câmeras e as voltem para capturar as imagens da história. Hoje, como é evidente, somos todos fotógrafos. Mas caberia pensar se não são exceções os fotógrafos do tempo, tais como Benjamin os pensou. Eu colocaria alguns artistas fotógrafos nessa categoria, como John Heartfield, Alfredo Jaar, Marcelo Brodsky, Madalena Schwartz, Claudia Andujar, Robert Capa, Evandro Teixeira, Orlando Brito, Cartier-Bresson, Augustí Centelles, Miguel Rio Branco e Kena Lorenzini, entre inúmeras outras possibilidades.

"SPIELRAUM"

1. W. Benjamin, *Magia e Técnica, Arte e Política*, p. 101.
2. Ibidem, p. 63.
3. Idem, *Werke und Nachlaß, Band 13.1*, p. 256.
4. Idem, *Magia e Técnica, Arte e Política*, p. 64, trad. alterada. "Jeder kommende Krieg ist zugleich ein Sklavenaufstand der Technik", idem, *Werke und Nachlaß, Band 13.1*, p. 257.
5. Idem, *Magia e Técnica, Arte e Política*, p. 73. Benjamin continua nesta passagem: "A guerra como abstração metafísica, professada pelo novo nacionalismo, é unicamente a tentativa de dissolver na técnica, de modo místico e imediato, o mistério de uma natureza concebida em termos idealistas, em vez de utilizá-lo e explicá-lo, por um desvio, através da construção de coisas humanas." Com relação ao silenciamento da natureza, é importante lembrar passagens do ensaio sobre o drama barroco alemão que permitem vislumbrar como a primeira filosofia da natureza desse autor se articula com a sua posterior filosofia da técnica. Para Benjamin se "no símbolo, como transfiguração do declínio, o rosto metamorfoseado da natureza se revela fugazmente à luz da salvação, a alegoria mostra ao observador a *facies hippocratica* da história como protopaisagem petrificada. [...] Por ser muda, a natureza decaída é triste. Mas a inversão dessa frase vai mais fundo na essência da alegoria: é a sua tristeza que a torna muda". Idem, *Origem do Drama Barroco Alemão*, p. 188, 247.
6. Idem, *Magia e Técnica, Arte e Política*, p. 75.
7. Idem, *Werke und Nachlaß, Band 8*, p. 49.
8. Idem, *Rua de Mão Única*, p. 46.
9. Idem, *Werke und Nachlaß, Band 8*, p. 75.
10. F. Schiller, Über naive und sentimentalische Dichtung, *Werk in drei Bänden*, p. 553.
11. Ibidem, p. 557.
12. W. Benjamin, *Rua de Mão Única*, p. 70.
13. Ibidem.
14. Ibidem; idem, *Werke und Nachlaß, Band 8*, p. 76: "Beherrschung vom Verhältnis von Natur und Menschheit".
15. Idem, *Rua de Mão Única*, p. 71.
16. Idem, *Magia e Técnica, Arte e Política*, p. 33.
17. Ibidem, p. 34.
18. Idem, *Gesammelte Schriften, Band 2*, p. 308.
19. Idem, *Magia e Técnica, Arte e Política*, p. 34.
20. Ibidem, p. 34; idem, *Gesammelte Schriften, Band 2*, p. 309.
21. Ibidem, p. 310; idem, *Magia e Técnica, Arte e Política*, p. 35; "Auch das Kollektivum ist leibhaft".
22. Idem, *Magia e Técnica, Arte e Política*, p. 35-36.
23. Idem, *A Obra de Arte na Era de Sua Reprodutibilidade Técnica*, p. 52-53.
24. Ibidem, p. 65.
25. Ibidem, p. 53; idem, *Werke und Nachlaß, Band 16*, p. 98.
26. Idem, *A Obra de Arte na Era de Sua Reprodutibilidade Técnica*, p. 55.
27. Idem, *Werke und Nachlaß, Band 16*, p. 100.
28. Idem, *A Obra de Arte na Era de Sua Reprodutibilidade Técnica*, p. 57.
29. Ibidem, p. 102; idem, *Werke und Nachlaß, Band 16*, p. 63.
30. Idem, *A Obra de Arte na Era de Sua Reprodutibilidade Técnica*, p. 102
31. Ibidem, p. 63-64.
32. Ibidem, p. 62; idem, *Werke und Nachlaß, Band 16*, p. 108.
33. Ver G. Chamayou, *Teoria do Drone*.
34. Idem, *Rua de Mão Única*, p. 39.
35. Ibidem, p. 280.
36. Idem, *A Obra de Arte na Era de Sua Reprodutibilidade Técnica*, p. 62.
37. Ibidem, p. 63.
38. Ibidem; idem, *Werke und Nachlaß, Band 16*, p. 108.
39. Idem, *A Obra de Arte na Era de Sua Reprodutibilidade Técnica*, p. 140; idem, *Werke und Nachlaß, Band 16*, p. 148.
40. Idem, *A Obra de Arte na Era de Sua Reprodutibilidade Técnica*, p. 63; idem, *Werke und Nachlaß, Band 16*, p. 109.
41. Nos tempos arcaicos, escreve Benjamin em outro fragmento, a relação era distinta: ao invés da dominação das forças sociais serem condição para a dominação (e não jogo) das forças naturais, a dominação dessa última vinha em primeiro lugar. Idem, *A Obra de Arte na Era de Sua Reprodutibilidade Técnica*, p. 133; idem, *Werke und Nachlaß, Band 16*, p. 260.
42. *Spielraum*: literalmente, "espaço de jogo".
43. W. Benjamin, *A Obra de Arte na Era de Sua Reprodutibilidade Técnica*, p. 63; idem, *Werke und Nachlaß, Band 16*, p. 109.
44. Idem, *A Obra de Arte na Era de Sua Reprodutibilidade Técnica*, p. 140; idem, *Werke und Nachlaß, Band 16*, p. 148.
45. Idem, *A Obra de Arte na Era de Sua Reprodutibilidade Técnica*, p. 63; idem, *Werke und Nachlaß, Band 16*, p. 109.
46. Em um fragmento do *Passagen-Werk*, lemos essa ideia com palavras próximas às da versão do

ensaio sobre a obra de arte: "Comparar as ideias de Fourier sobre a propagação dos falanstérios por meio de *explosões* com duas ideias de minha 'política': a da revolução como inervação dos órgãos técnicos do coletivo (comparação com a criança que, ao tentar pegar a lua, aprende a agarrar as coisas) e a ideia da 'ruptura da teleologia natural'.", W. Benjamin, *Passagens*, p. 674; idem, *Gesammelte Schriften, v.* 5, p. 777. A ruptura com uma noção de uma teleologia natural pode ser lida como um desdobramento dos debates que acompanhamos acima no capítulo sobre Blanqui acerca das teorias termodinâmicas e cosmológicas do século XIX. Também Nietzsche criticava essa teleologia da natureza: "Hüten wir uns, diesem Kreislaufe irgend ein Streben, ein Ziel beizulegen." (Tenhamos cuidado para não vincular nenhuma tendência ou objetivo a este ciclo). F. Nietzsche, *Nachgelassene Fragmente: 1880-1882*, p. 502.

47. Como vimos no primeiro capítulo, na décima primeira das *Teses Sobre o Conceito de História* Benjamin desenvolve uma crítica do conceito utilitarista de trabalho da social-democracia de Josef Dietzgen, que veria no trabalho apenas um meio de conquista e submissão da natureza: "Ele exibe já os traços tecnocráticos que depois se encontram no fascismo.", *Sobre o Conceito de História*, p. 121. Benjamin em seguida contrapõe essa visão instrumental da natureza à concepção de Fourier, que via na técnica um modo de extrair da natureza a sua força adormecida; de transformá-la plasticamente, construindo uma utopia: "O trabalho, como agora compreendido, visa a uma 'exploração da natureza', que é associada, de maneira ingênua e complacente, à exploração do proletariado. [...] Comparada a [...] essa concepção positivista [...], os delírios tão ridicularizados de um Fourier revelam uma surpreendente vitalidade de sentido. De acordo com Fourier, o trabalho social bem organizado teria como consequência quatro luas iluminando a noite terrestre, o gelo [...] retirando-se dos polos, a água do mar deixando de ser salgada, e os animais ferozes ficando a serviço dos homens. Isso tudo [...] serve para ilustrar um trabalho que, longe de explorar a natureza, faz nascer suas criações, que dormem no seu ventre como possibilidades. Ao conceito corrompido de trabalho corresponde, como seu complemento, a natureza, a qual, como Dietzgen se expressou, 'está aí de graça'." Ibidem, p. 121-122. Nas teses e em muitos dos fragmentos redigidos em torno dela, com destaque para a famosa nona tese sobre o anjo da história, assim como no ensaio "Eduard Fuchs, O Colecionador e O Historiador" (Eduard Fuchs, der Sammler und der Historiker, *Gesammelte Schriften, Band* 2, p. 465-505, especialmente p. 474-475), Benjamin desenvolve uma crítica radical do progresso associado ao modo de produção capitalista. Sobre essa crítica remeto ao ensaio: M. Seligmann-Silva, Catástrofe, História e Memória em Walter Benjamin e Chris Marker, *História, Memória, Literatura*.
48. W. Benjamin, *Passagens*, p. 406-407; idem, *Gesammelte Schriften, Band* 5, p. 455-456.
49. Idem, *Passagens*, p. 681.
50. Idem, *A Obra de Arte na Era de Sua Reprodutibilidade Técnica*, p. 139; idem, *Werke und Nachlaß, Band 16*, p. 147.
51. Ver os elogios que Benjamin faz à visão de Scheerbart sobre as maravilhas da arquitetura marcada pela transparência do vidro, como acompanhamos acima. As novas técnicas derivadas do concreto e da arquitetura de ferro liberariam essa revolução no modo de morar: a cultura de vidro transformaria o ser humano. O vidro é associado à ausência de aura e de vestígios, estando na base de uma vida à altura da ausência de experiência. Fazendo uma tábula rasa da tradição, Benjamin comemora com o vidro (amplamente utilizado por Le Corbusier e pela Bauhaus) uma nova e positiva barbárie calcada na pobreza de experiência, *Magia e Técnica, Arte e Política*, p. 126-127. Sobre o romance *Lesabéndio* de Scheerbart, ver um pequeno texto de 1918, *Gesammelte Schriften, v.* 2, p. 618-620, e sua versão francesa bastante modificada de 1938, *Écrits français*, p. 252-54, na qual se lê: "A obra desse poeta está toda marcada por uma ideia que era a mais extravagante para a época. Essa ideia, ou, mais propriamente, essa imagem, era aquela de uma humanidade que estaria sintonizada com a sua técnica que seria utilizada de modo humano. Em um tal estado de coisas, Scheerbart acreditou ver duas condições essenciais, a saber: que os homens abandonam a opinião básica e grosseira que eles são chamados a 'explorar' as forças da natureza; que, por outro lado, eles permanecem convencidos de que a técnica, ao mesmo tempo que liberta os humanos, liberaria de modo fraterno por eles toda a criação."
52. Idem, *Magia e Técnica, Arte e Política*, p. 36.
53. Idem, *A Obra de Arte na Era de Sua Reprodutibilidade Técnica*, p. 85.
54. Ibidem.

55. Ibidem, p. 132; idem, *Werke und Nachlaß, Band 16*, p. 259.
56. Idem, *A Obra de Arte na Era de Sua Reprodutibilidade Técnica*, p. 110; idem, *Werke und Nachlaß, Band 16*, p. 239.
57. Idem, *A Obra de Arte na Era de Sua Reprodutibilidade Técnica*, p. 134; idem, *Werke und Nachlaß, Band 16*, p. 264.
58. Como escreveu Lukács: "Natur ist eine gesellschaftliche Kategorie" (A natureza é uma categoria social), *Geschichte und Klassenbewusstsein*, p. 201. Essa afirmação pode ser confrontada com a noção ameríndia de unidade com a natureza. Ver a epígrafe de A. Krenak, Tudo É Natureza, *A Vida Não É Útil*, p. 83.
59. W. Benjamin, *A Obra de Arte na Era de Sua Reprodutibilidade Técnica*, p. 129; idem, *Werke und Nachlaß, Band 16*, p. 146.
60. Como veremos, essa utopia será compartilhada por V. Flusser, Ecologia Multicolorida?
61. W. Benjamin, *A Obra de Arte na Era de Sua Reprodutibilidade Técnica*, p. 139; idem, *Werke und Nachlaß, Band 16*, p. 147.
62. Idem, *A Obra de Arte na Era de Sua Reprodutibilidade Técnica*, p. 129; idem, *Werke und Nachlaß, Band 16*, p. 146. Nesse sentido, ver o ensaio de Benjamin "O Autor como Produtor", de 1934, no qual ele desenvolve uma teoria da "técnica literária das obras", *Magia e Técnica, Arte e Política*, p. 131. Essa técnica pode ser resumida com a noção de "refuncionalização" que se refere à necessidade de transformações de formas e dos instrumentos de produção por parte do escritor. A máxima exige: "não abastecer o aparelho de produção, sem modificá-lo, na medida do possível em um sentido socialista. [...] O que se propõe são inovações técnicas, e não uma renovação espiritual, como proclamam os fascistas" (ibidem, p. 137). Nesse sentido, o autor poderá modificar o próprio *aparelho*, conceito que Benjamin não pensa nesse ensaio no sentido da segunda técnica, mas cujo escopo de ideais pode ser aproximado desse conceito sem violar seu caráter. Dessa forma, Benjamin pensa em um escritor tanto com uma "formação politécnica" (p. 134), rompendo com a especialização estéril, como também em ampliar cada vez mais a possibilidade de o público se tornar autor, ideia, que, como veremos com Flusser, passou a ser um mandamento da ordem do dia no mundo das redes cibernéticas. O artista/escritor benjaminiano, seguindo a máxima de Brecht do "princípio de interrupção", evita cair na falsa representação da totalidade, que mascara o real. Esse artista também é guiado pelo trabalho de montagem e de interrupção dos contextos (para evitar as falsas representações pseudo-totalizantes), sendo que ele utiliza o riso como uma de suas ferramentas. *Riso e interrupção* são meios para a técnica literária obter um distanciamento produtivo e promover a *reflexão*: trata-se de conseguir-se "refletir sobre a [...] posição no processo produtivo" (p. 144). Esse artista modificador do aparelho, também será central para Flusser.
63. Idem, *A Obra de Arte na Era de Sua Reprodutibilidade Técnica*, p. 93; idem, *Werke und Nachlaß, Band 16*, p. 140-141.
64. Ibidem; ibidem.
65. Idem, *A Obra de Arte na Era de Sua Reprodutibilidade Técnica*, p. 93-94; idem, *Werke und Nachlaß*, p. 141.
66. Idem, *A Obra de Arte na Era de Sua Reprodutibilidade Técnica*, p. 74; idem, *Werke und Nachlaß*, p. 120.
67. Idem, *A Obra de Arte na Era de Sua Reprodutibilidade Técnica*, p. 80; idem, *Werke und Nachlaß*, p. 127.
68. Ibidem; ibidem.
69. Em uma entrevista de 1988, ele diz ter se apoiado na teoria da fotografia de Benjamin para escrever sobre o aparelho fotográfico, *Zwiegespräche*, p. 35. No mesmo ano, ele afirmou que Benjamin foi um dos primeiros a perceber que "as imagens não representam mais o mundo", mas, antes, são "articulações de pensamento", e se colocou na sua tradição, *We Shall Survive in the Memory of Others*, p. 38. Nas preleções de Bochum, feitas pouco antes de sua morte em 1991, ele incorpora a teoria da "perda da aura e da morte do autor" e da autoridade de Benjamin, *Comunicologia*, p. 177.
70. Ver M. Seligmann-Silva, De Flusser a Benjamin, *Flusser Studies*, n. 8.
71. V. Flusser, *Zwiegespräche*, p. 116.
72. Idem, *We Shall Survive in the Memory of Others*, p. 38.
73. Ibidem. No original: "So far, techniques have always simulated the body, for the first time, our new techniques simulate the nervous system. So that this is for the first time, a really, if you want to say so, a really immaterial, and, to use an old term, spiritual revolution."
74. Ibidem, p. 95; ver idem, *Comunicologia*, p. 173.
75. Idem, *Zwiegespräche*, p. 99, 227.
76. Ver "Arte na Pós-História", *Comunicologia*, p. 175.
77. Idem, *Comunicologia*, p. 173-175.

78. Idem, *Zwiegespräche*, p. 227.
79. Idem, Arte na Pós-História; ver *Comunicologia*, p. 175.
80. Idem, *We Shall Survive in the Memory of Others*, p. 35.
81. Ibidem.
82. Idem, Die technische Imagination.
83. Idem, *O Mundo Codificado*, p. 173.
84. Ibidem, p. 175.
85. Idem, Arte na Pós-História.
86. Idem, The Photograph as Post-Industrial Object, *Leonardo*, n. 4, p. 330.
87. Ibidem, p. 331. "More significantly, there is no basic distinction between scientific and artistic research: both are fictions in the quest of truth (scientific hypotheses being fictions). Electromagnetized images do away with this divorce because they are the result of science and are at the service of the imagination. They are what Leonardo da Vinci used to call *fantasia essata*. A synthetic image of a fractal equation is both a work of art and a model for knowledge. Thus the new photo not only does away with the traditional classification of the various arts (it is painting, music, literature, dance and theatre all rolled into one), but it also does away with the distinction between the two cultures (it is both art and science). It renders possible a total art Wagner never dreamt of."
88. Idem, Die technische Imagination, p. 76.
89. Idem, The Photograph as Post-Industrial Object, op. cit., p. 331.
90. Idem, Die technische Imagination, p. 90.
91. Idem, *Comunicologia*, p. 200.
92. Idem, The Photograph as Post-Industrial Object, op. cit., p. 331. No original: "This, of course, is called 'play', and the present cultural revolution may be seen as a mutation from *homo faber* into *homo ludens*. All serious business will be relegated to apparatus, and the new generation will play its games and look ba ck with contempt on the animal seriousness of past generations."
93. Idem, *Comunicologia*, p. 194. Em seu *Pós-história*, formulara: "A escola do futuro deverá ser instituto de tecnologia, criatividade a serviço dos aparelhos." (p. 170) Aqui e em outros momentos percebe-se como Flusser levou às últimas consequências o desejo de uma "formação politécnica" da humanidade que Benjamin expressou tanto em "O Autor como Produtor" (*Magia e Técnica, Arte e Política*, p. 134), como no ensaio *A Obra de Arte na Era de Sua Reprodutibilidade Técnica* (p. 78). Cito um fragmento de Benjamin para reforçar esse paralelo com a teoria flusseriana do trabalho criativo: "A produção cinematográfica tem uma enorme significação para a liquidação da diferença entre trabalho espiritual e manual. As leis da atuação cinematográfica exigem do ator absoluta sensualização dos reflexos e reações espirituais; dos operadores, por outro lado, exigem performances altamente espirituosas. 'A divisão do trabalho penetra a vida a partir do instante em que surge uma diferença entre trabalho corporal e espiritual.' Se essa afirmação da 'Ideologia Alemã' está correta, então não há nada mais vantajoso para uma liquidação da divisão do trabalho em geral e para o desenvolvimento de uma formação humana politécnica do que o nivelamento da diferença entre trabalho corporal e espiritual. Atualmente podemos acompanhá-lo, se não exclusivamente, com certeza de modo especialmente nítido, na produção cinematográfica." (ibidem, p. 137; idem, *Werke und Nachlaß, Band 16*, p. 252s).
94. Idem, The Photograph as Post-Industrial Object, op. cit., p. 331.
95. Idem, *O Universo das Imagens Técnicas*, p. 14.
96. Ibidem, p. 137.
97. Ibidem, p. 139.
98. Ibidem, p. 97.
99. Idem, *Comunicologia*, p. 242.
100. Ibidem, p. 253.
101. Ibidem, p. 251.
102. Idem, *O Universo das Imagens Técnicas*, p. 98.
103. Ibidem.
104. Ibidem, p. 149.
105. Idem, *Comunicologia*, p. 188.
106. Idem, *Zwiegespräche*, p. 47.
107. Ibidem, p. 54.
108. Ibidem, p. 114.
109. Ibidem, p. 222.
110. W. Benjamim, *Gesammelte Schriften, v. 2*, p. 1232.
111. V. Flusser, *We Shall Survive in the Memory of Others*, p. 23.
112. Idem, *Pós-História*, p. 149.
113. Idem, *O Mundo Codificado*, p 204.
114. Idem, *Comunicologia*, p. 293.
115. Ibidem, p. 299-300.
116. Ibidem, p. 302.
117. W. Benjamin, *A Obra de Arte na Era de Sua Reprodutibilidade Técnica*, p. 63; idem, *Werke und Nachlaß, Band 16*, p. 109.
118. V. Flusser, Die technische Imagination.
119. Flusser escreve de modo sarcástico: "Como uma planta se volta heliotropicamente para o Sol, a massa se volta teletropicamente para o televisor.", *Comunicologia*, p. 255, e arremata: "A

8

massa é oral-anal." Outra sentença flusseriana que cabe bem para se estudar o comportamento das massas nas redes hoje... Também Benjamin percebeu traços semelhantes na massa em seu ensaio sobre a obra de arte e nos fragmentos que redigiu em torno dela. Ver *A Obra de Arte na Era de Sua Reprodutibilidade Técnica*, p. 85.

120. J.W. Goethe, *Faust*, p. 446.
121. Tradução de Flusser em V. Flusser, Da Banalidade do Mal.
122. Idem, *Comunicologia*, p. 261.
123. W. Benjamim, *Rua de Mão Única*, p. 71.
124. V. Flusser, Ecologia Multicolorida?
125. *Futuro Ancestral*, p. 7, 30, 32, 35.

Referências

ACHCAR, Gilbert. 1871: A Comuna de Paris. In: LÖWY, Michael (org.). *Revoluções*. São Paulo: Boitempo, 2009.

AGOSTINE, Cristiane. Bolsonaro Diz que Índios "São Latifundiários Pobres em Cima de Terras Ricas". *Valor Econômico*, São Paulo, 10 out. 2019. Disponível em: < https://valor.globo.com/politica/noticia/2019/10/10/bolsonaro-diz-que-indios-sao-latifundiarios-pobres-em-cima-de-terras-ricas.ghtml>. Acesso em: 9 fev 2023.

ANDERS, Günter. *Kafka: Pró e Contra: Os Autos do Processo*. Trad. M. Carone. São Paulo: Perspectiva, 1993.

ANTELME, Robert. Pauvre-prolétaire-déporté. *Lignes*, v. 1, n 21, 1994. Disponível em: < https://www.cairn.info/article.php?ID_ARTICLE=LIGNESO_021_0105>. Acesso em: 10 fev 2023.

ARENDT, Hannah. *Origens do Totalitarismo*. São Paulo: Companhia das Letras, 2013. (Edição do Kindle.)

ASSMANN, Aleida. *Erinnerungsräume: Formen und Wandlungen des kulturellen Gedächtnisses*. München: C.H. Beck., 1999.

____. *Espaços da Recordação: Formas e Transformações da Memória Cultural*. Trad. Paulo Soethe. Campinas: Editora Unicamp, 2012.

BAUDELAIRE, Charles. *Œuvres complètes*. Paris: Gallimard, 1976.

BENJAMIN, Walter. *Sobre o Conceito de História: Edição Crítica*. Org. e trad. Adalberto Müller e Márcio Seligmann-Silva. São Paulo: Alameda, 2020.

____. *A Obra de Arte na Era de Sua Reprodutibilidade Técnica*. Org. M. Seligmann-Silva, Trad. Gabriel Valladão Silva. Porto Alegre: L&PM, 2013.

____. *Magia e Técnica, Arte e Política: Ensaios Sobre Literatura e História da Cultura*. 8. ed. rev. Trad. Sérgio Paulo Rouanet. São Paulo: Brasiliense, 2012. (Obras Escolhidas, v. 1.)

____. *Rua de Mão Única*. 6. ed. Trad. Rubens Rodrigues Torres Filho e José Carlos Martins Barbosa, revisão técnica de M. Seligmann-Silva. São Paulo: Brasiliense, 2012. (Obras Escolhidas, v. 2.)

____. *Das Kunstwerk im Zeitalter seiner technischen Reproduzierbarkeit*. In: LINDNER, Burkhardt (Hrsg.). *Walter Benjamin Werke und Nachlass. Kritische Gesamtausgabe*. Frankfurt: Suhrkamp, 2007.

____. *Werke und Nachlaß. Kritische Gesamtausgabe. Band 16. Das Kunstwerk im Zeitalter seiner technischen Reproduzierbarkeit*. Frankfurt: Suhrkamp, 2012.

____. *Werke und Nachlaß. Kritische Gesamtausgabe. Band 13.1. Kritiken und Rezensionen*. Frankfurt: Suhrkamp, 2011.

____. *Werke und Nachlaß. Kritische Gesamtausgabe. Band 19. Über den Begriff der Geschichte*. Frankfurt: Suhrkamp, 2010.

____. *Werke und Nachlaß. Kritische Gesamtausgabe. Band 8. Einbahnstraße*. Frankfurt: Suhrkamp, 2009.

____. *Das Kunstwerk im Zeitalter seiner technischen Reproduzierbarkeit*. Frankfurt: Suhrkamp, 2007.

____. *Passagens*. Org. Willi Bolle. Trad. Irene Aron e Cleonice Paes Barreto Mourão. Belo Horizonte/São Paulo: UFMG/Imprensa Oficial, 2006.

____. *Gesammelte Briefe, Band 3*. Frankfurt: Suhrkamp, 1997.

____. *O Conceito de Crítica de Arte no Romantismo Alemão*. Trad., introd. e notas Márcio Seligmann-Silva. São Paulo: Iluminuras / Edusp, 1993.

____. *Écrits français*. Paris: Gallimard, 1991.

____. *Diário de Moscou*. Trad. Hildegard Herbol. São Paulo: Companhia das Letras, 1989.

____. *Charles Baudelaire, um Lírico no Auge do Capitalismo*. Trad. J.C.M. Barbosa e H.A. Baptista. São Paulo: Brasiliense, 1989. (Obras Escolhidas, v. 3.)

____. *Gesammelte Schriften, Band 7: Nachträge*. Hrsg. Rolf Tiedemann; Hermann Schweppenhäuser. Frankfurt: Suhrkamp, 1989.

____. *Gesammelte Schriften, Band 6: Fragmente Autobiographische Schriften*. Hrsg. Rolf Tiedemann; Hermann Schweppenhäuser. Frankfurt: Suhrkamp, 1985.

____. *Origem do Drama Barroco Alemão*. Trad. Sergio Paulo Rouanet. São Paulo: Brasiliense, 1984.

____. *Gesammelte Schriften, Band 5: Das Passagen-Werk*. Hrsg. Rolf Tiedemann; Hermann Schweppenhäuser. Frankfurt: Suhrkamp, 1983.

____. Eduard Fuchs, der Sammler und der Historiker. *Gesammelte Schriften, Band 2: Aufsätze, Essays, Vorträge*. Hrsg. Rolf Tiedemann; Hermann Schweppenhäuser. Frankfurt: Suhrkamp, 1980.

____. *Gesammelte Schriften, Band 1: Abhandlungen*. Hrsg. Rolf Tiedemann; Hermann Schweppenhäuser. Frankfurt: Suhrkamp, 1980.

____. *Briefe*. Hrsg. G. Scholem e T.W. Adorno, Frankfurt: Suhrkamp, 1978.

____. Paul Scheerbart: Lesabéndio. *Gesammelte Schriften, Band 2: Aufsätze, Essays, Vorträge*. Hrsg. Rolf Tiedemann; Hermann Schweppenhäuser. Frankfurt: Suhrkamp, 1977.

____. *Gesammelte Schriften, Band 1*. Hrsg. Rolf Tiedemann; Hermann Schweppenhäuser. Frankfurt: Suhrkamp. 1974.

____. *Gesammelte Schriften, Band 3: Kritiken und Rezensionen*. Hrsg. Rolf Tiedemann; Hermann Schweppenhäuser. Frankfurt: Suhrkamp, 1972.

____. *Gesammelte Schriften, Band 4*. Hrsg. Rolf Tiedemann; Hermann Schweppenhäuser. Frankfurt: Suhrkamp, 1972.

BENTHAM, Jeremy. *El panóptico*. Trad. de F. Levit. Buenos Aires: Quadrata, 2005.

BENVENISTE, Émile. *O Vocabulário das Instituições Indo-europeias, Band 2: Poder, Direito, Religião*. Trad. D. Bottmann. Campinas: Unicamp, 1995.

BLANCHOT, Maurice. *O Livro Por Vir*. Trad. L. Perrone-Moisés. São Paulo: Martins Fontes, 2005.

BLANQUI, Louis-Auguste. *A Eternidade Conforme os Astros*. Hrsg. M. Seligmann-Silva, Trad. Pedro Paulo Pimenta. São Paulo: Iluminuras, 2018.

BLOCH, Ernst. Italien und die Porosität. *Gesamtausgabe in 16 Bänden, Band 9: Literarische Aufsätze*. Frankfurt: Suhrkamp, 1985.

BORGES, Jorge L. *História da Eternidade*. Trad. Carmen Lima, Porto Alegre/ Rio de janeiro: Globo, 1986.

BRODSKY, Marcelo. *Traces of Violence*. Berlin: ARTCO, 2021.

____. *Poetics of Resistence*. Berlin: ARTCO, 2019.

____. *Buena Memoria: Un Ensayo Fotográfico de Marcelo Brodsky*. Buenos Aires: La Marca, 2001. (Catálogo da exposição homônima.)

____. *Nexo: Un Ensayo Fotográfico*. Buenos Aires: la marca, 2001.

CÉSAIRE, Aimé, *Discurso Sobre o Colonialismo*. trad. Claudio Willer. São Paulo: Veneta, 2020.

CHAMAYOU, Grégoire. *Teoria do Drone*. Trad. Célia Euvaldo. São Paulo: Cosac Naify, 2015.

CRU, Jean Norton. *Témoins*. Paris: Les Etincelles, 1929.

D'IORIO, Paolo. Cosmologie de l'éternel retour. *Nietzsche-Studien*, v. 24, n. 1, 1995.

DANOWSKI, Déborah; VIVEIROS DE CASTRO, Eduardo. *Há Mundo Por Vir? Ensaio Sobre os Medos e os Fins*. Desterro, Florianópolis: Cultura e Barbárie / Instituto Socioambiental, 2014.

DÉOTTE, Jean-Louis. *La Ciudad Porosa: Walter Benjamin y La Arquitectura*. Trad. de N. Calderón. Santiago: Metales Pesados, 2013.

DERRIDA, Jacques. *Mal de Arquivo: Uma Impressão Freudiana*. Trad. C. de Moraes Rego. Rio de Janeiro: Relume Dumará, 2001.

____. *Demeure: Maurice Blanchot*. Paris: Galilée, 1998.

____. Circonfession. In: DERRIDA, Jacques; BENNINGTON, Geoffrey. *Jacques Derrida*. Paris: Seuil, 1991.

DIETZGEN, Josef. *Sämtliche Schriften. Das Wesen der menschlichen Kopfarbeit. Eine abermalige Kritik der reinen und praktischen Vernunft und Kleinere Schriften von Josef Dietzgen*. Wiesbaden: Verlag der Dietzgenschen Philosophie, 1911.

FANON, Frantz. *Peau noire, masques blancs*. Paris: Seuil, 1952.

FLUSSER, Vilém. Arte na Pós-História. Disponível em: <http://www.FLUSSERbrasil.com/art121.pdf>. Acesso em: 9 fev 2023.

____. Da Banalidade do Mal. Disponível em: <http://www.FLUSSERbrasil.com/art312.pdf>. Acesso em: 9 fev 2023.

____. Die technische Imagination. Disponível em: <http://FLUSSERbrasil.com/artg76.pdf>. Acesso em: 9 fev 2023.

____. *Comunicologia: Reflexões Sobre o Futuro*. Trad.: Tereza Castro. São Paulo: Martins Fontes, 2014.

____. *Pós-História: Vinte Instantâneos e Um Modo de Usar*. São Paulo: Annablume, 2011.

____. *We Shall Survive in the Memory of Others*. Köln: Verlag der Buchhandlung Walther König, 2010.

____. *O Universo das Imagens Técnicas: Elogio da Superficialidade*. São Paulo: Annablume, 2008.

____. *O Mundo Codificado: Por Uma Filosofia do Design e da Comunicação*. São Paulo: Cosac Naify, 2007.

____. *Zwiegespräche: Interviews 1967-1991*. Göttingen: European Photography, 1996.

____. The Photograph as Post-Industrial Object. *Leonardo*, v. 19, n. 4, 1986.

____. Ecologia Multicolorida? (Reflexões submetidas à Casa da Cor, S. Paulo), manuscrito datilografado fotocopiado, [s.d.]

FONTENELLE, Bernard Le Bovier de. *Entretiens sur la pluralité des mondes*. Org. Christophe Martin, Paris: Flammarion, 1998.

FOUCAULT, Michel. *Vigiar e Punir*. Trad. de R. Ramalhete. Petrópolis: Vozes, 2009.

____. L'Écriture de soi. *Philosophie, Antropologie*. Arnold Davidson e Frédéric Gros (eds). Paris: Gallimard, 2004. (Folio Essays.)

____. Les Techniques de soi. *Philosophie, Antropologie*. Arnold Davidson e Frédéric Gros (eds.). Paris: Gallimard, 2004. (Folio Essays.)

FREUD, Sigmund. *O Mal-Estar na Cultura*. Trad. de Renato Zwick, revisão técnica de M. Seligmann-Silva. Porto Alegre: L&PM, 2010.

____. *Totem e Tabu*. Trad. Ô. Muniz. Rio de Janeiro: Imago, 1999.

____. *A Correspondência Completa de Sigmund Freud para Wilhelm Fliess: 1887 – 1904*. Trad. Vera Ribeiro. Rio de Janeiro: Imago. 1986.

____. Das Unheimlich. *Studienausgabe*, v. 4. Frankfurt: Fischer, 1970.

____. Jenseits des Lutprinzips. *Studienausgabe*, v. 3. Frankfurt: Fischer, 1989.

FREUND, Gisèle. *La Photographie en France au XIXe siècle: Essai de sociologie et d'esthétique*. Saint-Germain-la-Blanche-Herbe/Paris: IME /Christian Bourgois, 2011.

GERZ, Jochen, *La Question secrète: Biron*. Arles: Actes du Sud, 1996.

GIDE, André. *Retour de l'URSS suivi de Retouches à mon retour de l'URSS*. Paris: Gallimard, 1937.

GIEDION, Sigfried. *Arquitetura e Comunidade*. Trad. de Ana de Freitas. Lisboa: Livros do Brasil, 1955.

____. *Building in France, Building in Iron, Building in Ferroconcrete*. Trad. de J. Duncan Berry. Santa Monica: The Getty Center for the History of Art and the Humanities, 1995.

____. *Space, Time and Architecture*. Cambridge: Harvard University Press, 1941.

GILROY, Paul. *O Atlântico Negro*. Trad. Cid K. Moreira. São Paulo: Editora 34, 2012.

GOETHE, Johann W. *Faust*. Frankfurt: Deutsche Klassiker, 1994.

GONZALEZ, Lélia. *Por um Feminismo Afro-Latino-Americano*. Rio de janeiro: Zahar, 2000.

HESSEL, Franz. Die Kunst spazieren zu gehn. *Ermunterungen zum Genuss, Teigwaren leicht gefärbt, Nachfeier: Die "kleine Prosa" 1926-1933*. Berlin: Das Arsenal, 1999.

HOCKE, Gustav René. *Europäische Tagebücher aus vier Jahrhunderten*. Frankfurt: Fischer, 1991.

JARCY, Xavier. *Le Corbusier, Un Fascisme Français*. Paris: Albin Michel, 2015.

KILOMBA, Grada. *Memórias da Plantação: Episódios de Racismo Cotidiano*. Rio de Janeiro: Cobogó, 2019.

KOPENAWA, Davi; ALBERT, Bruce. *A Queda do Céu: Palavras de um Xamã Yanomami*. São Paulo: Companhia da Letras, 2015.

KRENAK, Ailton. *A Vida Não É Útil*. São Paulo: Companhia das Letras, 2020.

____. *Ideias Para Adiar o Fim do Mundo*. São Paulo: Companhia das Letras, 2019.

____. *Futuro Ancestral*. São Paulo: Companhia das Letras, 2022. (Edição Kindle.)

LEJEUNE, Philippe. Le Journal comme "antifiction". *Poétique*, n. 149, février 2007.

LESSING, Gotthold Ephraim. *Laocoonte: Ou Sobre as Fronteiras da Poesia e da Pintura*. Trad. M. Seligmann-Silva. 2. ed., rev. ampli. São Paulo: Iluminuras, 2011.

LÉVI-STRAUSS, Claude. *Saudades do Brasil*. São Paulo: Companhia das Letras, 1994.

LONGINO. *Do Sublime*. Trad. F. Hirata. São Paulo: Martins Fontes, 1996.

LUKÁCS, Georg. *Geschichte und Klassenbewusstsein*, 1923. Disponível em: <https://kritisches-netzwerk.de/sites/default/files/Georg%20Lukacs%20-%20GESCHICHTE%20UND%20KLASSENBEWUSSTSEIN%20-%20Studien%20Ã%C2%Bcber%20marxistische%20Dialektik%20(1923)%20-%20275%20Seiten.pdf.> Acesso em: 10 fev 2023.

MAUSS, Marcel. *Ensaios Sociológicos*. Trad. L. Gaio e J. Guinsburg. 2. ed. São Paulo: Perspectiva, 1999.

MBEMBE, Achille. *Crítica da Razão Negra*. Trad. Marta Lança. 2. ed. Lisboa: Antígona Editores Refractários, 2017.

____. *Sair da Grande Noite: Ensaio Sobre A África Descolonizada*. Petrópolis: Vozes, 2019.

MISSAC, Pierre. *Passagens de Walter Benjamin*. Trad. de Lilian Escorel, revisão técnica de M. Seligmann-Silva. São Paulo: Iluminuras, 1998.

MOHOLY-NAGY, László. *Peinture Photographie Fil*. Trad. Catherine Wermester. Paris: Gallimard, 2014.

____. Diskussion über Ernst Kállai's Artikel "Malerei und Fotografie". *László Moholy-Nagy*. Kassel: Weber & Weidmeyer, 1991.

NASCIMENTO, Abdias. *O Genocídio Negro: Processo de um Racismo Mascarado*. São Paulo: Perspectiva, 2016.

NIETZSCHE, Friedrich. *A Gaia Ciência*. Trad. Paulo César de Souza. São Paulo: Companhia das Letras, 2001.

____. *Nachgelassene Fragmente: 1880-1882*. München: DTV/de Gruyter, 1988.

____. *Nachgelassene Fragmente: 1882-1884*. München: DTV/de Gruyter, 1988.

____. *Unzeigemässe Betrachtungen 2: Vom Nutzen und Nachteil der Historie für das Leben*. In: COLLI, G.; MONTINARI, M. (Hrsg.). *Kritische Studienausgabe*. München: DTV/ Berlin-New York: W. de Gruyter, 1988.

NOVALIS. *Werke, Tagebücher und Briefe*. Hrsg. H.-J. Mähl e R. Samuel. V. 1-4. München: Karl Hanser, 1978.

PERROT, J.C. Despotische Vernunft und ökonomische Utopie. In: VOẞKAMP, Wilhelm. (Hrsg.). *Utopieforschung: Interdisziplinäre Studien zur neuzeitlichen Utopie*. Frankfurt: Suhrkamp, 1985, v. 2.

PINTO, Ana Estela de Sousa. Não Há Evidencia de que Mercado de Wuhan Foi Epicentro da Pandemia, diz OMS. *Folha de S. Paulo*, São Paulo, 09 fev. 2021. Disponível em: <https://www1.folha.uol.com.br/equilibrioesaude/2021/02/oms-diz-que-nao-ha-evidencia-de-que-mercado-de-wuhan-foi-epicentro-da-pandemia.shtml>. Acesso em: 10 fev 2023.

QUIJANO, Anibal. Colonialidade do Poder, Eurocentrismo e América Latina. In: LANDER, Edgardo. (org.). *A Colonialidade do Saber: Eurocentrismo e Ciências Sociais: Perspectivas Latino-Americanas*. Buenos Aires: CLACSO, 2005.

RAMOS, Nuno. *111*. São Paulo: Gabinete de Arte Raquel Arnaud, 1993.

ROCHA, Janes. Biodiversidade É a Chave Para Prever e Evitar Novas Pandemias. *Jornal da Ciência*, 16 abr. 2020.

SALMON, Naomi Tereza. *Asservate. Exhibits. Auschwitz, Buchenwald, Yad Vashem*. Frankfurt: Schirn Kunsthalle / Cantz Verlag, 1995.

SCHEERBART, Paul. *Glasarchitektur*. Berlin: Tredition, 2011.

SCHILLER, Friedrich. Über naive und sentimentalische Dichtung. *Werk in drei Bänden*. München: Carl Hanser, 1966, v. 2.

SCHLEGEL, Friedrich. *Kritische Friedrich-Schlegel-Ausgabe, v. 2*. Hrsg. Ernst Behler, München/Paderborn/Wien: Ferdinand Schöningh, 1967.

____. *Literary Notebooks 1797-1801*. Hans Eichner. London: University of London/ The Athlone, 1957.

SCHOLEM, Gershom. *Erlösung durch Sünde*. Frankfurt: Suhrkamp, 1992.

____. *Walter Benjamin: The Story of a Friendship*. New York: Schocken, 1981.

SELIGMANN-SILVA, Márcio. *Ler o Livro do Mundo: Walter Benjamin, Romantismo e Crítica Poética*. 2 ed. São Paulo: Iluminuras/FAPESP, 2020.

____. Fotografia é a Destruição da História: FLUSSER e a Vitória da Memória Sobre a História na Era das Imagens Técnicas. *Pandaemonium Germanicum*, São Paulo, v. 21, n. 33, nov. 2017.

____. Fotografia Como Arte do Trauma e Imagem-Ação: Jogo de Espectros na Fotografia de Desaparecidos das Ditaduras na América Latina. *Temas em Psicologia*, v. 17, n. 2, 2009.

____. De Flusser a Benjamin: do Pós-Aurático às Imagens Técnicas. *Flusser Studies*, n. 8, 2009.

____. *O Local da Diferença: Ensaios Sobre Memória, Arte, Literatura e Tradução*. São Paulo: Editora 34, 2005.

____ (org.). *História, Memória, Literatura: O Testemunho na Era das Catástrofes*. Campinas: Editora Unicamp, 2003.

SOUZA, Marina Duarte de. Denúncias De Intolerância Religiosa Aumentaram 56% No Brasil em 2019: Dia Nacional de Combate a esse Tipo de Crime Foi Instituído em 21 de Janeiro de 2007, Após um Atentado em Salvador. *Brasil de Fato*, São Paulo, 21 jan. 2020. Disponível em: <https://www.brasildefato.com.br/2020/01/21/denuncias-de-intolerancia-religiosa-aumentaram-56-no--brasil-em-2019>. Acesso em: 10 fev 2023.

SPITZER, Leo. Témoin. *Archivum Romanicum*, v. 22, 1938.

STUART, John A. Unweaving Narrative Fabric: Bruno Taut, Walter Benjamin, and Paul Scheerbart's the Gray Cloth. *Journal of Architectural Education*, Abingdon, v. 53, n. 2, 1999.

SZONDI, Peter. Benjamins Städtebilder [1972]. *Schriften 2*. Frankfurt: Suhrkamp, 1978.

UJMA, Christina. Zweierlei Porosität, Walter Benjamin und Ernst Bloch beschreiben italienische Städte. *Rivista di Letteratura e Cultura Tedesca* [Zeitschrift für deutsche Literatur und Kulturwissenschaft], Roma, a. 7, 2008.

WARBURG, Aby. *Der Bilderatlas Mnemosyne*. Hrsg. Martin Warnke. Berlin: Akademie Verlag, 2003. (Gesammelte Schriften, segunda seção, v. II.1.)

WEINTRAUB, Karl J. Autobiography and Historical Consciousness, *Critical Inquiry*, v. 1, n. 4, June 1975.

WINCKELMANN, Johann Joachim. Von der Nachahmung der griechischen Werke in der Malerei und Bildhauerkunst. In: WINCKELMANN, Anton Raphael Mengs; HEINSE, Wilhelm. *Frühklassizismus*. Hrsg. Helmut Pfotenhauer et alii. Frankfurt: Deutsche Klassiker, 1995.

YATES, Frances A. *Art of Memory*. Chicago: University of Chicago Press, 1974. (*A Arte da Memória*, trad. bras. Flávia Bancher, Campinas: Editora UNICAMP, 2008.)

FSC
www.fsc.org
MISTO
Papel produzido
a partir de
fontes responsáveis
FSC® C133282

Este livro foi impresso na cidade de São Bernardo do Campo,
nas oficinas da Paym Gráfica e Editora, em setembro de 2023,
para a Editora Perspectiva